新时代精准扶贫精准脱贫基本方略研究

于德 著

中国社会科学出版社

图书在版编目（CIP）数据

新时代精准扶贫精准脱贫基本方略研究 / 于德著 . —北京：中国社会科学出版社，2021.7
ISBN 978 – 7 – 5203 – 8767 – 5

Ⅰ.①新… Ⅱ.①于… Ⅲ.①扶贫—研究—中国 Ⅳ.①F126

中国版本图书馆 CIP 数据核字（2021）第 144571 号

出 版 人	赵剑英	
责任编辑	程春雨　田　文	
责任校对	杨　林	
责任印制	王　超	

出　　版	中国社会科学出版社
社　　址	北京鼓楼西大街甲 158 号
邮　　编	100720
网　　址	http://www.csspw.cn
发 行 部	010 – 84083685
门 市 部	010 – 84029450
经　　销	新华书店及其他书店
印　　刷	北京君升印刷有限公司
装　　订	廊坊市广阳区广增装订厂
版　　次	2021 年 7 月第 1 版
印　　次	2021 年 7 月第 1 次印刷
开　　本	710×1000　1/16
印　　张	12.5
插　　页	2
字　　数	202 千字
定　　价	68.00 元

凡购买中国社会科学出版社图书，如有质量问题请与本社营销中心联系调换
电话：010 – 84083683
版权所有　侵权必究

序　言

"打赢脱贫攻坚战",是全面建成小康社会的关键性目标和显著性标志。"全面建成小康社会,一个也不能少;共同富裕路上,一个也不能掉队"①,这是中国共产党在实现第一个百年奋斗目标过程中的庄严承诺和历史使命。党的十八大以来,以习近平同志为核心的党中央,在推进全面建成小康社会过程中,着力于脱贫攻坚战。在这一攻坚战中,扶贫规模之广、脱贫力度之深、减贫成效之大,在世界上是绝无仅有的。贫困是世界各国普遍面临的问题,反贫困是古今中外治国理政的一件大事。在这一攻坚战中,我国成为世界上率先完成联合国千年发展目标的国家,为世界减贫事业贡献了中国智慧和中国方案。

2013年11月,习近平总书记在湖南湘西十八洞村考察扶贫开发工作时提出的"精准扶贫"就是实现这一"承诺"、担当这一"使命"的根本理念。自此之后,在新时代脱贫攻坚战过程中,这一理念不断发展、完善,进一步拓新为"四个切实""五个一批""六个精准"等基本要求,细化为一系列精准扶贫精准脱贫配套政策措施,落实为一个个精准扶贫精准脱贫的工作举措,深刻地回答了中国特色社会主义新时代"开展什么样的扶贫开发工作,怎样开展扶贫开发工作"的重大课题,形成了思想深刻、内涵丰富、体系严整、逻辑缜密的精准扶贫精准脱贫基本方略,形成了马克思主义反贫困理论中国化的最新成果。

于德博士在中央党校攻读马克思主义理论学科博士学位时,以新时代精准扶贫精准脱贫基本方略为主题,从新时代扶贫开发工作的厚重内

---

① 中共中央党史和文献研究院编:《习近平扶贫论述摘编》,中央文献出版社2018年版,第23页。

涵、鲜明特色和重大成就高度，全面展示脱贫攻坚战中的基本规律、基本经验、基本特征，彰显新时代精准扶贫精准脱贫基本方略这一中国特色反贫困理论的内生性、系统性、现实性、社会性和实践性，应该说是一个"立足于中国大地"的富有理论和实践意义的博士论文选题。现在呈现在读者面前的这一著作，就是于德在博士论文基础上进一步修改完善后的成果。

从总体上看，这一著作对新时代精准扶贫精准脱贫基本方略的历史逻辑、基本内涵、时代特征和重大价值等方面做出了较为系统的论述，阐明了新时代扶贫开发工作的深厚底蕴、鲜明底色和历史底气。特别是对深刻理解、准确把握新时代精准扶贫精准脱贫基本方略的丰富内涵、精神实质和实践要求等，在以下四个方面有着显著的理论见地和突出的思想内涵。

一是坚持"以人民为中心"的价值导向。党的十八大以来，以习近平同志为核心的党中央始终坚持"以人民为中心"发展思想，始终坚持人民主体地位，始终坚持立党为公、执政为民，把"人民至上"发展理念作为治国理政根本遵循，把人民对美好生活的向往作为奋斗目标，深刻彰显了新时代最鲜明的政治立场、政治方向、政治品格和政治本色。习近平总书记指出："消除贫困、改善民生、实现共同富裕，是社会主义的本质要求。"[①] 新时代扶贫开发工作直面中国贫困地区、贫困群众存在的现实贫困问题，直面全面建成小康社会的迫切要求和短板弱项，把坚决打赢脱贫攻坚战作为全面建成小康社会的底线任务，不断增强贫困群众的获得感、幸福感和安全感，深刻彰显了新时代精准扶贫精准脱贫基本方略"以人民为中心"的价值导向，是深入贯彻落实习近平新时代中国特色社会主义思想的必然要求，是深入贯彻落实党的群众路线群众立场群众观点群众方法的客观要求，是深入贯彻落实新时代党和国家"人民至上"治国理政理念的现实要求。

二是坚持"总体性逻辑"的理论导向。新时代扶贫开发工作不是单线的、单点的，而是整体性的、全方位的，辩证把握新时代精准扶贫精

[①] 中共中央党史和文献研究院编：《习近平扶贫论述摘编》，中央文献出版社2018年版，第3页。

准脱贫基本方略的总体性逻辑，是系统阐述新时代扶贫开发工作基本规律、基本经验、基本特征的关键所在。实践表明，扶贫开发工作是一个综合性、系统性、整体性工程，涉及经济、政治、文化、社会、生态文明等主要领域，包括政策制定、制度安排、资金投入、人员组织、措施配套等诸多方面，涵盖指导思想、目标任务、基本原则、实施路径、工作机制、组织保障等重点难点，必须把握方方面面有机协同的整体逻辑关系，统筹兼顾各种各样联系的内在要求，坚持"总体性逻辑"思维，从而把握新时代精准扶贫精准脱贫基本方略的内在联系和本质特征。

三是坚持"共享改革发展成果"的实践导向。习近平总书记强调："广大人民群众共享改革发展成果，是社会主义的本质要求，是我们党坚持全心全意为人民服务根本宗旨的重要体现。我们追求的发展是造福人民的发展，我们追求的富裕是全体人民共同富裕。改革发展搞得成功不成功，最终的判断标准是人民是不是共同享受到了改革发展成果。"[①]因此，共享在于坚持"发展为了人民、发展依靠人民、发展成果由人民共享"[②]，做出更有效的制度安排和体制机制保障，使全体人民在共建共享发展中有更多获得感，增强发展动力，增进人民团结，朝着共同富裕方向稳步前进。当前的精准扶贫精准脱贫工作以及2020年后的减贫事业，基本出发点不能是单单的基本生活需要，而是涉及经济、政治、文化、社会、生态文明等五大主要方面的复合性、综合性、系统性、联动性需求，要以保障和改善民生为出发点和落脚点，把更多公共资源用于完善社会保障体系，为社会成员成就梦想提供更多机会平台，让改革发展成果更多、更公平、更实在地惠及包括贫困人口在内的广大人民群众。

四是坚持"实现人民美好生活需要"的目标导向。进入新时代，我国社会主要矛盾已经转化为人民日益增长的美好生活需要和不平衡不充分的发展之间的矛盾。"十四五"时期是新发展阶段的开端，如何不断满足人民群众对涵盖物质、文化、民主、法制、公平、正义、安全和环境等方面的美好生活的需要，是一切为了人民、永远把人民对美好生活

---

① 中共中央文献研究室编：《习近平关于社会主义社会建设论述摘编》，中央文献出版社2017年版，第34—35页。

② 中共中央文献研究室编：《习近平关于社会主义社会建设论述摘编》，中央文献出版社2017年版，第36页。

的向往作为奋斗目标的生动实践和实际体现。新发展阶段，特别是在作为这一阶段开局的"十四五"时期，要坚持"以人民为中心"的发展思想，以新发展理念为主导，在发展的平衡性和充分性上取得显著成效，更好实现幼有所育、学有所教、劳有所得、病有所医、老有所养、住有所居、弱有所扶，更加注重维护社会公平正义，更好地实现满足人民群众美好生活需要的发展目标，促进人的全面发展和社会全面进步。而实施精准扶贫精准脱贫基本方略，打赢脱贫攻坚战，到2020年消除绝对贫困和解决区域性整体贫困问题，正是要下大力气、花大功夫来改善贫困地区、贫困村和贫困人口的生产生活条件，更要在2020年后在实现脱贫攻坚目标任务基础上建设享有更高质量、更高标准、更高水平的改革发展成果，不断"实现人民美好生活需要"。

恩格斯说过："一个民族要想站在科学的最高峰，就一刻也不能没有理论思维。"党的十九大，以习近平同志为核心的党中央做出实施乡村振兴战略的重大决策部署，坚持走中国特色社会主义乡村振兴道路，这是解决新时代我国社会主要矛盾的必然选择，是实现"两个一百年"奋斗目标必有之义，也是实现全体人民共同富裕的必由之路。乡村振兴战略的提出在我国扶贫开发工作历程上具有里程碑意义，是打赢脱贫攻坚战的最新实践和理论成果，是精准扶贫精准脱贫工作的最新方案和衔接赓续。我衷心地希望于德博士能以本书研究成果作为新起点，继续探索，持续探讨，深化研究，在脱贫攻坚与乡村振兴的全面衔接上有新发现、出新成果。

2020年10月20日

前　言

贫困问题是一个历史性命题，也是一个世界性难题，古今中外、东西南北，概莫能外。反贫困，是世界各国的共同行动和共同任务；消除贫困，始终是全人类的共同目标和美好愿望。中国作为世界大家庭的一员，是全球最大的发展中国家，也是贫困人口数量最多的国家之一。一直以来，反贫困都是中国共产党和中央政府高度关注、认真对待和着力解决的大事、要事、难事，也是地方各级政府及相关部门的重要工作内容。在长期反贫困的实践探索和理论总结中，我国根据经济社会发展水平、反贫困阶段性特点和贫困治理基本规律，不断调整反贫困政策措施，积极探索反贫困新举措、新路径、新模式，逐步加大反贫困投入力度，走出了一条符合中国现实国情、彰显制度体制优势、减贫脱贫成效明显的中国特色减贫道路，使得7亿多人口实现减贫脱贫并全面建成惠及14亿多人口的小康社会，取得了前所未有、举世瞩目、世界公认的减贫成就。

党的十八大以来，以习近平同志为核心的党中央把脱贫攻坚作为全面建成小康社会的底线任务和治国理政的重中之重，特别是习近平总书记亲力亲为、亲自谋划、亲自督导，通过指示批示、会议讲话、调研座谈等，深刻阐述了新时代扶贫开发工作的重大理论和实践问题，系统提出了精准扶贫精准脱贫的新理念、新观点、新任务、新要求和新安排，集中形成了关于脱贫攻坚的一系列重要论述，使精准扶贫精准脱贫成为新时代指导统筹扶贫开发工作的基本方略。新时代精准扶贫精准脱贫基本方略，思想深刻、内涵丰富、逻辑缜密、体系严整，继承发展了马克思主义反贫困理论，总结提升了我国扶贫开发规律性实践经验，具有鲜明时代特点和显著自身特色，是新时代开展扶贫开发工作的重要思想指南和根本实践指引。

鉴于此，本书以新时代精准扶贫精准脱贫基本方略为主题，对这一中国特色反贫困理论深入开展研究，系统进行总结，不断丰富完善，从而彰显新时代精准扶贫精准脱贫基本方略的内生性、系统性、现实性、社会性和实践性。

第一章是"绪论"。主要介绍选题缘由、研究背景和贫困相关核心概念，指出研究的理论与实践意义，梳理总结国内外研究现状，并概要阐述研究思路、重难点、创新点以及研究方法。

第二章是"新时代精准扶贫精准脱贫基本方略的理论渊源、现实基础和哲学维度"。新时代精准扶贫精准脱贫基本方略具有强烈的内生性、系统性、现实性、社会性和实践性，这既归因于其对古今中外反贫困思想理论的借鉴、继承、创新和发展，也归功于中国扶贫实践的长期积累和其他国家与地区反贫困政策措施的重要启示，更源于这一思想理论内在蕴含的辩证唯物主义、历史唯物主义的原则立场、基本观点和思维方法，具有深刻的哲学维度，闪耀着马克思主义的哲学光芒。

第三章是"新时代精准扶贫精准脱贫基本方略的深刻内涵和鲜明特征"。新时代精准扶贫精准脱贫基本方略以2013年习近平总书记在湖南湘西十八洞村考察时首次提出"精准扶贫"概念为逻辑起点，并展开为"四个切实""五个一批""六个精准"等扶贫开发重要方略，具体细化为一系列精准扶贫精准脱贫配套政策措施，工作落实为一个个精准扶贫精准脱贫重要时间节点安排和目标任务要求，全面展示了以习近平同志为核心的党中央在中国特色社会主义新时代对我国扶贫开发工作的深刻思考、精深谋划和强力推动，赋予了新时代扶贫开发工作的深刻内涵和鲜明特征。新时代精准扶贫精准脱贫基本方略涵盖的精准扶贫、内源式扶贫、合力扶贫、制度扶贫等理念思路，科学回答了扶贫工作实践中"扶持谁""谁来扶""怎么扶""如何退"等重大现实问题，深刻把握了中国扶贫实践的主要特点，深刻揭示了我国贫困治理基本规律，深刻彰显出人民性、现实性、全面性、精准性和创新性等鲜明特征。

第四章是"新时代精准扶贫精准脱贫基本方略的实践特点和理论创新"。新时代精准扶贫精准脱贫基本方略从理论与实践结合上深刻回答了新时代我国扶贫开发工作一系列重大理论和实践命题，继承发展了马克思主义反贫困理论，是指导我国扶贫开发工作的根本指南，具有显著的实践特点和鲜明的理论特色。在实践特点方面，主要包括"真扶贫、扶真贫、脱真贫"——从执政为民的宗旨意识认识精准扶贫精准脱贫，"大农业、大农合、大农政"——从农业农村发展的历史趋势实施精准扶贫精准脱贫，"一二三产融合"——从现代化经济规律的现实要求推进精准扶贫精准脱贫，"小康路上一个都不能少"——从共同富裕的本质要求对待精准扶贫精准脱贫，"五级书记抓扶贫"——从党员干部的使命担当落实精准扶贫精准脱贫；在理论创新方面，新时代精准扶贫精准脱贫基本方略彰显和深化了马克思主义辩证思维方法，继承和创新了马克思主义农民合作化思想，丰富和拓展了马克思主义政治经济学理论，坚持和发展了马克思主义群众路线理论，深化和完善了马克思主义党建理论。

第五章是"新时代精准扶贫精准脱贫基本方略的时代新命题、新理念和新举措"。以新时代精准扶贫精准脱贫基本方略为指引的脱贫攻坚工作，在理论上实现了创新性新发展、在实践上取得了历史性新成就，但于形势的发展、事业的开拓和人民的期待而言，仍面临诸多新难题、新任务、新要求，这也是新时代精准扶贫精准脱贫基本方略要着力解决的时代新命题。主要包括研究宣传新时代精准扶贫精准脱贫基本方略、深化中国特色反贫困理论，系统谋划未来反贫困新课题、拓展中国特色减贫道路两个主要方面，因而2020年后的精准扶贫精准脱贫工作必须树立新理念、推出新举措、开拓新局面。

第六章是"新时代精准扶贫精准脱贫基本方略的历史地位、时代价值和世界意义"。新时代精准扶贫精准脱贫基本方略从理论与实践结合上深刻回答了中国特色社会主义新时代"开展什么样的扶贫开发工作，怎样开展扶贫开发工作"这一重大时代课题，是马克思主义反贫困理论的创新发展、是中国特色"共同富裕"思想的继承发展、是解决区域性整体贫困问题的指导思想、是"以人民为中心"发展理念的思想宣言，必将在理论与实践的双向互动中进一步深化人民利益至上执政理念、推进国家治理体系和治理能力现代化、促进在发展中保障和改善民生、推动党的建设新的伟大工程。同时，在新时代精准扶贫精准脱贫基本方略指引下，中国共产党和中国政府在贫困治理实践中，建立健全和丰富完善了具有中国特色的上下联动、齐抓共管、多方协同、重点突破、全面推进的贫困治理体系。中国贫困治理体系历经脱贫攻坚"主战场"工作实践的全面系统检验淬炼，历经反贫困受益群众的全面比较鉴别评判，取得了贫困治理的开创性、标志性和历史性伟大成就，为国际减贫脱贫事业贡献了中国智慧、提供了中国方案、发挥了中国作用。

最后是结语部分，概要阐述了新时代精准扶贫精准脱贫基本方略的丰富内涵，阐释了新时代精准扶贫精准脱贫基本方略的生成发展逻辑、鲜明时代价值和重要研究意义；展望了新时代精准扶贫精准脱贫基本方略的发展态势，概括指出了脱贫攻坚与乡村振兴的内在联系、基本要求和主要特征；重点提出了新时代精准扶贫精准脱贫基本方略的深化领域，对进一步开展研究、深入探索进行了思考和谋划。

目　　录

第一章　绪论……………………………………………………（1）
　　第一节　研究的缘起 …………………………………………（1）
　　第二节　国内外研究现状 ……………………………………（18）
　　第三节　研究说明 ……………………………………………（30）

第二章　新时代精准扶贫精准脱贫基本方略的理论渊源、
　　　　　现实基础和哲学维度 …………………………………（34）
　　第一节　新时代精准扶贫精准脱贫基本方略的理论渊源……（34）
　　第二节　新时代精准扶贫精准脱贫基本方略的现实基础……（58）
　　第三节　新时代精准扶贫精准脱贫基本方略的哲学维度……（75）

第三章　新时代精准扶贫精准脱贫基本方略的深刻内涵和
　　　　　鲜明特征 ………………………………………………（81）
　　第一节　新时代精准扶贫精准脱贫基本方略的深刻内涵……（81）
　　第二节　新时代精准扶贫精准脱贫基本方略的鲜明特征……（87）

第四章　新时代精准扶贫精准脱贫基本方略的实践特点和
　　　　　理论创新 ………………………………………………（99）
　　第一节　新时代精准扶贫精准脱贫基本方略的实践特点……（99）
　　第二节　新时代精准扶贫精准脱贫基本方略的理论创新 …（110）

第五章　新时代精准扶贫精准脱贫基本方略的时代新命题、
　　　　　新理念和新举措 ………………………………………（120）
　　第一节　着力解决精准扶贫精准脱贫新命题 ………………（121）

第二节　树立践行精准扶贫精准脱贫新理念 …………………（123）
　　第三节　推出完善精准扶贫精准脱贫新举措 …………………（127）

第六章　新时代精准扶贫精准脱贫基本方略的历史地位、时代价值和世界意义 ……………………………………………（146）
　　第一节　新时代精准扶贫精准脱贫基本方略的历史地位 ……（146）
　　第二节　新时代精准扶贫精准脱贫基本方略的时代价值 ……（152）
　　第三节　新时代精准扶贫精准脱贫基本方略的世界意义 ……（157）

结　　语 ……………………………………………………………（164）

参考文献 ……………………………………………………………（173）

后　　记 ……………………………………………………………（187）

第一章

绪　　论

第一节　研究的缘起

一　选题缘由

党的十八大以来，以习近平同志为核心的党中央高度重视扶贫开发工作，着力解决贫困地区、贫困群众的生产生活困难，把脱贫攻坚纳入"五位一体"总体布局和"四个全面"战略布局，放在治国理政的重要位置，使之处于全面建成小康社会的优先位置，作为实现"两个一百年"奋斗目标和中华民族伟大复兴的现实基础，融入国家经济建设、政治建设、社会建设、文化建设、生态文明建设全过程、各领域和多方面。特别是习近平总书记立足我国现实国情和时代发展特征，深刻总结我国长期扶贫实践经验，全面分析新时代扶贫开发工作形势特点，着眼消除绝对贫困、解决区域性整体贫困问题，鲜明提出"精准扶贫"重要理念，并在脱贫攻坚实践中不断丰富发展，形成了新时代精准扶贫精准脱贫基本方略这一中国特色反贫困理论，为取得新时代扶贫开发工作历史性成就奠定了坚实思想基础和根本行动指南。因此，对新时代精准扶贫精准脱贫基本方略深入开展研究，系统进行总结，不断丰富完善，以彰显新时代精准扶贫精准脱贫基本方略的内生性、系统性、现实性、社会性和实践性，具有重要的学术创新价值和现实指导意义。具体来说，主要有以下四个方面缘由：

第一，新时代精准扶贫精准脱贫基本方略系统化、理论化和体系化的迫切要求。目前，对于新时代精准扶贫精准脱贫基本方略的研究，主要是列举制度政策的多、梳理举措路径的多、宣传阐释的多，从理论的高度、学术的视角、学理的层面，在理论和实践结合上研究探讨的学术性成果有待进一步丰富拓展，特别是亟待进行整体性、系统性、贯通性梳理总结并形成理论化、体系化、学术化的研究成果。2017年10月18—24日召开的中国共产党第十九次全国代表大会做出"经过长期努力，中国特色社会主义进入了新时代，这是我国发展新的历史方位"的重大政治判断，并修改党章，把"习近平新时代中国特色社会主义思想"确立为党的指导思想，而精准扶贫精准脱贫基本方略是习近平总书记治国理政新理念新思想新战略最直接、最现实、最真切的具体实践和生动体现，是习近平新时代中国特色社会主义思想在脱贫攻坚领域的现实运用和实践展开。因此，对新时代精准扶贫精准脱贫基本方略的理论渊源、现实基础、基本内涵、理论创新、实践特点、历史地位、时代价值、世界意义等进行由表及里、由浅入深、由粗到细的梳理总结、概括提升和凝练升华，形成系统化、理论化、学术化的新时代精准扶贫精准脱贫基本方略研究成果，具有重要理论价值意义、实践指导作用和深远政治影响。

第二，以精准扶贫精准脱贫为核心要义的脱贫攻坚战的实践需求。到2020年打赢脱贫攻坚战，消除绝对贫困、解决区域性整体贫困问题，是党和国家的庄严承诺。2020年是打赢脱贫攻坚战的最后冲刺阶段，是完成全面建成小康社会底线任务的决战决胜阶段。从前期取得的工作成效和巨大成就来看，脱贫攻坚战整体发力、深入实施、全面推进，取得了决定性进展，为走好扶贫开发工作"最后一公里"奠定了坚实基础。脱贫攻坚战实践表明，越到最后阶段，事情越艰难，困难越顽固，矛盾越突出，需要下更大决心、花更大气力、用更大功夫，在贫困深度最深、致贫原因最复杂、脱贫致富难度最大的贫困地区、贫困村、贫困人口做最精准的事。因此，坚决啃下脱贫攻坚战最难啃的"硬骨头"，如期夺取脱贫攻坚战全面胜利，必须以新时代精准扶贫精准脱贫基本方略为基本遵循和根本指引。

第三，不断增强人民群众获得感、幸福感和安全感的长远需要。党的十九大做出了从全面建成小康社会到基本实现现代化，再到全面建成社会主义现代化强国的战略部署。就现实而言，党和国家将在取得消除绝对贫困、解决区域性整体贫困重大成就基础上，为全体社会成员谋求更多民生福祉和改革发展成果，提供更高层次、更高水平、更高标准、更加全面的美好幸福生活，进一步增加人民群众的获得感、幸福感和安全感。同时也要清醒地认识到，完成既定脱贫攻坚目标任务，并不意味着党和国家已经一劳永逸地解决了贫困问题，并不意味着今后可以一了百了不再面对贫困现象。正所谓"未雨绸缪早当先，居安思危谋长远"，中国特色社会主义进入新时代，我国发展已站在新的历史方位，难以预见的风险挑战将会不断显现甚至交织叠见，2020年后的减贫工作将会面临新难题新任务新变化，新时代精准扶贫精准脱贫基本方略将在不断增强包括新出现贫困人口在内广大人民群众获得感、幸福感、安全感的新征程新探索新发展中迎来时代新命题、开辟探索新境界和丰富实践新内涵。

  第四，深刻把握马克思主义反贫困思想发展逻辑的理论需要。"人自由而全面发展"是马克思主义终极关怀目标和全部理论实践主题。作为马克思主义主要创始人，马克思、恩格斯高度关注无产阶级和广大劳动人民的贫困问题，并对此进行了终生不懈的探索和长期系统的总结，深刻分析了无产阶级和劳动人民贫困的根本原因，深刻指出了解决无产阶级和劳动人民贫困问题的根本出路。在继承马克思、恩格斯反贫困理论基础上，以毛泽东、邓小平、江泽民、胡锦涛等为代表的中国共产党人，不忘"为绝大多数人谋利益"的初心，立足自身现实国情，把握时代发展特征，从理论与实践结合上丰富发展了马克思主义反贫困理论。新时代精准扶贫精准脱贫基本方略是对马克思"人自由而全面发展"、毛泽东"全心全意为人民服务"、邓小平"贫穷不是社会主义"、江泽民"代表最广大人民根本利益"以及胡锦涛"以人为本"科学发展观思想的继承发展，系统阐发了新时代扶贫开发工作一系列理论观点、战略思想、目标任务和决策部署。因此，深入开展新时代精准扶贫精准脱贫基本方略研究，有助于深刻把握马克思主义反贫困理论发展逻辑，在新的历史起点上开创马克思主义反贫困理论中国化创新发展新局面。

二 研究背景

(一) 国内背景

自近代以来，旧中国日趋落后的封建社会生产力与当时先进的资本主义生产力之间的差距越来越大，中华文化对世界先进文明的影响力日渐式微，中华民族陷入了长期落后挨打、任人欺凌宰割、备受奴役压迫的屈辱时代。从那时起，无数仁人志士、革命先烈夙兴夜寐、前仆后继，苦苦探索一条能够解救中华民族于水火、改变贫穷落后面貌的民族独立之路、富强之路、复兴之路。但是，由于种种原因，他们都失败了，始终没有找到一条彻底改变旧中国受奴役、受压迫悲惨状态的革命之路、变革之路和成功之路，愚昧落后、软弱可欺、贫穷凋敝成为当时中国的最真实写照。直到1921年中国共产党成立，改变国家、民族和人民命运的黎明曙光才初步显现，改变旧中国贫穷落后面貌的革命运动才有了先进领导阶级和坚强领导力量，中国人民改变忍饥挨饿状态、摆脱贫穷落后局面的奋斗抗争才有了"主心骨""定盘星"和"领路人"。经过28年艰苦卓绝的浴血奋斗历程，1949年中华人民共和国的成立，实现了中国国运、中华民族命运、中国人民时运的根本性转变和历史性变革，中国共产党领导下的中国扶贫事业拉开了历史序幕，彻底改变中国人民贫穷落后状态的历史征程正式起步。

中华人民共和国成立70多年来，一代又一代中国共产党人立足中国现实国情、因应时代发展变化和顺应人民群众期待，始终把为人民群众谋利益、为中国人民谋幸福作为一切工作的出发点和落脚点，在不断保障和改善民生基础上，高度重视减贫脱贫工作，坚定不移朝着消除贫困、共同富裕的目标要求和共同愿景持续接力、稳步前行。特别是实行改革开放以来，我国在不断深化市场经济体制改革的同时，主动适应广大农村地区生产经营体制变革新形势，积极探索新形势下贫困地区贫困人口扶贫新方式，实现了由单向输血式扶贫、救济式扶贫向双向开发式扶贫、参与式扶贫的重大转变，推动减贫脱贫事业实现了历史性进展、取得了历史性成就。据世界银行发布的统计数据，按照每人每天1.9美元的国际极端贫困标准，1978—2013年中国贫困人口减少了7亿多人，占全球减贫脱贫人口总规模的70%左右，为全球减贫脱贫事业做出了重大贡献。

党的十八大以来，我国扶贫开发工作进入到以精准扶贫精准脱贫为基本方略打赢脱贫攻坚战的历史新阶段。从习近平总书记在湖南湘西十八洞村首次创新性提出"精准扶贫"理念，到后来一系列重要讲话、指示批示和部署安排不断丰富"精准扶贫"理念的内涵要义，新时代精准扶贫精准脱贫基本方略在理论与实践结合上深刻回答了新时代我国扶贫开发工作的一系列重大理论和实践问题："真扶贫、扶真贫、脱真贫"的理念要求，为扶贫开发工作明确了总体目标；"六个精准"的系统论述，为扶贫工作方式转变明确了基本方向；"五个一批"的路径安排，为扶贫开发工作细化落实指明了重点任务；"扶持谁""谁来扶""怎么扶""如何退"的全面阐述，为扶贫开发工作体制机制创新提供了根本指导。

全面建成小康社会，一是指"全面建成小康社会，一个都不能少"，全体社会成员共同建设、共同进入、共同享有；二是指建成小康社会的内容全面，涉及政治、经济、社会、文化、生态文明等多方面。从现实来看，全面建成小康社会，最繁重、最艰巨的任务在农村贫困地区，最突出、最明显的短板在农村贫困人口。如果我国农村还有几千万贫困人口没有摆脱贫困，贫困地区的落后面貌没有显著改变，那就没有真正完成全面建成小康社会的历史任务，党和政府也就无法得到人民群众的满意和国际社会的认可。因此，在全面建成小康社会过程中，必须突出重点、补齐短板、夯实基础，把脱贫攻坚摆在更加突出的优先位置，坚持精准扶贫精准脱贫基本方略，采取超常规措施，拿出过硬办法，举全党全国全社会之力，坚决打赢脱贫攻坚战，切实做到全面建成小康社会"一个都不能少"。2020年实现以"两不愁三保障"为基本标准的脱贫攻坚目标任务，为全面建成小康社会进而建设社会主义现代化国家、实现中华民族伟大复兴奠定重要基础和发展条件。可以说，精准扶贫精准脱贫是事关国家长治久安、团结进步的重大政治问题，是繁荣富强、永续发展的大事要事。

(二) 国际环境

从时间维度看，反贫困是一个历史性命题；从空间维度看，减贫脱贫是一个世界性课题。特别是20世纪以来，贫困被称为"无声的危机"，是阻碍不发达贫穷国家经济社会发展的严重制约性因素，也是当前全球范围内部分地区种族矛盾冲突、恐怖主义蔓延、生态环境恶化等的重要根源。因此，贫困问题日益受到世界各国的关注，成为不同国家和地区需要共同面对的经济问题、社会问题和政治问题，成为国际社会需要携手应对的基本问题、重大问题和战略问题。东西方社会经过广泛、深入、持续的理论探讨和实践探索，形成了一系列反贫困理论创新成果，总结了一系列反贫困措施做法。比如，印度尼西亚、马来西亚等东南亚国家通过加强对贫困人口的教育和培训力度，不断增强贫困人口劳动技能，顺利实现贫困人口劳动力转移；在贫困人口比较集中的非洲、南亚等地区，一些国家针对性设置贫困人口就业项目，不断完善相应的减贫制度，持续性推进贫困人口减贫脱贫；许多发展中国家根据自身经济社会发展水平，在力所能及的范围内，积极构建适应本国国情的教育、文化、医疗卫生等社会保障和保险制度，尽最大努力改善贫困人口生产生活条件，尽最大可能降低贫困发生率和缩小贫困人口规模。这些都为全人类共同应对贫困问题、共同参与贫困治理、共同总结减贫规律提供了宝贵借鉴和成熟经验。

同时，为动员组织各国政府采取具体行动、共同参与全球贫困治理、推动国际减贫脱贫事业，联合国作为具有全球性影响的重要国际性组织，发挥了十分重要的协调性、牵引性和纽带性作用。1992年12月22日，第47届联合国大会将每年的10月17日定为国际消除贫困日；1995年3月，联合国将1996年定为"国际消除贫困年"，并于同年12月把1997年至2006年定为第一个"国际消除贫困十年"；2000年9月，联合国千年首脑会议确立了"到2015年将世界极端贫困人口和饥饿人口减半"的千年发展目标；2008年12月，联合国大会再次确定2008年至2017年为第二个"国际消除贫困十年"；2015年7月，联合国发布的《千年发展目标2015年报告》显示，全球极端贫困人口从1990年的19亿降至2015年的8.36亿。① 截至目前，从总体上看，全球基本实现了联合国千年发展目标中确定的减贫目标，但由于国际化减贫脱贫进程受多种综合

---

① 《国际消除贫困日：全球贫困状况及减贫措施》，新华网，2015年10月17日，http://www.xinhuanet.com/world/2015-10/17/c_128328219.htm，2019年5月7日。

因素制约，仍然存在一些现实困难和固有难题，特别是难以预料的突发性因素会对贫困治理带来不小冲击和影响。主要体现在以下三个方面：

一是全球范围内减贫脱贫进展不平衡，区域差异性明显。从地理分布来看，按照世界银行2015年确定的每人每天1.9美元极端贫困标准，全球极端贫困人口主要分布在撒哈拉沙漠以南非洲和南亚地区，这两个区域极端贫困人口占世界极端贫困人口总量的70%以上，是国际减贫脱贫的重点区域和难点区域。二是贫困人口主要集中在农村地区，减贫脱贫难度大。从国际贫困治理实践来看，发展农业生产、推进农业现代化，是发展中国家减贫脱贫的重要途径和现实支撑，对于提高贫困人口收入水平和生活水平，具有较为明显的成效和作用。因为，如果只是经济增长率高，不能成功解决农业过剩劳动力向第二、第三产业的过渡进而消化农村贫困人口，仍然不能根本有效地解决贫困问题。然而，目前贫困人口规模较大的发展中国家，农业发展趋缓，农业现代化水平较低，第二、第三产业发展不足，短时间内难以转移、消化农村大量贫困人口，减贫脱贫难度大。三是突发性重大危机造成的"粮食安全"问题更加凸显，贫困人口基本生存保障形势严峻。手中有粮，心中不慌。以反贫困的最基础条件、最基本保障的"粮食安全"为例，根据联合国2020年7月13日发布的《世界粮食安全和营养状况》报告，2019年全球有近6.9亿人遭受饥饿，与2018年相比增加1000万，与5年前相比增加近6000万。其中，亚洲饥饿人数最多，非洲饥饿人数增长最快。特别是由于新冠肺炎疫情引发的经济衰退，2020年饥饿人数至少新增约8300万，甚至可能新增1.32亿。[①]

中国作为世界大家庭的一员，是世界上最大的发展中国家，也是贫困人口数量最多的国家之一。一直以来，反贫困都是中国共产党和中国政府高度关注、认真对待和着力解决的大事、要事、难事，也是地方各级政府和相关部门的重要工作内容。经过长期努力，中国不仅成为当今世界减贫脱贫人数最多的国家，为国际减贫脱贫事业做出了重要贡献，更实现了在消除绝对贫困、解决区域性整体贫困基础上向中高收入国家

---

① 叶琦：《联合国发布〈世界粮食安全和营养状况〉报告》，《人民日报》2020年7月15日第8版。

行列迈进的历史性转变,成为世界减贫脱贫历史进程中的里程碑事件,创造了人类减贫脱贫事业的中国奇迹。

当今中国日益走近世界舞台中央,影响力、辐射力、号召力不断增强,在国际事务中发挥的作用越来越明显、地位越来越重要,已经成为具有举足轻重影响的世界性大国。同时,国际社会特别是广大发展中国家,期望中国在地区或国际事务中积极发挥一个逐步走向繁荣富强的发展中大国的重要正相关影响和建设性作用。因此,在解决好自身存在的贫困问题基础上,中国也理所应当、义不容辞地主动担当全球性发展中大国在国际减贫脱贫事业中的义务和责任,与国际社会一道分享中国特色反贫困理论创新成果和重要实践经验,向其他贫困国家和地区特别是广大发展中国家提供力所能及的帮助和支持,积极参与、携手合作、共同应对全球贫困治理,为推进国际减贫脱贫事业贡献中国智慧、提供中国方案、发挥中国作用。

三 贫困相关核心概念梳理

为深入理解新时代精准扶贫精准脱贫基本方略的丰富内涵、精神实质和实践要求,需要系统了解、归类分析、梳理总结涉及贫困定义、贫困类型划分、贫困标准设定、中国贫困标准特点等相关核心概念,以助于理解掌握新时代精准扶贫精准脱贫基本方略相关理念思路的理论逻辑演进和实践深化历程。

(一)贫困定义

贫困问题由来已久,贫困现象广泛存在。对于贫困的理解和认识,既有感性方面的客观现象,也有理性内容的多维思考。从地域来看,中西方学者由于自身所处社会环境、历史文化、思维传统、价值观念等诸多不同,对于贫困的认识和定义千差万别;从历史进程来看,处于不同时代条件的历史人物囿于自身历史认识内容和视野范围,对于贫困的认定和思考各不相同。但是,这并不意味着古今中外对于贫困的理解和认识就是众说纷纭、莫衷一是。就古今中外学者对贫困认识和理解的核心本质而言,主要是围绕"生存""发展"两个维度进行探讨。主要代表性观点如下:

英国人口学家、政治经济学家马尔萨斯从人口增长与劳动生产率关系、人口数量与现实资源条件关系的视角,提出贫困问题难以避免,是一个现实的经济问题、社会问题和政治问题。布思、朗特里通过大量调查数据,从物质匮乏即"生存"角度,提出了家庭总收入水平不能维持纯粹体能所需的最低生活必需品的"绝对贫困"概念并进行深入研究。汤森在前人研究基础上,认为在一定时期内在一般社会生产生活条件下,与社会上绝大多数个人、家庭和群体的正常生活相比,社会成员中那些缺乏最基本生活物资以及最起码社会活动条件资源的个人、家庭和群体,就属于贫困范畴。[①] 在《1990年世界发展报告》中,世界银行同样从"生存"维度将缺乏达到维持最低生活标准的能力认定为贫困。印度著名经济学家阿马蒂亚·森侧重从人的"发展"维度定义贫困,对将贫困只限于物质缺乏、经济条件较差等经济范畴的传统认识进行了拓展创新,进一步扩大了贫困的内涵和外延,认为贫困不仅仅是经济学意义上的个人收入很低,还应该包括并且是最重要的方面,即一个人发展能力、发展条件和发展权利的被剥夺,并指出个人发展权利的缺失才是造成贫困的真正原因。[②] 美国学者马丁·瑞沃林从社会条件视角揭示了贫困现象产生的直接原因,认为在一个相对稳定的经济社会发展条件下,如果存在一定的群体没有达到按照当时社会最低福利水平标准制定的必需的物质生存条件时,意味着这个社会存在着贫困。[③] 除此之外,有的学者从社会学角度认识贫困问题,将贫困与个人自身生活状态及整个社会生活环境条件相联系,将良好舒适的居住生活环境、和睦友好的社会交际关系、平等参与社会就业机会、保持良好身心状态等作为评估是否贫困的重要指标。[④] 还有一些学者没有将贫困仅限于单个贫困人口的生活状态,而是扩大到以家庭为单位进行综合衡量,认为这样更能客观公正地识别和判定贫困状态,比如玛莎·E. 希门尼斯(Martha E. Gimenez)的观点认为,因为性别差异以及家庭组成人员的不同,造成在一定社会生

[①] [英]汤森:《英国的贫困:关于家庭经济来源和生活标准的调查》,译林出版社1979年版,第45页。

[②] [印度]阿马蒂亚·森:《以自由看待发展》,任赜等译,中国人民大学出版社2013年版,第85页。

[③] [美]马丁·瑞沃林:《贫困的比较》,赵俊超译,北京大学出版社2005年版,第5页。

[④] Gasper, "What is the Capability Approach? Its Core, Rationale, Partners and Dangers", *The Journal Socio-Economics*, Vol. 36, 2007, p. 341.

活条件下的劳动能力、社会福利、工作收入的差异,从而产生了个人或者家庭的贫困。①联合国发展计划署1997年出版的《人类发展报告》提出了人类贫困指数（human poverty index）概念,由寿命的被剥夺（在发展中国家用预期寿命不到40岁人口百分比表示）、知识的被剥夺（用成人文盲率表示）、体面生活的被剥夺（无医疗服务人口百分比、无安全饮用水人口百分比和5岁以下体重不足儿童百分比）三个指标平均加权得出贫困指数,认为贫困指数数值越大,贫困程度越高,反之,则贫困程度较低。②

对于贫困的认识和理解,我国从古到今也具有很深的历史渊源,大多是从人"生存状态"维度描述和感受贫困问题。大诗人杜甫一生贫困潦倒,尝尽人间苦辣辛酸,既有"朱门酒肉臭,路有冻死骨"振聋发聩的愤慨,更有"布衾多年冷似铁,娇儿恶卧踏里裂；床头屋漏无干处,雨脚如麻未断绝"生活窘迫的无奈。大文豪苏轼也有"乃知饭后钟,阇黎盖具眼"对饥不果腹生活的深沉感慨。张俞"昨日入城市,归来泪满巾；遍身罗绮者,不是养蚕人",更是通过批判封建剥削制度的不合理性,揭示了穷苦百姓人家的艰辛生活。总的来看,古代先贤思想家大都怀有对穷苦劳动人民的深深同情,但是由于历史固有局限性,他们不可能从根本上改变不合理社会制度、改变劳动人民贫穷生活状态。中华人民共和国成立后的较长一段时期,我国采取一系列政策措施进行输血式扶贫、救济式扶贫,尽最大能力缓解、保障基层人民群众的最基本温饱问题。当时关于贫困问题的学术性研究成果较少。改革开放以后,思想界、理论界、学术界在解放思想的时代大环境下,对于贫困问题的认识和研究逐渐丰富起来。概括来看,主要是从两个方面认识和看待贫困问题,一方面是定性角度,另一方面是定量角度。在定性角度方面,比较有代表性的观点有：赵冬缓、兰徐民从个人生存与发展的现实基础条件出发,将贫困定义为一定时期内在一般经济社会发展水平条件下,无法依靠自身努力获得基本物质生活条件保障和社会发展资源,以达到所处

---

① Martha E. Gimenez, "The Feminization of Poverty: Myth or Reality", *The Insurgent Sociologist*, Vol. 1, 1987, pp. 5 – 30.

② 郭熙保：《论贫困概念的内涵》,《山东社会科学》2005年第12期。

社会阶段一定标准下的物质文化生活水平的状态;[①] 杨立雄、胡姝认为，贫困是指物质上的贫乏导致不足以维持个体的生存，以及不能维持一种社会公认的可接受的生活状态;[②] 罗本考认为，贫困地区人口增长过快和乡村人口文化素质较低是产生贫困的两大主要因素。[③] 在定量角度方面：刘天明、张庆宁根据1986年国家统计局调查相关数据，认为人均年收入低于200元、人均占有口粮500斤以下就可以认定为贫困，并从文盲比例、学历结构、文化设施、文化生活、对外交往等五个方面具体指标来衡量贫困程度。[④]

综上所述，古今中外学者围绕人的"生存""发展"两个主要维度，对贫困进行了系统研究和深入探讨，虽然对贫困具体内涵、表现形式、认定标准看法不一，但是对于贫困核心内质的理解和认识还是具有一些共同点。概括起来，主要包括五个方面：贫困是重大问题，无论是东方国家还是西方社会，都高度重视、认真对待、着力解决，以维护社会安定；贫困是多元维度，既有基本生存条件缺失的内在规定，也有文化、精神、社会等多个领域的外延拓展；贫困是动态过程，不是一成不变、千篇一律的固化状态，既有绝对贫困的高度相似，也有相对贫困的各不相同；贫困原因错综复杂，既有贫困群体主观方面的问题，也有客观现实条件的不足，是内因与外因共同作用的结果，因而分为内源式致贫原因和外源性致贫因素；贫困是历史现象，在不同历史时期不同经济社会发展条件下具有不同表现形式和衡量判定标准。

(二) 贫困类型划分

在梳理分析、系统总结贫困内涵概念的基础上，根据贫困定义的不同和贫困现象表现形式的差异，不同学者按照不同标准，划分确定了贫困的不同类型，以更深入、全面、系统地理解认识和科学对待贫困问题。根据相关学者研究成果，贫困类型主要划分为：依据贫困的内涵定义范

[①] 赵冬缓、兰徐民：《我国测贫指标体系及其量化研究》，《中国农村经济》1994年第3期。

[②] 杨立雄、胡姝：《中国农村贫困线研究》，中国经济出版社2013年版，第15页。

[③] 罗本考：《从社会学角度谈加强老区扶贫开发》，《江西师范大学学报》(哲学社会科学版) 1990年第2期。

[④] 刘天明、张庆宁：《扶贫研究述评》，《开发研究》1988年第3期。

围,将贫困分为狭义贫困和广义贫困;依据贫困的数量规模,将贫困分为区域贫困和个体贫困;依据贫困的产生原因,将贫困分为客观贫困和主观贫困;依据贫困的表现特征,将贫困分为生存型贫困、温饱型贫困和发展型贫困等;依据贫困的发生区域,将贫困分为城市贫困和农村贫困;依据贫困的持续状态,将贫困分为长期贫困和短期贫困。主要代表性观点如下:

美国经济学家萨缪尔森从经济学视角将贫困分为三个类型,即经济社会发展水平较低条件下的贫困、制度体制原因造成的有效消费能力不足产生的贫困、收入分配不合理不公平造成的贫困。罗伯特·A.尼斯贝特(Robert A. Nisbet)和罗伯特·K.莫顿(Robert K. Merton)将贫困划分为绝对贫困和相对贫困两种类型,认为基本生存条件缺失造成的贫困属于绝对贫困的范畴,解决基本生存问题基础上发展条件的不足属于相对贫困的范畴。[①] 应该指出,实践证明,绝对贫困的消除经过长期努力可以用客观指标进行衡量确认,而相对贫困的解决则是一个动态性历史过程,只能逐步实现而不能完全消除。史蒂芬·M.博杜安将贫困分为固化性贫困、结构性贫困和偶发性贫困三种类型,认为固化性贫困是贫困治理的核心关键、结构性贫困是稳定脱贫的重要对象、偶发性贫困是遏制贫困的主要群体。[②] 彼得·汤森(Peter Townsend)非常重视相对贫困的研究,认为贫困的认定标准和表现形式随着时间、地点以及社会环境条件的实时变化而不断改变,没有固定一成不变的贫困认定标准,需要灵活对待贫困问题。[③]

我国的一些学者也对贫困类型划分进行了相关研究。康晓光根据影响社会成员日常生活质量水平的关键性因素,将贫困分为制度性贫困、区域性贫困和阶层性贫困三种类型。[④] 谢维营按照贫困性质及致贫原因,

---

[①] Robert A. Nisbet and Robert K. Merton, *Contemporary Social Problems*, New York: Harcourt, Brace & World, Inc., 1961, pp. 621–623.

[②] [美]史蒂芬·M.博杜安:《世界历史上的贫困》,杜鹃译,商务印书馆2015年版,第10—11页。

[③] Peter Townsend, "A Sociological Approach to the Measurement of Poverty—A Rejoinder to Professor Amartya Sen", *Oxford Economic Papers*, Vol.37, No.4, 1985, pp. 669–676.

[④] 康晓光:《中国贫困与反贫困理论》,广西人民出版社1995年版,第110—119页。

将贫困类型分为环境型、制度型、政策型、风险型等十种类型。① 吴国宝根据贫困成因将贫困分为两种类型，即由于资金、土地、基础设施条件等相对不足产生的资源制约型贫困（区域性、群体性贫困）和自身技能、智力、劳动能力等相对较弱产生的能力约束型贫困（个体贫困）。② 还有学者从贫困涵盖的内容要求，将贫困分为单维度贫困和多维度贫困，在满足基本生活条件前提下，将良好教育条件、完善医疗服务、广泛就业机会、舒适生活环境等不足视为多维度贫困的判定标准。也有学者从贫困的内涵定义出发，将单向度的经济收入不足视为狭义贫困，将多向度的发展权利、文化教育权利、社会资本权利等的缺失作为广义贫困。有的学者根据贫困发生区域的规模特征，将贫困分为区域性整体贫困和非区域性整体贫困。区域性整体贫困主要是指发生在集中连片区域的贫困，比如《中国农村扶贫开发纲要（2011—2020年）》将六盘山区、秦巴山区、武陵山区、乌蒙山区、滇桂黔石漠化区、滇西边境山区、大兴安岭南麓山区、燕山—太行山区、吕梁山区、大别山区、罗霄山区等区域的连片特困地区和已明确实施特殊政策的西藏、四省藏区、新疆南疆三地州等划分为14个集中连片特困地区。非区域性整体贫困主要是指发生在分散区域的个别贫困，比如一定区域呈分散状态少量存在的贫困村、贫困人口。

（三）贫困标准设定

贫困标准是评估认定贫困与非贫困的指标体系，是客观衡量贫困状况的现实依据，对于识别区分贫困对象具有十分重要的指向性作用。对于贫困标准的设定，不同国家会依据自身经济社会条件进行确定，并通过不同的方法予以实化量化，主要分为相对贫困计算方法和绝对贫困计算方法两种类型，具体包括比例法、平均收入法、基本需求法、恩格尔系数法、数学模型法、热量支出法等。同时，贫困标准的设定也不是一成不变的，而是随着经济社会发展条件变化相应进行动态调整，具有一定历史时期的相对固定性和整体的动态变化性。从贫困标准不断调整变化的实践来看，世界范围内关于贫困标准设定的变化历程主要有以下几

---

① 谢维营：《贫困的类型探析》，《延安大学学报》（社会科学版）2002年第1期。
② 吴国宝：《对中国扶贫战略的简评》，《中国农村经济》1996年第8期。

个重要节点：

1899年，英国学者西渤海姆以家庭贫困为研究视角，从定性理解认知贫困的阐释角度，认为在一定社会经济标准下，一个家庭的收入水平不能够支撑这个家庭成员获得最基本物质生活条件以维持家庭成员的生存状态，就可以定义为贫困。[①] 这个标准虽然不是很精确，但是对当时识别判定贫困群体、做好反贫困工作仍然具有十分重要的指导意义。

1976年，在对其成员国经济社会发展状况和贫困状况进行广泛调查基础上，联合国经济合作与发展组织从经济收入角度设定了具有指导性意义的贫困认定参考标准，把在一个国家中收入水平低于整体社会平均水平一半的个人或家庭认定为贫困对象。

1990年，作为世界范围内最有影响力的国际性金融组织之一，世界银行按照人均每天最低生活支出保障底线，将国际贫困标准定为每人每天1美元，认为低于这个底线标准就难以维持生存最基本物质生活条件。

2008年，世界银行又根据世界经济发展增速及全球范围内物价上涨因素，将贫困标准从每人每天1美元调整为1.25美元。

2015年10月4日，在《消除绝对贫困、共享繁荣——进展与政策》报告中，世界银行发布最新的世界绝对贫困标准，由1.25美元（2005年PPP）更新为1.9美元（2011年PPP）。[②] 每人每天1.9美元的国际贫困标准一直维持到现在没有调整，基本上是国际范围内通行的贫困认定参考标准。

目前，世界上绝大多数国家和地区基本上都采用了世界银行的贫困标准设定，用以评估判定本国、本地区存在的贫困群体数量并针对性进行贫困治理。从现实情况来看，世界银行对于贫困标准的设定是认定贫困状态的底线标准，是维持人生存所必备条件的最低标准，衡量的是绝对贫困状态下人的生存条件。就我国来说，尽管参照世界银行所确定的贫困标准对存在的贫困群体进行了识别认定，但是我国按照世界银行标准认定的绝大多数贫困人口并不是真正处于生存边缘的绝对性贫困，而是一种相对性贫困。根据我国绝对贫困人口分布区域，只有处于自然条

[①] 朱凤岐等：《中国反贫困研究》，转引自张阳等《云南省兰坪县河西乡普米族贫困问题研究》，中国计划出版社1996年版，第75—78页。

[②] 王海燕：《大国脱贫之路》，人民出版社2018年版，第7页。

件极为恶劣的老少边山岛地区才有一定数量的绝对贫困人口，并且这些一定数量的绝对贫困人口不是生存边缘意义上的绝对贫困，因为通过党和国家的大量物质资源条件投入、更多政策措施倾斜、各种形式对口帮扶，实际上能够保障绝对贫困人口的基本生存生活条件。

（四）中国贫困标准特点

在积贫积弱、苦难深重的旧中国，整个国家民族都处于水深火热、凄惨悲凉的生活之中，中华大地几乎都处于赤贫状态，已经没有必要和意义确定所谓的贫困标准。对于贫困标准的设定，主要是中华人民共和国成立以后，党和国家在不断改善全体社会成员生产生活条件进程中，结合各个历史时期的经济社会发展条件，设定了相应的具体贫困标准。同时，由于种种历史原因，我国长期存在着城乡二元结构，国家设定贫困标准的时候，实际上存在着农村贫困标准和城镇贫困标准两个指标体系，并且主要关注农村地区贫困问题。

从1993年开始，我国开始根据城镇经济社会发展条件制定城镇贫困标准。1999年9月国务院颁布了《城市居民最低生活保障条例》，要求各级地方政府制定地方性城镇贫困标准，切实解决城镇贫困人口基本生活问题。由于全国不同地方经济社会发展水平差异很大，所以各地制定的城镇贫困标准也各不相同，但是原则上都按照当地城镇居民最低生活保障标准对生活困难的城镇贫困人口进行兜底保障，因此，城镇人口贫困问题不纳入本书探讨范畴。

农村贫困问题始终是党和国家关注的重中之重。在长期农村扶贫实践中，随着国家整体经济实力不断增强，我国农村贫困标准也相应进行了一系列调整变化。1986年，我国采用国际上比较通行的恩格尔系数法，立足解决基本温饱问题，设定当时农村贫困标准是年人均纯收入206元，低于这个标准就属于农村贫困人口范围。随着全面建设小康社会进程的不断推进，我国在成功解决十多亿人口吃饭问题基础上，向更高生活水平的小康社会迈进，因此，2001年国家将农村贫困标准设定为人均年纯收入630元。考虑到经济发展水平和物价上涨因素，2008年，国家把农村贫困标准提高到人均年纯收入1196元。2010年，国家又将贫困标准调至人均年纯收入1274元。2011年，经国家统计局测算、各部门共同研究、国务院确定，2011—2020年的农村贫困标准为"每人每年2300元（按2010年不变价）。"① 党的十八大以来，我国进入了以精准扶贫精准脱贫为基本方略的打赢脱贫攻坚战新阶段，农村精准扶贫建档立卡的扶贫标准为2855元，并将脱贫标准设定为"两不愁三保障"，即"不愁吃、不愁穿，义务教育、基本医疗、住房安全有保障"，既考虑了基本生活需求，又兼顾了长远发展要求，科学概括了稳定消除多维贫困的目标。②

四 研究意义

（一）理论意义

一是深化对马克思主义反贫困理论及中国特色反贫困理论的系统研究。马克思主义理论博大精深、内涵丰富、思想深刻、体系严整，涵盖众多学科专业、社会生活多个领域，但究其理论核心本质，为无产阶级和广大劳动人民著书立言、为全人类幸福生活探索奋斗是贯穿其中的主线、红线和生命线。对马克思主义主要创始人而言，无产阶级和广大劳动人民的贫困问题，始终是高度重视、不懈探索、终生探寻的理论和实践主题。马克思主义反贫困理论是马克思主义理论的重要组成部分，是马克思主义鲜明价值导向的集中体现。就中国特色反贫困理论而言，党的十八大以来，习近平总书记在继承发展马克思主义反贫困理论基础上，在深刻总结我国长期扶贫实践经验中，全面分析新时代扶贫开发工作形势特点，深刻把握我国贫困治理基本规律，着眼消除绝对贫困、解决区域性整体贫困问题，鲜明提出"精准扶贫"理念，并在脱贫攻坚实践中不断丰富发展，形成了新时代精准扶贫精准脱贫基本方略，为取得新时代扶贫开发工作的历史性成就奠定了坚实思想基础和根本行动指南。

二是深化对习近平新时代中国特色社会主义思想的融会贯通。新时代精准扶贫精准脱贫基本方略是以习近平同志为核心的党中央治国理政新理念新思想新战略应用于扶贫开发领域、深化于扶贫工作实践、显效于脱贫攻坚主战场，集中彰显了习近平新时代中国特色社会主义思想的鲜明特色。当前和今后一段时期，深入学习贯彻习近平新时代中国特色

---

① 王萍萍等：《中国农村贫困标准问题研究》，《调研世界》2015年第8期。
② 鲜祖德等：《中国农村贫困标准与贫困监测》，《统计研究》2016年第9期。

社会主义思想是一项重要政治任务,是党和国家工作中的一件大事要事。而以精准扶贫精准脱贫基本方略为指导的脱贫攻坚工作是一个重要切入点,是学习领会习近平新时代中国特色社会主义思想丰富内涵、精神实质和实践要求的重要汇集点,因为新时代精准扶贫精准脱贫基本方略蕴含着丰富的马克思主义群众观点、马克思主义政治经济学理论、党的建设新的伟大工程等一系列理论思想。

三是深化对社会主义"共同富裕"本质的价值认同。没有共同富裕的价值目标引领,社会主义就会失去正确发展方向;没有共同富裕的真正落到实处,社会主义就会失去根本制度特征。共同富裕是社会主义制度的本质要求。新时代精准扶贫精准脱贫基本方略坚持"以人民为中心"的发展思想,最大限度地调动一切积极因素推动经济社会发展,最大限度地发挥广大人民群众的积极性、主动性和创造性来增加社会财富,在兼顾公平与效率前提下,顺应人民群众过上美好生活的新期待,努力为促进人的全面发展创造实现条件,使发展成果更多更公平地惠及全体社会成员,确保全面建成小康社会道路上"一个也不能少",确保最广大人民群众在共同富裕道路上"一个也不能掉队"。

四是深化对"人自由而全面发展"伦理意蕴的理性感知。新时代精准扶贫精准脱贫基本方略聚焦最困难、最弱势、最底层的贫困地区群众,集全党全国全社会之力,想方设法,不遗余力,深入实施脱贫攻坚战,努力消除绝对贫困、解决区域性整体贫困问题,为实现人人共建、人人共享的幸福生活创造现实条件,具有强烈的人文关怀和深刻的伦理意蕴,从生存、发展两个维度保障了贫困人口基本权利和重要权益,是对"现实的人"的极大关注和深厚关爱,是马克思主义关于人的全面发展和社会全面进步价值理想的具体实践和生动体现。

(二)实践意义

一是为打赢脱贫攻坚战提供根本指引。新时代精准扶贫精准脱贫基本方略具有强烈的内生性、系统性、现实性、社会性和实践性,从理论与实践结合上深刻阐述了我国扶贫开发工作面临的一系列时代新课题,为消除绝对贫困、解决区域性整体贫困提供了根本遵循,是经过实践证明了的指导我国扶贫开发工作的科学理论和行动指南。因此,以新时代精准扶贫精准脱贫基本方略为指引,深刻领会、认真贯彻、全面落实这一思想的丰富内涵、精神实质和实践要求，对于打赢脱贫攻坚战、消除绝对贫困、解决区域性整体贫困具有重要现实指导作用。

二是为推进国家治理体系和治理能力现代化提供实践依据。作为全面建成小康社会的底线任务，以精准扶贫精准脱贫为基本方略的扶贫开发工作，正是推进国家治理体系和治理能力现代化在扶贫领域的具体实践和深化拓展。以习近平同志为核心的党中央把打赢脱贫攻坚战融入国家政治建设、经济建设、社会建设、文化建设、生态文明建设的全过程、各领域和多方面，为推进国家治理体系和治理能力现代化提供了重要实践依据。

三是为促进在发展中保障和改善民生提供重要经验。我们党历来重视民生问题，无论是革命、建设、改革乃至实现中华民族伟大复兴，最根本的着眼点和落脚点就是在发展中保障和改善民生，不断增进人民福祉，不断提升人民群众生活层次和生活水平。贫困人口的减贫脱贫工作正是加快补齐民生领域的短板，而以精准扶贫精准脱贫基本方略为指引，打赢脱贫攻坚战，消除绝对贫困和解决区域性整体贫困问题，就是改善贫困地区、贫困村和贫困人口的民生福祉。在实现脱贫攻坚目标任务基础上，让脱贫人民群众享有更高质量、更高标准、更高水平的改革发展成果，更是解决更高层次的民生问题。

四是为解决世界区域性贫困特别是发展中国家贫困问题提供路径模式。在新时代精准扶贫精准脱贫基本方略指引下，中国政府在贫困治理实践中，建立健全和丰富完善了具有中国特色的上下联动、齐抓共管、多方协同、重点突破、全面推进的贫困治理体系。我国贫困治理体系历经脱贫攻坚实践检验淬炼，取得了贫困治理的显著成效。因此，中国贫困治理体系可以为全球其他国家特别是发展中国家开展贫困治理、推进国际减贫脱贫事业提供路径模式。

第二节　国内外研究现状

一　国内研究现状

贫困问题，是中华人民共和国成立以来党和国家始终高度关注、投入巨大人力物力财力、解决难度最大的历史性课题。长期以来，中国一直是世界上贫困人口最多的国家之一。由于种种原因，虽然我国思想界、理论界、学术界对于贫困问题的研究起步晚、成果少、影响弱，但是，中国长期扶贫实践的历史积淀和宝贵经验，为我国开展贫困问题的学术研究提供了广阔舞台和现实基础。因此，近年来，我国关于贫困问题的研究，成果数量快速增加、影响力不断上升、关注度不断提高。同时，由于我国解决贫困问题时，政府主导是主要方式，所以国内思想界、理论界、学术界主要围绕党和国家出台的一系列扶贫政策措施、扶贫具体实践开展研究，研究成果呈现出政策性、社会性、针对性、实践性的特征。到目前为止，国内对于贫困问题的研究方向、研究领域、研究内容、研究范式主要包括以下几个方面。

（一）关于贫困内涵研究

尽管国际上关于贫困内涵的界定已经比较清晰，也得到世界上绝大多数国家和地区的认可和采用，但是，由于中国自身特殊国情，特别是中国扶贫实践的内生性、民族性和独特性，我国思想界、理论界、学术界对于贫困内涵的探讨，在形式上具有鲜明的中国特色，在内容上不断丰富拓展深化，经历了从早期偏重于贫困人口生存方面的物质条件角度界定贫困内涵，到后面日益关注贫困人口发展方面的综合经济社会条件来拓展贫困内涵外延的显著转变，在一定程度上客观反映了我国经济社会发展变化对进行贫困治理、开展扶贫实践产生的直接而重大的影响。主要研究成果代表性观点如下：

关信平认为贫困是在一定社会经济条件下，部分社会成员没有获得维持基本生活和参与基本社会活动的资源条件的权利，致使自身生活低于社会正常生活标准的状态。[①] 谭贤楚、朱力认为，在实现一定社会条件下基本生活物质保障基础上，进一步提高生活水平和质量存在自身难以解决的困难和问题，可以被认定为贫困。[②] 金雁认为，贫困具有多维度内涵，经济收入低难以支持一定标准的生活条件是一方面原因，但造成贫困的主要原因是个体难以在市场经济体制机制下获得社会资源、发

[①] 关信平：《中国城市贫困问题研究》，湖南人民出版社1999年版，第151页。
[②] 谭贤楚、朱力：《贫困类型与政策含义：西部民族山区农村的贫困人口——基于恩施州的实证研究》，《未来与发展》2012年第1期。

展权利、发展条件等能力和手段。① 谭崇台提出了贫困量化标准：一是居民收入总体差距，其主要标志是基尼系数；二是地区间差距；三是行业间收入差距。②

从上述不同专家学者研究成果的观点表述来看，我国思想界、理论界、学术界对于贫困内涵的认识不断深化、不断丰富、不断全面，对贫困内在本质的把握越来越深刻、越来越透彻、越来越具体，对我国同期进行贫困治理、开展扶贫实践具有重要的思想启示和借鉴作用。

（二）关于致贫原因研究

国内思想界、理论界、学术界非常重视对贫困成因的研究探讨，因为贫困成因是产生贫困的根源、是"穷根"，找到致贫原因就可以针对性施策，创造有利条件消除贫困，取得反贫困胜利。同时，由于中国国情复杂，地域资源环境等具体状况相差很大，贫困人口分布又呈现"面上集中、点上分散"特点，"十里不同音、百里不同风"，导致贫困成因千差万别、纷繁复杂。因此，相关学者专家研究致贫原因多是结合地方贫困现状进行针对性分析，研究结论相对集中在地域资源环境条件、地方经济社会发展能力、政策制度安排、人才科技发展水平等方面。

康晓光从贫困产生的复杂综合因素出发，认为资源环境禀赋、经济社会发展基础、人才科技条件、公共服务水平、创新活力能力等诸多方面的缺失和不足造成了地区贫困、人口贫困。③ 部分学者从社会制度视角认识致贫原因，曾志红、曾福生认为我国长期存在的城乡二元结构、城乡户籍身份，造成农村基本公共服务、发展生产能力、教育科技文化水平等诸多方面落后于城市，因而贫困问题比较突出。④ 邵延学认为，资金技术等投入要素相对不足、生产管理方式相对落后、劳动力综合素质相对较低等主客观因素造成部分地区处于长期贫困状态。⑤ 王艳华认

---

① 金雁：《可持续生计：完善南京贫困群体政策支持体系的重要方向》，《中共南京市委党校南京市行政学院学报》2005年第1期。
② 谭崇台：《中国经济的快速增长与"丰裕中贫困"》，《经济学家》2003年第1期。
③ 康晓光：《中国贫困与反贫困理论》，广西人民出版社1995年版，第125页。
④ 曾志红、曾福生：《我国农村致贫的社会制度因素分析》，《农业经济》2013年第11期。
⑤ 邵延学：《我国农村贫困特点、成因及反贫困对策探讨》，《商业经济》2014年第18期。

为，贫困人口教育培训是改变农村贫困状态的重要措施，要重点解决好教育贫困问题，为脱贫致富寻找治本之策。① 曹光明在吸收借鉴西方发展经济学相关理论观点基础上，注重心理因素对贫困产生的具体分析，提出贫困机制在于发展能力的下降式循环运行，贫困经济处于低水平均衡状态，难以摆脱现实贫困状态。② 尹飞霄认为，我国国土面积广阔，不同地区的地域条件、自然条件、资源环境等存在很大差异，导致地方经济社会发展能力迥异，最终影响当地经济社会发展水平，从而很大程度影响贫困问题解决。③ 肖艳辉认为，由于社会公共服务能力不足、社会保障制度体系不完善、社会福利水平不高，造成贫困问题出现，并进一步加剧贫困问题解决难度。④

(三) 关于扶贫政策措施研究

由于产生贫困的根源即致贫原因千差万别、各有不同，贫困治理面临系统综合要求和复杂现实挑战。纵观世界反贫困历程，不仅不同国家应对贫困问题的政策措施各不相同，就是同一个国家在不同历史时期实行的反贫困政策措施也不尽相同。对于我国而言更是如此，扶贫政策措施的调整变化更为突出和明显。究其原因，主要是两个方面：一是我国反贫困实践进程与国家整体经济社会发展状况密切相关，而改革开放以来特别是近十几年来，我国经济增长速度较快、综合国力提升明显、国家面貌日新月异，必然会根据国家经济社会发展能力给予扶贫开发工作更多政策措施倾斜和物质资源投入支持；二是我国是社会主义国家，实行的是政府主导型扶贫，制度性扶贫体制机制优势明显，必然要求党和国家把解决贫困问题作为大事要事部署落实。鉴于此，国内一些专家学者围绕我国不同时期出台的扶贫政策措施开展针对性研究，从扶贫开发政策演变视角揭示了我国扶贫开发工作的历史沿革、基本规律、重要特征和时代特点等。

---

① 王艳华：《教育致贫成因解析》，《教育科学论坛》2012年第12期。
② 曹光明：《贫困本质初探》，《开发研究》1991年第6期。
③ 尹飞霄：《人力资本与农村贫困研究：理论与实证》，博士学位论文，江西财经大学，2013年，第42—44页。
④ 肖艳辉：《社会救助国家责任模式比较研究》，博士学位论文，湖南大学，2012年，第205—208页。

张磊主编的《中国扶贫开发政策演变（1949—2005 年）》系统梳理了 1949—2005 年我国扶贫政策措施的调整变化过程，结合时代发展特征和具体扶贫实践，将我国扶贫开发政策演变概括为四个阶段，即"计划经济体制下的广义扶贫、制度性变革作用下的大规模缓解贫困、高速经济增长背景下的开发式扶贫、全面建设小康社会进程中的扶贫开发"①，深入分析了不同扶贫阶段出台相应政策措施的社会背景、主要成效、基本特点、历史贡献、长远影响等，对客观、系统、全面地认识扶贫开发工作的变化调整具有重要意义。

左常升主编的《中国扶贫开发政策演变（2001—2015 年）》系统总结了我国新世纪新阶段扶贫开发工作取得的历史性成就，着重分析了在 2001—2015 年我国出台一系列扶贫开发政策措施的现实背景、目标任务、部署安排、具体要求、实践成效、国内外影响等，并针对性指出了今后一段历史时期我国扶贫开发工作在缩小地区差异、实现均衡协调发展、推动公共服务均等化等方面存在的问题和矛盾，既客观总结了历史成就，也具体指出了调整优化方向。②

（四）关于精准扶贫精准脱贫研究

党的十八大以来，我国扶贫开发工作进入打赢脱贫攻坚战新阶段，消除贫困、解决区域性整体贫困问题面临的现实困难、工作难度和任务压力前所未有、世所罕见。在系统总结中国扶贫开发历史经验中，在打赢脱贫攻坚战具体实践中，新时代精准扶贫精准脱贫基本方略应时而出、应运而生、应势而为。从习近平总书记在湖南湘西十八洞村考察扶贫开发工作首次提出"精准扶贫"理念，到后来一系列重要讲话、指示批示、部署安排不断丰富"精准扶贫"具体内涵，为新时代开展扶贫开发工作提供了极为重要的理论指引和实践指导，为我国扶贫开发工作取得历史性成就奠定了坚实思想基础。在新时代精准扶贫精准脱贫基本方略指引下，我国贫困发生率从 2012 年的 10.2% 以上下降到 2019 年的

---

① 张磊主编：《中国扶贫开发政策演变（1949—2005 年）》，中国财政经济出版社 2007 年版，第 58 页。

② 左常升主编：《中国扶贫开发政策演变（2001—2015 年）》，社会科学文献出版社 2016 年版，第 146 页。

0.6%，年均减贫人口达 1000 万以上①，为全面建成小康社会和实现"两个一百年"奋斗目标奠定了现实基础、创造了重要条件、提供了可靠保障。

新时代精准扶贫精准脱贫基本方略的发端、产生、形成、发展和完善不是一日完成的、更不是一蹴而就的，是对我国长期扶贫开发工作实践总结提炼、凝练升华形成的，是在吸收借鉴前人思想成果的基础上形成的，是在中国贫困治理理论与实践的双向互动中形成的。当前，思想界、理论界、学术界以及政府相关职能部门围绕新时代精准扶贫精准脱贫基本方略进行了广泛探讨和深入交流。整体而言，对于新时代精准扶贫精准脱贫基本方略的研究成果主要体现在以下两个方面。

新时代精准扶贫精准脱贫基本方略的内涵体系研究。目前思想界、理论界、学术界代表性观点如下：张占斌认为，新时代精准扶贫精准脱贫基本方略主要包含相互贯通、紧密衔接、协调联动的五个重要方面，即体现社会主义本质要求是新时代精准扶贫精准脱贫基本方略出发点、放在治国理政重中之重地位是新时代精准扶贫精准脱贫基本方略着眼点、注重增强贫困地区贫困群众自我发展能力是新时代精准扶贫精准脱贫基本方略立足点、创新扶贫开发体制机制是新时代精准扶贫精准脱贫基本方略着力点、发挥社会力量最大合力作用是新时代精准扶贫精准脱贫基本方略支撑点。②任俊英认为，新时代精准扶贫精准脱贫基本方略主要由扶贫是社会主义本质要求、扶贫开发成败之举在于精准、激发贫困群众内生动力、构建大扶贫格局、实行最严格考核制度以及消除贫困是全人类共同使命等内容构成。③熊若愚从新时代精准扶贫精准脱贫基本方略实践维度，认为充分认识扶贫开发工作重大意义是实践前提、科学确定扶贫开发工作目标任务是实践导向、综合运用扶贫开发基本方法是实践关键、创新完善扶贫开发动力机制是实践重点。④胡建华、赖越认为，新时代精准扶贫精准脱贫基本方略通过精准识别解决了"扶持谁"的难

---

① 中华人民共和国统计局编：《2019 中国农村贫困监测报告》，中国统计出版社 2019 年版，第 160—164 页。
② 张占斌：《习近平同志扶贫开发思想探析》，《国家治理》2015 年第 36 期。
③ 任俊英：《习近平精准扶贫思想的科学内涵和时代价值》，《农业·农村·农民》2019 年第 1 期。
④ 熊若愚：《习近平扶贫开发思想初步研究》，《新东方》2015 年第 4 期。

题矛盾、通过精准施策完善了"怎么扶"的路径模式、通过精准落实创新了"谁来扶"的体制机制、通过精准脱贫构建了"如何退"的监测评估系统。[1] 唐任伍根据新时代精准扶贫精准脱贫基本方略的内在逻辑关系,认为坚持共同富裕是新时代精准扶贫精准脱贫基本方略价值导向,如期实现全面建成小康社会目标任务是新时代精准扶贫精准脱贫基本方略实践遵循,强化精准理念是新时代精准扶贫精准脱贫基本方略本质特征,因地制宜因人而异是新时代精准扶贫精准脱贫基本方略鲜明特色,"志智双扶"全面帮扶是新时代精准扶贫精准脱贫基本方略内在要求。[2] 樊悦宁从新时代精准扶贫精准脱贫基本方略的实践性、社会性、适用性特点出发,认为具有重要方法论意义和实践指导作用的"六个精准"是新时代精准扶贫精准脱贫基本方略的科学内涵、核心本质和基本特征。[3] 左停从宏观、中观、微观三个层次理解新时代精准扶贫精准脱贫基本方略的逻辑内涵,认为目标精准、思路精准是顶层设计、总体建构,精准施策、精准管理是部署落实、运行保障,精准帮扶、精准见效是深入推进、全面推动。[4] 黄承伟、覃志敏围绕新时代精准扶贫精准脱贫基本方略的现实应用,认为客观确立帮扶对象、准确查找致贫原因、分类进行具体帮扶、加强动态监测管理是新时代精准扶贫精准脱贫基本方略的主要内涵。[5]

新时代精准扶贫精准脱贫基本方略的实践应用研究。思想界、理论界、学术界围绕扶贫方式精准、扶贫模式创新、扶贫成效明显等新时代精准扶贫精准脱贫基本方略实践应用的核心问题进行了探讨研究。从脱贫攻坚实践来看,政府投入是精准扶贫的基础、发展产业是脱贫致富的关键、文化教育扶贫是稳定脱贫的重点、合力扶贫是脱贫攻坚的支撑,因此,思想界、理论界、学术界着重分析了财政扶贫、金融扶贫、产业

---

[1] 胡建华、赖越:《习近平精准扶贫思想的发展渊源、基本内涵和重大意义研究》,《广东行政学院学报》2018年第3期。
[2] 唐任伍:《习近平精准扶贫思想阐释》,《人民论坛》2015年第30期。
[3] 樊悦宁:《深刻领会习近平精准扶贫思想的目标要求及时代蕴意》,《农家参谋》2018年第21期。
[4] 左停:《精准扶贫战略的多层面解读》,《国家治理》2015年第36期。
[5] 黄承伟、覃志敏:《论精准扶贫与国家扶贫治理体系建构》,《中国延安干部学院学报》2015年第1期。

扶贫、文化扶贫、健康扶贫、法治扶贫、教育扶贫、合力扶贫等具体成效、改进方向和完善措施。主要代表性观点如下：高波、王善平认为，要从财政扶贫资金使用过程的规范性、使用效果的有效性来构建综合绩效评价体系，科学地考核财政扶贫的投入产出比率以衡量具体扶贫成效，根据财政扶贫具体成效确定扶贫资金投入方向领域，并针对性加强财政扶贫资金的使用效益和配置效率。[①] 孙涌认为，通过建立完善政府主导的金融扶贫体制，围绕贫困地区产业发展、生产生活条件改善等现实综合需求，积极利用信贷支持工具，科学确定信贷资源配置力度，强化贫困地区信贷支持条件，有效衔接其他扶贫措施，发挥金融扶贫杠杆作用，不断增强金融扶贫的放大效应和辐射效应。[②] 唐守祥、韩智伟认为，以发展产业为杠杆的扶贫开发能够有效对接精准扶贫，带动地域经济社会发展，并提出了项目扶贫、龙头企业带动扶贫、合作社及种粮大户带动等产业扶贫模式。[③] 胡晓青认为，高校大学生通过开展志愿实践文化帮扶活动和参与服务基层工作项目两大方式，有效拓展了文化扶贫的渠道途径、有效改善了基层文化科技服务队伍结构、有效提升了文化扶贫层次水平、有效夯实了基层文化扶贫的力量基础。[④] 汪三贵、刘明月从健康扶贫视角提出，加强公共卫生和疾病防控工作、合理确定医疗保障水平、重视基层医疗人才培养、实施代帮代办、加强对医疗机构监督和约束、完善健康扶贫部门之间的衔接机制等优化健康扶贫政策的实施。[⑤] 王怀勇、邓若翰认为，依法治贫有助于扬弃扶贫权力的"双刃性"，缓解扶贫活动的"正外部效应"，改善贫困主体的弱势属性，因而有效保障精准扶贫的长效发展。[⑥] 孙华认为，教育扶贫具有基础性、战略性和根本性作用，要加大教育扶贫投入，提高贫困群众文化素质、转变贫困人口思想观念、增强贫困群体自

---

① 高波、王善平：《财政扶贫资金综合绩效评价体系研究》，《云南社会科学》2014年第5期。
② 孙涌：《开展金融精准扶贫》，《中国金融》2015年第20期。
③ 唐守祥、韩智伟：《产业扶贫是实现精准脱贫之主策》，《理论观察》2017年第1期。
④ 胡晓青：《精准扶贫视角下的大学生参与文化扶贫研究》，硕士学位论文，西南大学，2017年，第28—32页。
⑤ 汪三贵、刘明月：《健康扶贫的作用机制、实施困境与政策选择》，《新疆师范大学学报》（哲学社会科学版）2019年第3期。
⑥ 王怀勇、邓若翰：《精准扶贫长效机制的法治路径研究》，《重庆大学学报》（社会科学版）2019年第3期。

我发展能力。①蔡科云围绕社会组织在扶贫工作中如何发挥相应作用展开研究，认为建立完善的社会组织参与扶贫工作的制度体系具有重要现实意义。②

综上所述，思想界、理论界、学术界围绕新时代精准扶贫精准脱贫基本方略的内涵体系、实践应用进行了广泛深入的研究探讨，提出了许多针对性建议对策，取得了一系列学术研究成果，为深化拓展相关研究打下了良好基础。由于精准扶贫精准脱贫是个动态持续过程，因此业已取得的研究成果还有待在后续实践中深化完善、创新拓展，主要表现在以下四个方面：

一是学理性研究相对不足。由于新时代精准扶贫精准脱贫基本方略呈现出现实性、实践性、社会性的理论品格，思想界、理论界、学术界的相关研究主要集中在实践层面，研究成果的针对性、现实性、应用性等较强，在系统性、整体性和学理性等方面则略显不足。

二是视角领域有待拓展。由于脱贫攻坚是个系统工程，涉及政治、经济、社会、文化、生态文明等多个方面，因此不是单独一个学科专业、一个研究范式、一个考察视角能够独立完成的，需要在研究中综合运用自然科学、人文社会科学等不同学科的专业知识和研究方法。

三是研究主体略显单一。如期完成脱贫攻坚目标任务，解决绝对贫困和区域性整体贫困问题，是一项政治性强、涉及面广的系统工程，需要全党全社会共同努力。这既是党和国家的重点工作，也是全社会共同关注的现实问题；不仅需要党和政府层面政策性、号召性的宣传引导，也需要其他社会力量广泛参与其中，进一步拓展研究主体来源，共同推动中国特色反贫困理论的不断丰富和发展完善。

四是内容体系仍需完善。对于精准扶贫精准脱贫的研究，具有很强的现实性、社会性和实践性，总体上呈现出较为明显的动态调整、前后接续、持续推进的特点特色，因而在内容体系的丰富完善上需要及时跟进、及时总结、及时深化、及时提升。

---

① 孙华：《关于我国民族地区教育扶贫攻坚的梯度思考》，《黑龙江民族丛刊》2013 年第 3 期。

② 蔡科云：《政府与社会组织合作扶贫的权力模式与推进方式》，《中国行政管理》2014 年第 9 期。

针对以上不足，为进一步丰富完善新时代精准扶贫精准脱贫基本方略研究，思想界、理论界、学术界应在充分吸收借鉴现有研究成果基础上，从理论与实践相结合角度，综合运用学科交叉融合优势，推动新时代精准扶贫精准脱贫基本方略研究的系统性、整体性和学理性，为促进我国反贫困理论不断拓展创新、扶贫开发实践不断深化完善做出贡献。

二 国外研究现状

贫困问题既是个历史性课题，也是个世界性难题。在经济文化比较落后的广大发展中国家存在着大量贫困问题，在西方经济文化相对发达的国家同样存在着一定的贫困现象。贫困问题，同样是西方一些发达国家关注的社会热点，也是西方学者研究的重要领域。西方学者对于贫困问题的研究，涉及经济学、社会学、政治学、人口学等多门学科，研究成果也相应呈现出不同学科的学术特点、专业特色和表述范式。总的来看，西方学者比较有代表性、影响广泛的反贫困理论，多是从经济学、社会学角度进行贫困问题研究。

在经济学领域，西方学者主要探讨资本主义社会经济发展与贫困产生的关联性、耦合性、互动性，梳理分析解决贫困问题的经济政策、经济措施和经济手段，通过解决在经济发展中出现的各类问题来推动贫困问题的解决。美国经济学家赫希曼认为发展中国家不可能实现经济各部门同步推进、全面发展，要有选择地投资发展重点性带动产业，通过经济各部门不平衡增长实现国家整体经济实力提升，为解决贫困问题创造经济社会条件，并称之为不平衡增长理论。[①] 瑞典学派代表性人物缪尔达尔从经济社会发展动态性调整变化的视角出发提出循环积累因果关系理论，认为社会经济因素的不断变化、相互影响，具有循环积累因果关系，经济社会发展基础好的地区会不断积累发展优势实现更快发展，与经济发展基础较差地区的差距会不断扩大，需要政府有力干预以实现区域协调发展。[②] 法国经济学家佩鲁提出了增长极理论，认为经济社会发

[①] [美]艾伯特·赫希曼：《经济发展战略》，曹征海等译，经济科学出版社1991年版，第166—172页。

[②] [瑞典]冈纳·缪尔达尔：《世界贫困的挑战》，顾朝阳等译，北京经济学院出版社1991年版，第35—42页。

展水平较高的"增长极"会对经济社会发展相对落后地区形成带动作用,通过辐射扩散实现地区联动发展[①],但是其忽略了"增长极"对落后地区的"虹吸效应",具有一定片面性。美国经济学家霍利斯·钱纳里提出经济发展标准结构理论,认为在不同经济社会发展阶段具有不同的经济结构标准数值,需要按照相应的"标准结构"调整完善经济结构的产业布局和规模数量,实现不同地区、不同产业之间协调发展。[②] 阿根廷经济学家普雷维什的"中心—外围"理论认为,西方发达国家是世界经济发展的"中心",与之相对的广大发展中国家是世界经济发展的"外围",两者都是统一的世界经济体系的组成部分,但是两者关系是不对等的、不平衡的,广大发展中国家处于世界经济体系的弱势地位,处于世界产业分工链条的低端下游,获得全球经济增长收益很低,因而产生贫困问题。[③] 美籍爱沙尼亚经济学家讷克斯提出贫困恶性循环理论,认为发展中国家的贫困问题源自于自身经济关系的结构性矛盾,需要理顺协调国内经济关系,改变产生贫困的经济结构关系,打破地区之间经济发展的"恶性循环"状态。[④] 奥地利学派著名经济学家保罗·罗森斯坦·罗丹的大推进理论认为,实现工业化是发展中国家解决贫困问题的根本途径,要为推动工业化提供充足资本以加快经济社会发展,从而解决发展中国家普遍存在的贫困问题。[⑤] 总的来说,这些经济学视角的反贫困理论,基本上是就经济问题谈贫困问题,虽具有一定程度的现实性、合理性、学理性,但是往往不能从贫困问题产生的本质根源、制度障碍、体制瓶颈等深层次致贫因素,探寻解决贫困问题的路径方法,并不是解决贫困问题的治本之策。

在社会学领域,西方学者多是从人权角度去思考和认识贫困问题,

---

① [法]弗朗索瓦·佩鲁:《略论发展极的概念》,转引自彭震伟主编《区域研究与区域规划》,同济大学出版社1998年版,第112—119页。
② [美]霍利斯·钱纳里:《结构变化与发展政策》,朱东海等译,经济科学出版社1991年版,第392—400页。
③ [阿根廷]劳尔·普雷维什:《拉丁美洲的经济发展问题——美国俄勒冈大学国际研究和海外行政研究所研究报告》,北京编译社译,世界知识出版社1962年版,第223—228页。
④ [美]讷克斯:《不发达国家的资本形成问题》,谨斋译,商务印书馆1966年版,第6—8页。
⑤ [英]保罗·罗森斯坦·罗丹:《东欧和东南欧国家工业化的若干问题》,转引自康成文《工业化的社会能力——发展经济学研究的新框架》,《经济与管理评论》2019年第2期。

将发展权利缺失、政治权利不充分、个人发展条件不完善、社会发展环境不理想、社会人际关系不协调等诸多因素作为致贫原因,进一步丰富了对贫困内涵的认识和理解,对于在解决生存性贫困问题基础上进一步推动发展性贫困问题的解决,具有一定理论启示和思想借鉴作用。这方面比较有代表性的理论主要有赋权理论、社会排斥理论、贫困文化理论、人力资本贫困理论等。赋权理论认为,贫困产生的原因在于社会制度性障碍阻碍了个人发展,造成个人不能适应社会生活,成为贫困对象。[①] 社会排斥理论认为,个人与社会缺乏联系纽带和有效交流途径,造成个人游离于社会之外,不能融入社会生活,从而丧失与社会交换或互动权利。[②] 贫困文化理论则从社会群体结构固化角度,指出贫困群体因处于社会生活底层,逐渐与社会主流发展方向相脱离,在群体心理上形成贫困亚文化,失去依靠自身能力走出贫困的动机和动力,并且在一定范围内形成贫困代际传递,成为固定化的弱势贫困群体。[③] 人力资本贫困理论认为,人力资本是推动经济发展的关键动力,也是解决贫困问题的根本途径,主张加大人力资本投入、加强对社会成员的教育和培训,积累人力资本实现经济快速增长。[④] 上述从社会学各种视角分析贫困问题的思想观念在西方已经完成工业化、经济社会发展水平相对发达的社会条件下,是可以进行一些探索和尝试的,但是对于连生存性贫困问题都没有解决的广大发展中国家而言,则难以发挥明显成效。

总体来看,西方学者的反贫困理论对于开展贫困问题研究和贫困治理实践具有一定的启示意义和借鉴作用,有助于我们了解西方社会对贫困问题研究的理解认知程度和动态发展变化。与此同时,由于中西方历史文化特点、经济社会发展条件、社会氛围环境、思维传统习惯等存在差异,我们要在立足我国现实国情基础上,辩证地吸收借鉴西方反贫困

---

① [印度] 阿马蒂亚·森:《贫困与饥荒——论权利与剥夺》,王宇等译,商务印书馆2001年版,第5—6页。

② Gerry Rodgers, Charles Gore, Jose Figueiredo, *Social Exclusion: Rhetoric, Reality, Responses*, Geneva: International Institute for Labour Studies, 1995, p. 60.

③ Oscar Lewis, *Five Families: Mexican Case Studies in the Culture of Poverty*, New York: Basic Books, 1975, pp. 121–130.

④ [美] 西奥多·W. 舒尔茨:《人力资本投资》,载外国经济学说研究会《现代国外经济学论文选》(第八辑),商务印书馆1984年版,第232页。

理论有益研究成果，进行中国化的创新性转化和改造，不断丰富完善我国反贫困理论和反贫困实践，进而彰显中国特色、中国气派和中国风格。

第三节 研究说明

一 研究思路

本书从新时代精准扶贫精准脱贫基本方略的理论渊源与现实基础入手，深入探究新时代精准扶贫精准脱贫基本方略是对古今中外关于反贫困思想的吸收借鉴、开拓创新，是对中华人民共和国成立以来贫困治理实践的总结提炼、凝练升华，以宏阔的历史视野和动态的发展眼光，从理论与实践结合的角度，全面梳理新时代精准扶贫精准脱贫基本方略对中国贫困问题由初步认知上升到举全党全国全社会之力打赢脱贫攻坚战的战略高度的历史进程。在此基础上，系统阐述新时代精准扶贫精准脱贫基本方略的深刻内涵、精神实质和实践要求，概括总结新时代精准扶贫精准脱贫基本方略的鲜明实践特点和理论创新特色，系统分析2020年后新时代精准扶贫精准脱贫基本方略进一步深化拓展面临的时代新命题和创新发展新方向，最后深入探析新时代精准扶贫精准脱贫基本方略的历史地位、时代价值和世界意义。

二 研究重点、难点和创新点

（一）研究重点

本书研究重点是在对新时代精准扶贫精准脱贫基本方略的理论渊源、现实基础和重要内涵进行全面梳理总结的基础上，深刻总结出新时代精准扶贫精准脱贫基本方略的鲜明实践特点和理论创新特色，并以此深入探讨2020年后的新时代精准扶贫精准脱贫基本方略面临的时代新命题和创新发展新方向，为当前及今后一段历史时期中国贫困治理实践和减贫事业提供一定理论借鉴和实践指导。

（二）研究难点

本书的研究难点主要有三个方面：一是新时代精准扶贫精准脱贫基本方略理论概括的相对稳定性与贫困治理实践的发展动态性存在矛盾，

因为新时代精准扶贫精准脱贫基本方略内涵丰富、领域广泛、涉及面广，要对其进行全面、系统、深入的研究，存在可行性、操作性、现实性等难度，并且贫困治理实践仍在动态持续推进之中，新情况新变化新要求不断显现；二是新时代精准扶贫精准脱贫基本方略呈现出内生性、系统性、现实性、社会性、实践性的理论品格，现有思想界、理论界、学术界对于这一基本方略的研究探讨多是聚焦在实践运用方面，研究成果的系统性、整体性和学理性略显不足，因此相关支撑性理论研究的借鉴和参考有待加强，需要进一步进行相应的理论梳理和系统总结；三是新时代精准扶贫精准脱贫基本方略主要体现在党和国家出台制定的一系列政策措施、文件制度和习近平总书记关于脱贫攻坚工作的重要讲话、指示批示和部署安排上，政策性、实践性、针对性、专业性等都较强，对其进行系统性研究，需要丰富和拓展大量相关学科专业知识和政策理论知识。

（三）创新点

一是脱贫攻坚是一个系统性工程，具有很强的社会性、实践性、政策性和现实性，本书在对新时代精准扶贫精准脱贫基本方略进行深入探讨研究中，没有仅仅按照一般研究的固定范式，而是以宏阔的历史发展背景为经，以重大历史事件为纬，从研究内容出发而又不局限于具体内容，在纵向、横向上均进行了研究探讨，具有较强的历史感、层次感。

二是由于新时代精准扶贫精准脱贫基本方略具有强烈的内生性、系统性、现实性、社会性和实践性，本书在对新时代精准扶贫精准脱贫基本方略进行梳理分析、系统总结过程中，将相关研究与当今扶贫典型案例相结合，以彰显新时代精准扶贫精准脱贫基本方略的针对性、实效性和指导性；在对新时代精准扶贫精准脱贫基本方略的深化完善、拓展创新探讨过程中，将相关探讨与未来中国经济社会发展的时代大势结合起来，以凸显新时代精准扶贫精准脱贫基本方略的前瞻性、引领性和先进性。

三是新时代精准扶贫精准脱贫基本方略呈现出强烈的原创性、内生性、时代性等特征，深刻彰显了以习近平同志为核心的党中央治国理政的新理念新思想新战略。

四是新时代精准扶贫精准脱贫基本方略是习近平新时代中国特色社

会主义思想在扶贫开发领域的具体实践，是习近平新时代中国特色社会主义思想在新阶段中国特色减贫道路的全面运用。本书把脱贫攻坚实践作为研究切入点，通过对新时代精准扶贫精准脱贫基本方略蕴含的马克思主义群众观点、马克思主义政治经济学理论、党的建设新的伟大工程等进行全面梳理和系统总结，从精准扶贫精准脱贫这一特殊视角集中彰显习近平新时代中国特色社会主义思想的理论创新特点和实践指导意义。

三 研究方法

（一）理论分析法

系统总结古今中外反贫困思想观点和理论成果，全面梳理各种思想理论的可借鉴之处，并运用马克思主义基本原理对新时代精准扶贫精准脱贫基本方略进行理论分析。

（二）历史分析法

通过对马克思、恩格斯、列宁、毛泽东、邓小平、江泽民、胡锦涛等反贫困思想和新时代精准扶贫精准脱贫基本方略发展历程的梳理以及对中国扶贫实践先进经验和典型模式的深刻总结，探寻新时代精准扶贫精准脱贫基本方略形成、发展和创新的内在逻辑。

（三）文献研究法

深入梳理马克思主义反贫困思想经典著作以及现阶段党和国家出台的一系列关于脱贫攻坚工作的指导文件、政策措施、发展规划、宣传报道，特别是党和国家主要领导人的重要讲话、指示批示和工作部署安排等相关资料，阐明消除贫困和脱贫攻坚工作的相关基本理论，并将其作为本书研究的思想基础和理论支撑。

（四）实证研究法

详细了解我国各地脱贫攻坚工作现实状况，特别是在比较全面地了解安徽省脱贫攻坚工作情况的基础上，对其他省份、地区进行典型性调研，收集更加全面、更加翔实、更加系统的数据信息资料，为论证新时代精准扶贫精准脱贫基本方略的针对性、实效性提供实践案例和现实支撑。

（五）多学科综合法

新时代精准扶贫精准脱贫基本方略研究内涵丰富、领域广泛、牵涉面大，不仅涉及马克思主义理论学科，还涉及政治学、经济学、社会学、生态学、地理学等多个学科领域，在对其研究探讨过程中，需要综合运用多种学科专业知识，实现学科交叉融合、协调联动。

（六）比较研究法

通过对国内不同地区脱贫攻坚工作现实状况的横向比较，了解各地脱贫攻坚工作特点和存在差异；通过对相同地区不同历史时期扶贫开发工作情况进行纵向比较，掌握一定地区贫困治理演进发展变化，总结贫困治理基本规律。

第二章

新时代精准扶贫精准脱贫基本方略的理论渊源、现实基础和哲学维度

新时代精准扶贫精准脱贫基本方略不是无源之水、无本之木，更不是凭空产生、独自生成的，其产生和发展是马克思主义反贫困理论逻辑和中国扶贫实践历史逻辑双向互动、有机统一的现实必然。这一基本方略具有强烈的内生性、系统性、现实性、社会性和实践性，既包含了对古今中外反贫困思想观点和理论成果的借鉴、继承、创新和发展，也总结了中国扶贫实践的长期探索和其他国家反贫困政策措施，更源于这一基本方略内在蕴含着辩证唯物主义、历史唯物主义的原则立场、核心观点和思维方法，具有深刻的哲学维度，闪耀着马克思主义哲学光芒。

第一节 新时代精准扶贫精准脱贫基本方略的理论渊源

新时代精准扶贫精准脱贫基本方略具有深厚的理论渊源，是对古今中外关于反贫困思想的吸收借鉴和开拓创新，特别是对马克思主义反贫困理论的继承和发展。系统梳理新时代精准扶贫精准脱贫基本方略的理论渊源，深入考察新时代精准扶贫精准脱贫基本方略的理论基础，有助于深刻理解新时代精准扶贫精准脱贫基本方略的逻辑理论脉络，有助于深刻领会新时代精准扶贫精准脱贫基本方略的丰富理论内涵。

一 精准扶贫精准脱贫基本方略之基——马克思主义经典作家贫困问题研究

高度关注无产阶级和广大劳动人民的生存生活状态，致力于改变不合理的资本主义私有制，彻底实现无产阶级和广大劳动人民从人剥削人的资本主义制度中解放出来，从根本上解决无产阶级和广大劳动人民的贫困问题，无论是马克思主义主要创始人马克思、恩格斯，还是社会主义革命导师列宁，都将其作为始终不渝、毕生追求的理想信念和奋斗目标。马克思、恩格斯、列宁对于贫困问题研究所形成的反贫困思想，是无产阶级政党领导的社会主义国家消除贫困、实现共同富裕的重要思想指南，也是新时代精准扶贫精准脱贫基本方略的理论基石。习近平总书记多次指出："如果贫困地区长期贫困，面貌长期得不到改变，群众生活长期得不到明显提高，那就没有体现我国社会主义制度的优越性，那也不是社会主义。"[1]"发展为了人民，这是马克思主义政治经济学的根本立场。马克思、恩格斯指出：'无产阶级的运动是绝大多数人的、为绝大多数人谋利益的独立的运动'，在未来社会'生产将以所有的人富裕为目的'。"[2]

（一）马克思、恩格斯反贫困理论

在马克思、恩格斯的理论创造和实践活动中，人的生存发展始终是终极关怀的目标和主题。怎么实现"人自由而全面发展"，是马克思、恩格斯终其一生不懈探索奋斗的理想信念和价值追求。在他们所处的时代，资本主义社会生产力得到空前发展，资本主义制度较之封建主义制度所展现出的优势愈发明显。但是，资本主义社会无法克服自身所固有的生产力和生产关系之间的矛盾，无法摆脱周期性出现的资本主义经济危机，造成对社会生产力的极大破坏，使得广大劳动者特别是工人阶级工作状况愈加恶劣、生活状况愈加贫困。马克思、恩格斯高度关注无产阶级贫困问题，对此进行了不懈探索和理论总结，深刻分析了无产阶级和劳动人民致贫原因，深刻指出了解决无产阶级和劳动人民贫困问题的

---

[1] 中共中央党史和文献研究院编：《习近平扶贫论述摘编》，中央文献出版社2018年版，第5页。

[2] 中共中央党史和文献研究院编：《习近平扶贫论述摘编》，中央文献出版社2018年版，第10页。

根本出路。

资本主义私有制是无产阶级贫困的直接根源。马克思、恩格斯认为,资本主义私有制是无产阶级和广大劳动人民产生贫困的直接根源,是解决无产阶级和广大劳动人民贫困问题的症结所在,从制度层面上揭示了无产阶级和劳动人民最主要致贫原因,从方向路径上指明了无产阶级和劳动人民解决贫困问题的最根本途径。"一般说来,大的财产比小的财产增长得更快,因为从收入中作为占有者的费用所扣除的部分要小得多。这种财产的集中是一个规律,它与所有其他的规律一样,是私有制所固有的。"① 由于资本主义私有制的存在,资本家通过不平等的资本主义剥削制度,无偿占有工人阶级创造的剩余价值,造成"工人生产得越多,他能够消费的越少;他创造的价值越多,他自己越没有价值、越低贱。"② 因此,"工人阶级处境悲惨的原因不应当到这些小的弊病中去寻找,而应当到资本主义制度本身中去寻找。"③ 应该说,从制度层面揭示贫困根源,是马克思、恩格斯在贫困问题研究上的历史性贡献。因为在此之前,马克思、恩格斯同时代或者之前的资产阶级学者研究贫困问题时大多在贫困现象上浅尝辄止或者囿于自身阶级属性不敢在制度层面揭示贫困根源,总体上都是在围绕贫困现象"兜圈子"、罔顾社会现实"找方法",不可能找到解决贫困问题的根本途径。

资本主义一般积累规律是无产阶级贫困的关键因素。在资本主义私有制条件下,资本追逐剩余价值的本质和资本家追求利润最大化的本性决定了资本主义社会的财富积累注定导致社会贫富两极分化,掌握生产资料所有权的资本家一方不断获得无偿占有的剩余价值,而只能出卖劳动力的无产阶级和劳动人民只能越发贫困。"社会的财富即执行职能的资本越大,它的增长的规模和能力越大,从而无产阶级的绝对数量和他们的劳动生产力越大……最后,工人阶级中贫苦阶层和产业后备军越大,官方认为需要救济的贫民也就越多。这就是资本主义积累的绝对的、一般的规律。"④ 马克思、恩格斯科学分析了资本主义一般积累规律的基本

---

① 《马克思恩格斯选集》(第1卷),人民出版社2012年版,第45页。
② 《马克思恩格斯选集》(第1卷),人民出版社2012年版,第52页。
③ 《马克思恩格斯选集》(第1卷),人民出版社2012年版,第67页。
④ 《马克思恩格斯选集》(第2卷),人民出版社2012年版,第288—289页。

逻辑，对技术进步、生产率提高、生产力发展而造成的无产阶级贫困进行了深刻阐述，鲜明指出"财富的新源泉，由于某种奇怪的、不可思议的魔力而变成贫困的源泉"①，并深刻指出"随着那些掠夺和垄断这一转化过程的全部利益的资本巨头不断减少，贫困、压迫、奴役、退化和剥削的程度不断加深，而日益壮大的、由资本主义生产过程本身的机制所训练、联合和组织起来的工人阶级的反抗也不断增长。"②

资本主义社会周期性经济危机是无产阶级贫困的直接原因。马克思、恩格斯指出，资本主义社会周期性经济危机的出现"每一次都给工人带来极度的贫困，激起普遍的革命热情，给整个现存制度造成极大的危险"。③ 由于资本主义社会周期性经济危机的产生和加剧，资本主义社会有效消费需求不足，资本主义社会商品生产出现"相对过剩"，一方面大量社会商品堆积如山、被破坏性销毁，另一方面工人阶级大批失业，缺衣少食、忍饥挨饿，更加贫困。这种看似矛盾的资本主义社会异常现象，根本实质是资本主义社会基本矛盾的表现形式和集中体现，也是造成无产阶级和劳动人民更加贫困的直接原因。

在深刻揭示资本主义社会制度下无产阶级日益贫困的深刻原因基础上，马克思、恩格斯没有仅仅止步于现状的分析、道德的批判和理论的廓清，而是从改变不合理资本主义生产关系、改造不合理资本主义制度的人类社会发展历史规律高度，指出了消除无产阶级贫困的根本出路：变革不合理资本主义生产关系、推翻资本主义私有制、消灭剥削制度，建立社会主义制度、大力发展社会生产力，最终实现共产主义、彻底消除贫困现象。

总的来看，马克思、恩格斯的反贫困理论既科学分析了资本主义制度下无产阶级和广大劳动人民产生贫困的根本原因，又深刻指出消除贫困、实现"人自由而全面发展"的现实路径，是科学性和革命性高度统一、理论性和实践性高度统一的无产阶级和广大劳动人民反贫困的锐利思想武器和根本行动指南，为无产阶级政党和社会主义国家进行反贫困理论创新和实践探索奠定了理论基础和实践遵循。党的十八大以来，以

---

① 《马克思恩格斯选集》（第1卷），人民出版社2012年版，第776页。
② 《马克思恩格斯选集》（第2卷），人民出版社2012年版，第299页。
③ 《马克思恩格斯选集》（第1卷），人民出版社2012年版，第301页。

习近平同志为核心的党中央高度重视扶贫工作,强调"消除贫困、改善民生、实现共同富裕,是社会主义的本质要求"。① 习近平总书记多次指出:"现在,我国大部分群众生活水平有了很大提高,出现了中等收入群体,也出现了高收入群体,但还存在大量低收入群众。真正要帮助的,还是低收入群众。"② 这正是对马克思主义主要创始人关于无产阶级政党及社会主义国家反贫困思想的继承、实践和深化。

(二) 列宁反贫困思想

资本主义社会由自由竞争阶段发展到垄断阶段后,伟大的马克思主义者列宁结合时代特征和俄国现实国情,继承和发展了马克思主义,把马克思主义推进到列宁主义阶段。由于历史原因和现实因素,沙皇俄国是资本主义世界中经济文化比较落后的国家,也是帝国主义链条中最薄弱的环节。十月革命胜利后,对于列宁领导的布尔什维克党来说,建设社会主义的经济社会基础十分薄弱,其中贫困问题尤为突出。因此,反贫困问题,成为列宁在探索社会主义建设道路中必须面对的重大历史课题,反贫困思想成为列宁主义的重要组成部分。同时,列宁反贫困思想中利用政权制度体制机制优势反贫困、加强农村党的基层组织建设增强反贫困领导力量、提高农民科学文化水平发挥反贫困内生动力作用等思想,成为新时代精准扶贫精准脱贫基本方略的重要思想来源和宝贵实践借鉴。在脱贫攻坚战中,始终坚持党的领导,强化组织保证,有力推动了精准扶贫精准脱贫工作。习近平总书记强调:"各级党委和政府要高度重视扶贫开发工作,把扶贫开发列入重要议事日程,把帮助困难群众特别是革命老区、贫困地区的困难群众脱贫致富列入重要议事日程,摆在更加突出的位置,要有计划、有资金、有目标、有措施、有检查,切实把扶贫开发工作抓紧抓实,不断抓出成效。"③

高度重视贫困问题。与西方发达资本主义国家相比,俄国是资本主

---

① 中共中央党史和文献研究院编:《习近平扶贫论述摘编》,中央文献出版社 2018 年版,第 3 页。
② 中共中央党史和文献研究院编:《习近平扶贫论述摘编》,中央文献出版社 2018 年版,第 3 页。
③ 中共中央党史和文献研究院编:《习近平扶贫论述摘编》,中央文献出版社 2018 年版,第 31 页。

义世界链条中最为薄弱的一环,经济社会发展落后、小农经济占主导地位、现代化大工业基础薄弱是俄国最现实的国情。因此,无论是革命前还是革命后,列宁都高度重视俄国广大地区特别是农村地区存在的严重贫困问题。为了保卫新生的苏维埃政权,解决全国范围内的饥荒和贫困问题,列宁在《革命的任务》中指出:"苏维埃政府应当立即在全国范围内对生产和消费实行工人监督……这些措施对于平均分担战争重负说来是绝对公平合理的,对于防止饥荒说来是刻不容缓的,这些措施并不剥夺中农、哥萨克和小手工业者一个戈比的私有财产。"① 他要求布尔什维克全党都要重视饥荒和贫困问题,不能在这个问题上消极应对、无所作为,严肃批判了党内部分同志不重视解决饥荒和贫困问题,批评他们"实际上根本没有采取任何认真的措施来消除灾难和战胜饥荒,这难道还需要证明吗?我们正愈来愈快地接近崩溃,因为战争是不等人的,它在人民生活各方面造成的混乱正在不断加剧"。②

利用革命政权消除贫困。列宁认为,苏维埃政权的建立为推动苏维埃俄国社会生产力发展奠定了制度基础,为解决社会贫困问题提供了政治条件,这是沙皇统治下的旧俄国时代根本不具有的政治优势和现实长处。他指出:"苏维埃政府应当立即宣布无偿地废除地主土地私有制,在立宪会议解决这个问题以前,把这些土地交给农民委员会管理。地主的耕畜和农具也应当交给这些农民委员会支配,以便无条件地首先交给贫苦农民无偿地使用。"③ 为了在组织上保障苏维埃俄国贫困农民利益,列宁加强了布尔什维克党在农村的基层组织建设,成立了"贫困农民委员会",作为苏维埃俄国农村的基层政权机关,领导苏维埃俄国农村经济建设工作。他指出,布尔什维克党在农村的主要任务是"把无产阶级和半无产阶级分子分离出来,使他们同城市无产阶级团结起来反对农村资产阶级;这对于一切社会主义者来说都是基本的,不承认这一点,社会主义者就不成其为社会主义者了"。④

由"战时直接过渡"转向"新经济政策"。作为第一个社会主义苏

---

① 《列宁选集》(第3卷),人民出版社2012年版,第228页。
② 《列宁选集》(第3卷),人民出版社2012年版,第233页。
③ 《列宁选集》(第3卷),人民出版社2012年版,第227页。
④ 《列宁选集》(第3卷),人民出版社2012年版,第777—778页。

维埃国家领导人,列宁在灵活运用马克思主义基本原理的同时,也深受马克思主义创始人马克思、恩格斯关于未来革命和建设道路的主要思想观点影响,在最初探索俄国革命和建设道路过程中表现出一定程度的理论化、理念化和理想化倾向。为了应对新生苏维埃政权内忧外患的危机局面,列宁领导的布尔什维克党在苏维埃俄国实行了以余粮收集制为核心的"战时共产主义政策",保障国家资源在战争情况下最大限度集中使用,巩固新生的苏维埃政权。但是,战争结束后,"战时共产主义政策"的负面效应也越发凸显出来,严重影响了农民从事农业生产的积极性和主动性,农业发展缓慢甚至停滞倒退,粮食产量逐年下降,出现了全国范围的大饥荒,造成部分地区形势动荡甚至出现暴乱。面对严峻局面和残酷现实,列宁展现出一位伟大的马克思主义者所具有的求真务实精神、巨大政治勇气和坚定思想意志,及时调整农村经济政策,果断停止"战时共产主义政策",积极推行以"粮食税"为核心的"新经济政策",团结了苏维埃俄国广大农民特别是中小农,改变了农业生产被动局面,克服了全国性饥荒危机,确保了新生的社会主义苏维埃国家政权稳定。列宁指出,"已经基本上决定以实物税代替余粮收集制,从而给小农许多刺激,推动他们来扩大经营,增加播种面积;代表大会正用这种办法来调整无产阶级和农民之间的关系,并且相信,用这种办法一定能够在无产阶级和农民之间建立起牢固的关系。"[①]

改造小农适应大规模社会主义建设。建立巩固的工农联盟,使在广大农村占主导地位的小农经济能够适应大规模社会主义现代化建设,是列宁在建立社会主义苏维埃国家政权后必须深入思考的重大战略问题。列宁在继承马克思、恩格斯建立工农联盟思想基础上,根据苏维埃俄国广大农村地区中小农经济现实状况,引导中小农走合作社道路,通过国家资本主义过渡到社会主义,创造性发展了马克思、恩格斯关于建立工农联盟和广泛开展农民教育的思想,探索了一条具有苏维埃俄国特色的农民教育改造道路。列宁指出:"我们应该利用资本主义(特别是要把它纳入国家资本主义的轨道)作为小生产和社会主义之间的中间环节,

---

① 《列宁选集》(第4卷),人民出版社2012年版,第459页。

作为提高生产力的手段、途径、方法和方式。"① 同时，列宁认为，合作社道路对加强小农思想教育、提升小农文化素质、建设新生的苏维埃社会主义国家至关重要，"我们的第二个任务就是在农民中进行文化工作。这种在农民中进行的文化工作，就其经济目的来说，就是合作化。"② 习近平总书记对脱贫攻坚工作同样提出："扶贫既要富口袋，也要富脑袋。要坚持以促进人的全面发展的理念指导扶贫开发，丰富贫困地区文化活动，加强贫困地区社会建设，提升贫困群众教育、文化、健康水平和综合素质，振奋贫困地区和贫困群众精神风貌。"③

作为把科学社会主义由理论变为现实的伟大马克思主义者，列宁在巩固苏维埃国家政权、探索社会主义改造和建设道路、开展贫困治理中所进行的理论创新和实践创造，把马克思主义推进到新的发展阶段，在新的历史条件下拓展了马克思主义反贫困理论和实践，为其他无产阶级政党和社会主义国家提供了重要借鉴和实践参考，对新时代精准扶贫精准脱贫基本方略具有十分重要的理论指导和思想启迪作用。

二 精准扶贫精准脱贫基本方略之源——中国共产党主要领导人反贫困思想

中华人民共和国成立以来，以毛泽东、邓小平、江泽民、胡锦涛为代表的中国共产党人，在继承马克思、恩格斯、列宁等无产阶级革命导师反贫困思想基础上，结合时代特征和中国国情，在推进中国革命、建设和改革历史进程中，形成了符合中国国情、体现中国特点、具有中国特色的马克思主义反贫困思想，成为新时代精准扶贫精准脱贫基本方略的直接理论来源。

（一）精准扶贫精准脱贫基本方略逻辑起点

作为马克思主义中国化的开创者和奠基人，以毛泽东为代表的中国共产党人，通过艰辛探索和不懈追求，开创了马克思主义中国化新局面，实现了马克思主义新发展，形成了毛泽东思想这一中国化马克思主义伟

---

① 《列宁选集》（第4卷），人民出版社2012年版，第510页。
② 《列宁选集》（第4卷），人民出版社2012年版，第773页。
③ 中共中央党史和文献研究院编：《十八大以来重要文献选编》（下），中央文献出版社2018年版，第50页。

大成果。毛泽东关于解决中国贫困问题的初步探索和重要论述，是马克思主义反贫困理论中国化的开端。毛泽东关于制度建设消除贫困实践，为中国解决贫困问题奠定了坚实的前提基础和现实的社会条件。制度建设消除贫困，成为毛泽东反贫困思想的鲜明特征。

废除封建土地所有制，实现"耕者有其田"。中国革命是农民革命，革命基本问题就是土地问题。解决好农民土地问题，既是中国革命成功的关键，也是解决中国贫困问题的核心。因此，以毛泽东同志为代表的中国共产党人，高度重视农民土地问题，废除了在中国存在2000多年的封建土地所有制，无偿把农村土地分给翻身获得解放的广大农民群众，实现了中国历史上最伟大的社会变革，维护了处于社会最底层的农民群众利益，得到了中国最广大贫困农民的支持和拥护，奠定了中国革命赢得胜利的最广泛民意基础和最坚实社会基础。1950年6月6日，毛泽东在《不要四面出击》中指出："有了土地改革这个胜利，才有了打倒蒋介石的胜利。今年秋季，我们就要在约有三亿一千万人口这样广大的地区开始土地改革，推翻整个地主阶级。"[①] 正是以毛泽东为代表的共产党人从中国广大农民切身利益出发，打破了旧中国存在2000多年的封建土地所有制，实现了一代又一代人"耕者有其田"的理想夙愿，将农业生产资料还之于民、用之于民、利之于民，为解决中国广大农村存在的贫困问题创造了根本条件。

加强农民思想政治教育，改造成为"社会新人"。中华人民共和国成立之初依然是传统农业大国，经济文化状况十分落后，国家建设基础非常薄弱，从事农业生产的农民占全国总人口的绝大部分。在农民占绝对主体的国家建设社会主义，解决农民最关心的土地问题的同时，必须加强对农民的思想政治教育，改造农民几千年延续下来的传统小农意识，克服其自身阶级狭隘性和历史局限性，以适应社会主义改造和大规模社会主义现代化建设事业。中华人民共和国成立前夕，毛泽东在《论人民民主专政》中指出："严重的问题是教育农民。农民的经济是分散的，根据苏联的经验，需要很长的时间和细心的工作，才能做到农业社

---

① 《毛泽东文集》（第6卷），人民出版社1999年版，第73页。

化。"① 与列宁时期的俄国相比，中华人民共和国成立之初的广大农村地区，生产力水平更低、农民文化程度更低、贫困人口比重更大、封建传统思想观念影响更深，因而农民思想政治教育的任务更重、难度更大、问题更多。但是，在党和国家的持续探索和不懈努力下，通过扫盲教育、半工半读、半农半读等具有中国特点的教育形式，显著改善了当时我国农村社会的精神文化风貌，进一步增强了建设社会主义新国家的群众基础和社会基础。

建立最初级社会保障体系，改善农民基本生产生活条件。中华人民共和国成立之初，百废待兴，百业待举，国家整体经济实力十分薄弱，真正是"一穷二白""一张白纸"。尽管困难重重、压力巨大，毛泽东仍然十分重视在当时中国建立最初级的社会保障体系。通过"爱国卫生运动""以农养工""用农民集体力量建设农田水利基础设施"等途径，尽最大努力改善农民基本生产生活条件；通过对绝对贫困人口实行最基本的社会救济、自然灾害救济、优抚等政策措施，保证困难群众的最低物质生活需求。毛泽东通过农村社会主义现代化道路，使中国农民在当时的生产力水平条件下，生活水平普遍有了较大的提高，特别是人均寿命更是大幅度提高，享受到了最基本的教育和医疗。比如，在20世纪70年代，是我国农村合作医疗的广泛普及和鼎盛时期。"1976年农业生产大队办合作医疗的比重从1968年的20%上升到90%……据估算，1979年保持90%。"②

总的来看，以毛泽东为代表的中国共产党人，在当时社会生产力相对较低、国家经济基础十分薄弱、社会贫困比较普遍的现实条件下，充分发挥社会主义制度优势，对解决中国贫困问题进行了初步探索和实践总结，为改革开放后开展扶贫工作积累了重要基础和宝贵经验。比如，建立社会保障体系增强反贫困能力、加强对农民群众的思想政治教育工作增强反贫困意识和信心、改善农民基本生产生活条件增强反贫困物质基础等，都对新时代精准扶贫精准脱贫基本方略产生了重要影响和指导作用。习近平总书记提出脱贫攻坚工作要将"两不愁三保障"作为目标

---

① 《毛泽东选集》（第4卷），人民出版社1991年版，第1477页。
② 周寿祺：《探寻农民健康保障制度的发展轨迹》，《国际医药卫生导报》2002年第6期。

任务，并要求"以更大的力度、更实的措施保障和改善民生"①"人穷志不能短，扶贫必先扶志。没有比人更高的山，没有比脚更长的路"②"集中连片的贫困区要着力解决健全公共服务、建设基础设施、发展产业等问题"③。

（二）精准扶贫精准脱贫基本方略理论根基

贫穷不是社会主义，两极分化也不是社会主义，社会主义就是要消除贫困，消灭两极分化，最终达到共同富裕。改革开放以来，以邓小平为代表的中国共产党人，把"发展社会生产力、实现共同富裕"作为制定实施一切方针政策的出发点和落脚点，开启了新时期扶贫工作新征程。习近平总书记高度评价邓小平共同富裕思想，强调："邓小平同志指出，社会主义的本质，是解放生产力，发展生产力，消灭剥削，消除两极分化，最终达到共同富裕。党的十八届五中全会鲜明提出要坚持以人民为中心的发展思想，把增进人民福祉、促进人的全面发展、朝着共同富裕方向稳步前进作为经济发展的出发点和落脚点。"④

"贫穷不是社会主义"。建立中华人民共和国，确立社会主义制度，实现了中国历史上最伟大最广泛最深刻的社会变革，为解放和发展中国社会生产力提供了根本基础和前提条件。但由于种种主客观原因，中华人民共和国成立以后很长一段时间，生产力发展相对缓慢，人民生活水平改善不明显，国家整体实力还不强，没有根本改变中国贫穷落后的整体社会面貌。对此，邓小平指出："一九四九年取得全国政权后，解放了生产力，土地改革把占人口百分之八十的农民的生产力解放出来了。但是解放了生产力以后，如何发展生产力，这件事做得不好。"⑤ 1978年12月18—22日召开的十一届三中全会，实现了党和国家工作重心的历

---

① 习近平：《在第十三届全国人民代表大会第一次会议上的讲话》人民出版社2018年版，第9页。

② 中共中央党史和文献研究院编：《十八大以来重要文献选编》（下），中央文献出版社2018年版，第49页。

③ 习近平：《在深度贫困地区脱贫攻坚座谈会上的讲话》，人民出版社2017年版，第14页。

④ 中共中央党史和文献研究院编：《十八大以来重要文献选编》（下），中央文献出版社2018年版，第4页。

⑤ 《邓小平文选》（第3卷），人民出版社1993年版，第227页。

史性转移，实现了党和国家指导方针从"以阶级斗争为纲"向"进行社会主义现代化建设"的历史性转变。通过改革农村基本生产经营制度，扩大农民生产经营自主权，极大调动了农民生产积极性和主动性，深刻解放了中国农村社会生产力，有效解决了中国农村存在的贫困普遍化现状。实践证明，农村基本生产经营制度改革，实现了我国农村经济社会发展的历史性变革，激发了我国农村社会生产活力，改善了农民群众生产生活条件，改变了我国农村长期贫穷落后局面，巩固和发展了社会主义制度。

"社会主义要大力发展生产力"。通过实行对内改革、对外开放，进一步激发了我国经济社会发展的活力和动力，国家综合国力得到显著增强，人民生活水平不断改善，国际地位日益提升。但是，由于人口多、底子薄、基础差，全国当时仍有1/3人口没有解决基本温饱问题，贫困问题依然突出，扶贫工作依然任重道远。邓小平指出："如果在一个很长的历史时期内，社会主义国家生产力发展的速度比资本主义国家慢，还谈什么优越性？"[1] 针对过去"四人帮"提出"宁要穷的社会主义，不要富的资本主义"的谬论，邓小平指出："我们革命的目的就是要解放生产力，发展生产力。离开了生产力的发展、国家的富强、人民生活的改善，革命就是空的。"[2] 邓小平还从社会发展一般规律角度，充分肯定社会生产力推动历史发展的决定性作用，"国家这么大，这么穷，不努力发展生产，日子怎么过？"[3] 解放生产力、发展生产力，是社会主义的根本任务。正是基于对社会主义本质的深刻理解和深度把握，邓小平对于"什么是社会主义，怎么建设社会主义"这一重大时代命题做出了历史性回答、进行了历史性探索、开创了历史性局面，为新时期党和国家各项发展事业指明了根本方向，也为新时期开展扶贫工作提供了根本指引。

"允许一部分地区一部分人先富起来"。共同富裕是社会主义的本质特征，是社会主义制度优越性的重要体现。但共同富裕不等于同时富裕、同样标准富裕，这既不符合经济社会发展客观规律，也无法在现实实践

---

[1] 《邓小平文选》（第2卷），人民出版社1994年版，第128页。
[2] 《邓小平文选》（第2卷），人民出版社1994年版，第231页。
[3] 《邓小平文选》（第3卷），人民出版社1993年版，第10页。

中实现。因此，社会主义现代化建设过程中，不能搞绝对平均主义，必须允许、鼓励一部分地区一部分人先富起来，通过示范带动作用，先富帮后富，最终达到共同富裕。邓小平指出："我们坚持社会主义道路，根本目标是实现共同富裕，然而平均发展是不可能的……改革首先要打破平均主义，打破'大锅饭'。"① 事实证明，共同贫困不是社会主义，两极分化也不是社会主义。社会主义要求共同富裕，但不是整齐划一、步伐一致的同时同步同标准富裕，而是通过发挥一部分人、一部分地区的典型示范带动作用，鼓励支持一部分人、一部分地区先富起来，从整体上增加国家经济实力，然后再实施一系列步骤措施和制度安排，逐步调整收入分配差距，为最终实现共同富裕创造条件。

"消灭剥削，消除两极分化，最终达到共同富裕"。改革开放的根本目标是激发社会活力，进一步解放生产力、发展生产力，最终目的是实现共同富裕，而不是资本主义社会的"一些人在天堂、大部分人在地狱"的两极分化。共同富裕是社会主义制度优越性的集中体现，也是社会主义制度的本质要求。邓小平指出："我们的政策是不使社会导致两极分化，就是说，不会导致富的越富，贫的越贫。"② "只有社会主义，才能有凝聚力，才能解决大家的困难，才能避免两极分化，逐步实现共同富裕。"③ "沿海地区要加快对外开放，使这个拥有两亿人口的广大地带较快地先发展起来，从而带动内地更好地发展，这是一个事关大局的问题。内地要顾全这个大局。反过来，发展到一定的时候，又要求沿海拿出更多力量来帮助内地发展，这也是个大局。那时沿海也要服从这个大局。"④ 在邓小平看来，中国地域面积广阔、人口基数庞大、各地资源禀赋不同、总体国情极其复杂，实现不同区域同时同步发展没有现实可能性，只能根据地方自身现实条件，引导、鼓励和支持条件相对较好地区先发展起来、先富起来、先富带后富，为后发展地区提供成功经验和各种形式对口帮扶，推动形成区域联动发展、协调发展、共同发展的良好格局。

---

① 《邓小平文选》（第3卷），人民出版社1993年版，第155页。
② 《邓小平文选》（第3卷），人民出版社1993年版，第172页。
③ 《邓小平文选》（第3卷），人民出版社1993年版，第357页。
④ 《邓小平文选》（第3卷），人民出版社1993年版，第277—278页。

新时代精准扶贫精准脱贫基本方略继承和发展了邓小平共同富裕思想,把消除绝对贫困、解决区域性整体贫困问题作为全面建成小康社会的底线任务。习近平总书记明确指出:"全面建成小康社会,最艰巨最繁重的任务在农村、特别是在贫困地区。没有农村的小康,特别是没有贫困地区的小康,就没有全面建成小康社会。"① "全面建成小康社会,关键是要把经济社会发展的'短板'尽快补上,否则就会贻误全局。全面建成小康社会,最艰巨的任务是脱贫攻坚,最突出的短板在于农村还有七千多万贫困人口。"② "我们必须动员全党全国全社会力量,向贫困发起总攻,确保到二〇二〇年所有贫困地区和贫困人口一道迈入全面小康社会。"③

(三) 精准扶贫精准脱贫基本方略宝贵借鉴

制度扶贫、体制扶贫,是扶贫工作的重要方式,也是党和国家开展扶贫工作的独特优势。经过前期自上而下各级政府的共同努力,我国扶贫工作取得了显著成效,贫困普遍化现状得到有效解决,但是,对于一些自身发展条件相对落后的贫困地区和贫困群众,必须通过内外共同发力,特别是注重增强贫困地区和贫困群众自身脱贫能力,才能从根本上解决贫困问题。因此,以江泽民为代表的中国共产党人,根据当时我国扶贫工作的新形势新情况新问题,针对性提出了扶贫开发思想,即"由救济式扶贫转向开发式扶贫,是扶贫工作的重大变革,也是扶贫工作的一个基本方针"④,开拓了党和国家反贫困理论的新领域。江泽民扶贫开发思想是新时代精准扶贫精准脱贫基本方略的重要指导和宝贵借鉴,对于在新时代推进扶贫实践具有重要指导意义。

协调解决东部与中西部地区发展不平衡问题。实行改革开放以来,东部地区紧紧抓住当时国际轻工业、服务业等产业渐次转移到我国沿海地区的重要契机,充分利用自身区位优势和国家优惠政策,加快外

---

① 习近平:《在河北省阜平县考察扶贫工作时的讲话》,载《做焦裕禄式的县委书记》,中央文献出版社 2015 年版,第 16 页。
② 中共中央党史和文献研究院编:《十八大以来重要文献选编》(下),中央文献出版社 2018 年版,第 29 页。
③ 中共中央党史和文献研究院编:《十八大以来重要文献选编》(下),中央文献出版社 2018 年版,第 30 页。
④ 《江泽民文选》(第 1 卷),人民出版社 2006 年版,第 552 页。

向型产业、外向型经济发展步伐,实现了经济社会较快发展,逐步拉开了与中西部地区差距。面对东部与中西部地区不断扩大的发展差距,江泽民提出东部发达地区要加大对中西部地区支持力度,推动东部地区与中西部地区结对帮扶,逐步缩小区域发展差距,实现国民经济协调发展,为最终实现共同富裕创造条件和积累基础。江泽民指出:"实现共同富裕是社会主义的根本原则和本质特征,绝不能动摇。"① "解决地区发展差距,坚持区域经济协调发展,是今后改革和发展的一项战略任务。……中西部地区要适应发展市场经济的要求,加快改革开放步伐,充分发挥资源优势,积极发展优势产业和产品,使资源优势逐步变为经济优势。"② "东部地区要通过多种形式帮助中西部欠发达地区和民族地区发展经济,促进地区经济协调发展。"③ 正是前期建立的区域协调发展战略和东中西部协调联动机制,逐渐缩小了中西部与东部发展差距,也为开展中西部地区反贫困工作提供了物质基础和现实条件。在脱贫攻坚实践中,习近平总书记进一步健全和完善了大扶贫格局,要求"要强化东西部扶贫协作。东部地区不仅要帮钱帮物,更要推动产业层面合作,推动东部地区人才、资金、技术向贫困地区流动,实现双方共赢"。④

由救济式扶贫转向开发式扶贫。面对我国扶贫工作出现的新情况新形势新变化,江泽民提出要创新扶贫方式,注重增强贫困地区和贫困群众内生脱贫能力,在国家长期以来实行的救济式扶贫工作基础上,探索开发式扶贫的实现途径,实现贫困地区和贫困群众早日脱贫、稳定脱贫。江泽民指出:"要特别注意研究市场的变化,根据市场需求,探索扶贫开发的新思路。"⑤ "多年的实践证明,贯彻这个方针,把贫困地区干部群众的自身努力同国家的扶持结合起来,开发当地资源,发展商品生产,改善生产条件,增强自我积累、自我发展的能力,这是摆脱

---

① 《江泽民文选》(第1卷),人民出版社2006年版,第466页。
② 《江泽民文选》(第1卷),人民出版社2006年版,第466页。
③ 《江泽民文选》(第1卷),人民出版社2006年版,第467页。
④ 中共中央党史和文献研究院编:《十八大以来重要文献选编》(下),中央文献出版社2018年版,第50—51页。
⑤ 《江泽民文选》(第3卷),人民出版社2006年版,第252页。

贫困的根本出路。"① 随着社会主义市场经济体制的逐步建立和不断完善，按照"市场经济规律办事"是市场经济条件下加快经济发展、早日脱贫致富的大逻辑和大前提，扶贫开发工作同样要积极适应市场经济的现实要求，把发挥贫困地区自身优势作为扶贫开发工作出发点，把增强贫困地区自身发展能力作为扶贫开发工作着力点，把推动贫困地区群众发展生产增收致富作为扶贫开发工作落脚点，走出一条立足地方现实条件、符合市场经济规律、大力培植区域特色优势的开发式扶贫新路子。在精准扶贫实践中，习近平总书记也多次强调："要通过改革创新，让贫困地区的土地、劳动力、资产、自然风光等要素活起来，让资源变资产、资金变股金、农民变股东，让绿水青山变金山银山，带动贫困人口增收。"②

脱贫致富是全面建设小康社会的重大战略举措。党和国家始终从全面建设小康社会的时代高度、从实现共同富裕的战略高度，认识看待和谋划解决贫困问题。因此，解决贫困地区、贫困群众的生产生活困难，实现各地区协调发展，既是国家经济社会持续健康发展的重要途径，也事关国家改革发展稳定大局，是全面建设小康社会的题中之义，更是实现各族人民共同富裕的重大战略举措。因此，江泽民指出："我们党是以全心全意为人民服务为宗旨的，我们的政府是人民的政府，帮助贫困地区群众脱贫致富，是党和政府义不容辞的责任。"③ 正是基于上述认识，在 2000 年我国国内生产总值超过原定 20 年翻两番目标、达到总体小康水平时，党和国家深刻指出我国达到的小康水平还是低水平、不全面的，还有几千万贫困人口的温饱问题没有解决，需要继续努力，建设更加全面、更加宽裕的小康社会。脱贫攻坚中，习近平总书记反复告诫全党："抓好扶贫工作，打赢脱贫攻坚战，解决好贫困人口生产生活问题，满足贫困人口追求幸福的基本要求，这是我们的目标，也是我们的庄严承诺，是国内外皆知的庄严承诺。我们一定要如期兑现承诺。"④

---

① 《江泽民文选》（第 1 卷），人民出版社 2006 年版，第 552 页。
② 中共中央党史和文献研究院编：《十八大以来重要文献选编》（下），中央文献出版社 2018 年版，第 50 页。
③ 《江泽民文选》（第 3 卷），人民出版社 2006 年版，第 250 页。
④ 中共中央党史和文献研究院编：《习近平扶贫论述摘编》，中央文献出版社 2018 年版，第 20 页。

(四) 精准扶贫思想重要来源

进入新世纪新阶段，我国经济实力、科技实力、综合国力都迈上了新台阶，为开展新阶段扶贫开发工作提供了良好基础和重要条件。同时，由于总体上实现了小康，贫困地区和贫困群众的生产生活条件得到较大改善，面上贫困问题得到有效解决，贫困地区规模和数量不断减少，以中西部贫困村为单元的贫困人口总体分散、相对集中的新特点凸显出来，城乡基本公共服务差距逐渐增大的阶段特征显现出来，扶贫开发工作进入注重"以人为本"发展理念指导扶贫开发实践的新阶段。

注重人的全面发展。对于贫困地区和贫困群众而言，贫困问题首先表现在经济收入水平较低、物质资源匮乏、生产生活条件较差，但这不是贫困问题的全部内容。贫困的内涵是多维度的，在解决收入较低、物质短缺的基础上，也要花大力气解决精神文化等更高层次需求，不断实现人的全面发展。胡锦涛指出："以人为本，体现了马克思主义历史唯物论的基本原理，体现了我们党全心全意为人民服务的根本宗旨和我们推动经济社会发展的根本目的。"[①] 应该说，以人为本的扶贫开发理念，是我国扶贫实践进程中的重大历史性转变，是我国扶贫开发工作由长期致力解决"生存型贫困"向着力解决"发展型贫困"转变的重要标志，开启了新世纪新阶段我国扶贫开发工作的新历程。

注重统筹城乡发展。实践证明，我国长期存在的城乡二元结构、乡村从属城市的城乡关系，在新世纪新阶段推动实现科学发展中产生的负面效应越来越明显，城市无论是国家资源配置还是公共服务安排，都比农村占有优势，城乡差距越来越大，城乡发展关系逐渐失衡，既不利于社会和谐、大局稳定，也给解决农村贫困问题带来新挑战。胡锦涛指出："统筹城乡经济社会发展，就是要充分发挥城市对农村的带动作用和农村对城市的促进作用，实现城乡经济社会一体化发展。"[②] 针对扶贫开发工作，胡锦涛强调："要加大扶贫开发力度，提高扶贫开发成效，以改善生产生活条件和增加农民收入为核心，加快贫困地区脱贫步伐。"[③] 对于城乡关系问题，胡锦涛提出了"两个趋向"观点，"在工业化初始阶

[①] 《胡锦涛文选》（第2卷），人民出版社2016年版，第4页。
[②] 《胡锦涛文选》（第2卷），人民出版社2016年版，第18页。
[③] 《胡锦涛文选》（第2卷），人民出版社2016年版，第20页。

段，农业支持工业、为工业提供积累是带有普遍性的趋向；但在工业化达到相当程度以后，工业反哺农业、城市支持农村，实现工业与农业、城市与农村协调发展，也是带有普遍性的趋向。"① 推动以城带乡、城乡一体，实现城乡融合发展，始终是党和国家高度重视、认真对待、着力解决的要事大事急事难事，因为任何一个国家、任何一个民族的繁荣昌盛都不可能长期建立在城市繁荣、乡村衰败的不平衡、不协调状态上，必须要"两条腿走路"，而决不能"一条腿长一条腿短"。

注重统筹区域发展。区域发展不协调，是我国经济社会发展长期存在的难题矛盾，也是必须着力解决的重大战略问题。社会主义制度体制优势特色的集中体现，就是在党和国家统筹协调安排下，全国一盘棋，众人拉大车，集中力量办大事，集中力量办难事，形成区域协调发展的互动机制，构建东部与中西部协作帮扶联动机制，推动区域联动发展、协调发展、共同发展，最终实现共同富裕。胡锦涛提出："要继续推进西部大开发，振兴东北地区等老工业基地，促进中部地区崛起，鼓励东部地区率先发展，形成合理的区域发展格局。"② 在扶贫开发方式上，胡锦涛强调："研究建立和完善对口支援机制，加大东西扶贫协作、中央和国家机关及中央企业定点扶贫力度。"③ 在党和国家区域协调发展大战略推动下、在东中西部对口帮扶协作机制带动下，贫困地区经济社会发展水平不断提升，贫困村、贫困人口生产生活条件不断改善，扶贫开发的现实基础更加扎实，力量资源更加集中，脱贫成效更加明显，中国扶贫实践实现了新发展。

胡锦涛以人为本扶贫思想实现了我国扶贫开发工作理念上的重大转变和重大调整，标志着我国扶贫开发工作进入新阶段，为开展脱贫攻坚奠定了重要基础。在继承胡锦涛以人为本扶贫思想基础上，新时代精准扶贫精准脱贫基本方略从多个维度、多个领域、多个层面进行了深化拓展和发展创新。比如，习近平总书记提出："精准扶贫，就是要对扶贫对象实行精细化管理，对扶贫资源实行精确化配置，对扶贫对象实行精准化扶持，确保扶贫资源真正用在扶贫对象身上、真正用在贫困

---

① 《胡锦涛文选》（第 2 卷），人民出版社 2016 年版，第 247 页。
② 《胡锦涛文选》（第 2 卷），人民出版社 2016 年版，第 571 页。
③ 《胡锦涛文选》（第 3 卷），人民出版社 2016 年版，第 327 页。

地区。"① "脱贫致富不仅要注意富口袋,更要注意富脑袋。东西部扶贫协作和对口支援要在发展经济的基础上,向教育、文化、卫生、科技等领域合作拓展,贯彻'五位一体'总体布局要求。"②

三 精准扶贫精准脱贫基本方略之根——中华传统文化扶危济困价值理念

在5000多年的文明发展长河中,中华民族创造了源远流长、璀璨辉煌的中华文明,曾经引领着世界发展潮流,彰显着中华民族富强兴盛的辉煌历史,成为世界人类文明不可或缺的重要组成部分。而中华传统文化是中华文明的特殊基因,是中华民族的历史财富。中华传统文化蕴含着丰富而深刻的"民富""民生""民本""仁爱""大同"等思想观念和价值理念,是新时代精准扶贫精准脱贫基本方略的文化根源和文化基础。新时代精准扶贫精准脱贫基本方略是以习近平同志为核心的党中央根据新时代扶贫开发工作的新形势新任务新要求提出的更高质量、更高层次、更高水平的新目标和新举措,其蕴含的丰富内涵、深刻思考和价值理念,既传承了中华传统文化优质基因,又升华了中华传统文化当代价值,是对中华传统文化蕴含的扶危济困价值理念的创造性转换和创新性发展。

"民富,则易治也;民贫,则难治也"的富民思想。古代先贤往圣十分重视"富民"思想,认为实现"民富",人心就会稳定,社会就会安定,国家治理就相对容易,反之,国家就会百业凋敝、动乱衰败、民不聊生。鉴于此,一方面先贤往圣把"富民"思想作为治国要策向统治者进行"游说",希望当权者能够将"富民"思想在国家治理中化为具体施政政策,让百姓得到实惠;另一方面,"富民"思想也是一种道德教化和价值导向,内化于心,体现着社会伦理价值。比如,孟子认为,"民为贵,社稷次之,君为轻。"③荀子提出,"天之生民,非为君也;天

---

① 中共中央党史和文献研究院编:《习近平扶贫论述摘编》,中央文献出版社2018年版,第58页。
② 中共中央党史和文献研究院编:《习近平扶贫论述摘编》,中央文献出版社2018年版,第137页。
③ 《孟子·尽心下》。

之立君，以为民也。"① 在中华传统文化中，"富民"思想源远流长、影响深远，但是总的来看，统治阶级和统治者由于自身历史局限性，对"富民"思想宣扬阐释比较多，落实到施政方略中比较少，因而才会出现"兴，百姓苦；亡，百姓苦"的历史规律性现象。党的十八大以来，作为党和国家领导人，习近平总书记始终把"人民"放在心中最重要位置，在回顾个人成长经历时，深情地说道："二十五年前，我在中国福建省宁德地区工作，我记住了中国古人的一句话：'善为国者，遇民如父母之爱子，兄之爱弟，闻其饥寒为之哀，见其劳苦为之悲。'至今，这句话依然在我心中。"②

"亲亲而仁民，仁民而爱物"的民生思想。在我国古代，亲民而行仁政的民生思想和治国理念始终是统治阶级和统治者的主流道德伦理价值观念。历代明君贤臣，莫不是民生思想的倡导者、执行者和发展者，把"以民为本"作为治理国事的出发点和落脚点，努力实现行仁政、惠民生、平天下的政治追求和个人理想。从时间维度来看，民生思想萌芽于西周，成于春秋，盛于明清。孟子有曰："乐民之乐者，民亦乐其乐；忧民之忧者，民亦忧其忧。"③ "得天下有道：得其民，斯得天下矣；得其民有道：得其心，斯得民矣。"④ 齐国著名政治家管仲第一次提出"以人为本"的概念，"夫霸王之所始也，以人为本。本理则国固，本乱则国危。"⑤ "民为邦本，本固邦宁"⑥ "水则载舟，水则覆舟"⑦，以民为本的民生思想成为我国传统"治国平天下"政治伦理的核心。习近平总书记常以"当官不为民做主，不如回家卖红薯"来告诫党员领导干部，深刻指出"党中央的政策好不好，要看乡亲们是笑还是哭。如果乡亲们笑，这就是好政策，要坚持；如果有人哭，说明政策还要完善和调整"。⑧

---

① 《荀子·大略》。
② 中共中央文献研究室编：《十八大以来重要文献选编》（中），中央文献出版社2016年版，第719—720页。
③ 《孟子·梁惠王下》。
④ 《孟子·离娄上》。
⑤ 《管子·霸言》。
⑥ 《尚书·五子之歌》。
⑦ 《荀子·王制》。
⑧ 中共中央党史和文献研究院编：《习近平扶贫论述摘编》，中央文献出版社2018年版，第35页。

"大道之行也，天下为公"的大同思想。实现天下大同，一直是人们向往的社会理想，是千百年来人们为之不懈奋斗的信念追求，也是仁人志士梦寐以求的理想社会状态。那么，何谓大同呢？大同社会又是怎么样的状态呢？从"故人不独亲其亲，不独子其子，使老有所终，壮有所用，幼有所长，矜寡孤独废疾者皆有所养"①，可以真切感受到大同社会人人相亲相爱、友善相处的生活状态。当然，这是大同社会的一般社会特征，不同的思想流派会根据自身需求，提出不同的社会状态判定标准用以阐述大同社会。比如，农家的"并耕而食"是他们所追求的理想社会，道家则认为"小国寡民"是社会最高境界，儒家"大同"理想更是泽被后世、影响深远。总的来看，中国古代的大同思想从根本上来说还是"形异质同"的，都是对小农生产方式的不同解读和不同期望。由于不符合历史发展客观规律，往往难以在现实中实现，大多以感性方式存在和流传于世。但是，这些古代传统文化的优秀思想元素，对于新时代精准扶贫精准脱贫基本方略的形成同样具有十分重要的启示借鉴作用。习近平总书记多次指出："'天下之治乱，不在一姓之兴亡，而在万民之忧乐。'我们共产党人必须有这样的情怀。中国共产党在中国执政就是要为民造福，而只有做到为民造福，我们党的执政基础才能坚如磐石。"②

四 精准扶贫精准脱贫基本方略之鉴——西方反贫困理论

西方对于贫困问题的研究，涉及经济学、社会学、政治学、文化学、心理学、人口学等多门学科，流派多元，形式各异，特色各具，相应呈现出不同学科的专业特点、学术风格和表述范式。应该说，西方学者反贫困理论对于开展反贫困问题研究和贫困治理实践具有一定启示意义和借鉴作用。但是，我们也要清醒地认识到，由于中西方历史文化传统、经济发展水平、人文社会环境、传统风俗习惯等许多方面存在较大差异，西方学者的研究成果大多具有比较明显的资本主义社会意识形态特点和价值观念特征，带有一定的渗透性、欺骗性和虚伪性，不能直接"生吞

---

① 《礼记·礼运》。
② 中共中央党史和文献研究院编：《十八大以来重要文献选编》（下），中央文献出版社2018年版，第32页。

活剥""不加甄别""顶礼膜拜",而应立足我国现实国情和发展阶段,吸收借鉴西方反贫困理论合理性成分,不断完善我国反贫困理论和贫困治理实践。

(一) 经济因素致贫问题研究

从经济学视角研究贫困问题,探讨产生贫困根源的经济因素,是西方学者最常见的研究范式和理论表述,相关研究成果的传播力、影响力和渗透力也是最强的。围绕贫困产生原因以及如何反贫困,西方经济学家提出了许多解决方案和政策建议,比较有代表性的有缪尔达尔的循环积累因果关系理论、舒尔茨的人力资本理论、刘易斯的二元经济结构理论等。

缪尔达尔的循环积累因果关系理论认为,资源环境优越、交通条件便利、文化教育良好的区域通过已有比较优势能够获得更多发展机遇,获得更多发展条件,实现更快经济发展,不断扩大与落后区域的经济发展差距,造成"富者愈富、贫者愈贫"的经济发展失衡局面,加剧贫困问题的产生和恶化。对此,缪尔达尔认为有关国家特别是贫困人口较多的发展中国家必须进行针对性改革,加大贫困地区的社会公共服务投入,完善贫困地区的基本设施条件,提高贫困人口经济收入,缩小贫困地区与非贫困地区的经济发展差距,解决经济发达地区与贫困地区的不平衡发展问题。

美国经济学家舒尔茨指出,人力资本的缺失是产生贫困的重要原因,因为人力资本是解决贫困问题的最活跃、最积极因素,能够产生内生性、源生性反贫困动力动机,可以有效增强贫困人口自我发展能力、自我实现能力,从而实现自主脱贫、主动脱贫和稳定脱贫。

经济学家刘易斯于1954年提出"二元经济结构",认为发展中国家并存着传统的自给自足的农业经济体系和城市现代工业体系,导致以传统农业经济为主导的农村与以现代工业为主导的城市存在着根本性、结构性发展隔阂,农村与城市处于"同一蓝天下的两个世界",必须推动"二元经济结构"向现代经济结构的调整转换,实现社会经济体系有机统一、相互融合和共同发展。

(二) 人文因素致贫问题研究

在西方学者特别是社会学家看来,贫困涉及经济、政治等显性因素,但他们认为经济、政治因素都是浅层性影响，不发挥决定性作用、不具有决定性影响、不是决定性因素。这些学者往往从社会学角度来认识和思考贫困问题，把西方社会比较推崇的人文因素（社会文化、心理状态、生活理念等）看作产生贫困的深层次原因，主要有约瑟夫的剥夺循环论、费里德曼个体主义贫困观、刘易斯的贫困文化理论、甘斯的贫困功能论、瓦伦丁的贫困处境论等，已发展成为西方反贫困理论的一个主要学术流派。剥夺循环论带有一定的宿命论色彩和唯心主义臆想成分，把贫困视为具有天然性代际传递的正常现象，将贫困代际传递合理化、固定化和层次化，反而对于客观现实原因造成的贫困问题视而不见、消极应对。个体主义贫困观认为，贫困群体自身参与社会竞争能力不强，不能适应社会竞争状态，无法融入社会发展，产生了贫困问题和贫困现象。奥斯卡·刘易斯认为，贫困不仅是一种客观的生存状态，也是一种观念意识即贫困意识，并形成"贫困亚文化"这样一种独特文化观念和生活方式，这种贫困亚文化在贫困人口中形成后，比解决他们现实存在的贫困生活状况更加艰难，甚至会产生代际传递，从而使贫困群体彻底丧失获得向上生存发展的动机和动力。鉴于此，奥斯卡·刘易斯提出，要保障贫困人口受教育的机会和权利，提高贫困人口的个体素质，形成积极健康的生活旨趣追求和文化价值观念。贫困功能论认为贫困作为一种社会现象客观存在，具有现实合理性和逻辑必然性，贫困具有正负两种功能，带来利弊两方面作用，是稳定社会结构、协调社会关系、维持社会运转的重要因素，并指出社会发展不成熟是贫困产生的根本原因。贫困处境论认为环境因素是产生贫困的直接原因，贫困群体由于所处环境条件的局限性、落后性、封闭性，无法摆脱贫困环境的制约和束缚，只有不断改善贫困群体所处的经济社会环境条件，才能有效解决贫困群体的贫困问题。

（三）政治因素致贫问题研究

部分西方学者认为，贫困首先表现为经济问题，但其产生的实质根源是政治权利缺失，是权利的贫困即政治因素造成了经济利益的贫困和现实生活的贫困。比较有代表性的观点是阿马蒂亚·森的赋权反贫困理论。阿马蒂亚·森认为，个体在社会中拥有的政治权利以及使用这些权利的权力，是获得基本生存物质保障和相应社会发展条件的基础和前提，只有变革完善社会制度,充分保障社会每个成员的政治权利和个人人权,个人才会获得相应的生存保障、教育培训、医疗服务等基本公共服务权益,从而解决贫困问题。① 应该说,阿马蒂亚·森的赋权反贫困理论对于在资本主义社会条件下认识贫困产生的根源和实质具有积极作用。一方面,资本主义私有制才是造成资本主义社会贫困问题产生的核心根源和本质原因,只有改变不合理社会制度,才能实现从根源上消除贫困现象、解决贫困问题。另一方面,就其理论的现实性和适用性而言,则很难在当前西方资本主义发达国家实现,只能代表着西方社会反贫困研究的一个学术思想流派。

(四)人口因素致贫问题研究

在少数西方学者看来,产生贫困的原因很多、致贫因素复杂,但最直观感受是因为社会物质资源条件与人口规模数量配置不协调、不匹配、不平衡,当人口数量增长速度和规模超过社会物质资源条件承载能力,就会造成物质资源条件配置紧张,造成一些人由于自身各种原因分配到较少社会资源甚至分配不到社会资源、享受不到应有物质条件,成为生活条件保障标准低于同一社会绝大多数人的贫困人口,因而产生了贫困现象和贫困问题。其中最有代表性的研究成果,就是英国人口学家马尔萨斯的人口过剩论。1798年,英国人口学家马尔萨斯在《人口原理》一书中指出:"社会人口按几何数列增加,而生活资料因土地有限只能按算术数列增加,因人口增长速度快于食物供应的增长速度,随时间推移,最后因食物不足导致人口过剩,必然导致贫困、恶习等出现。"② 马尔萨斯认为,人口规模数量快速增长是产生贫困的主要根源,必须从控制人口规模数量入手来解决贫困问题,并提出通过饥荒、战争、瘟疫、疾病等各种极端方式来减少人口规模数量,以达到一定社会条件下一定时空范围内现有人口规模数量与现实物质资源条件相匹配、相协调、相平衡。马尔萨斯的理论也被称为人口剩余致贫论,是一种解决贫困问题的颇受争议的方式。

---

① [印度]阿马蒂亚·森:《贫困与饥荒——论权利与剥夺》,王宇等译,商务印书馆2001年版,第61页。

② [英]马尔萨斯:《人口原理》,朱泱等译,商务印书馆1992年版,第41—42页。

第二节　新时代精准扶贫精准脱贫基本方略的现实基础

马克思主义认为，理论来源于实践，应用于实践，发展于实践，检验于实践。新时代精准扶贫精准脱贫基本方略在充分借鉴、积极吸收、拓展创新古今中外反贫困思想基础上，通过对我国扶贫实践的系统总结，深刻揭示了我国贫困治理的基本规律、基本特点和基本经验，通过对世界其他国家反贫困经验做法的分析比较，系统把握了国际化减贫脱贫行动的一般做法、一般要求和一般特征，通过对新时代扶贫开发工作现实需求的精准认知，全面顺应了打赢脱贫攻坚战的新形势、新任务和新期待，具有坚实深厚的实践基础。特别是党的十八大以来，习近平总书记高度重视贫困问题、高度关注贫困地区、高度关心贫困群众，系统思考、精心部署和全面落实新时代减贫脱贫新模式新路径新举措，以一以贯之、赓续不止的减贫脱贫探索和贫困治理实践，奠定了新时代精准扶贫精准脱贫基本方略的最直接现实基础。

一　中国扶贫实践的阶段划分

中国共产党自成立以来，一直致力于解决中国贫困问题，并就此进行了艰苦卓绝的探索和实践。革命时期的"打土豪、分田地"，使得广大农民翻身解放，有助于解决旧中国最基层老百姓的贫困问题；中华人民共和国成立初期的土地改革运动激励广大农民恢复和发展生产，有助于解决新中国一穷二白的贫困问题；社会主义建设新时期的家庭承包经营、体制机制改革顺应广大农民过上富裕生活期待，有助于解决"贫穷不是社会主义"的问题。正是因为我们党始终按照"在经济上保障农民物质利益、在政治上尊重农民民主权利"[①]的执政理念和原则立场，中国扶贫实践才取得了举世瞩目的成就。党的十八大以来，中国特色社会主义进入新时代，中国扶贫开发工作进入打赢脱贫攻坚战新阶段。在以习近平同志为核心的党中央坚强领导下，在全党全国全社会各行各业共

---

① 农业农村部党组：《在全面深化改革中推动乡村振兴》，《求是》2018年第20期。

同协作下，我国扶贫开发工作实现了历史性进展、取得了历史性成就，进一步彰显了中国特色社会主义制度优势和体制机制优势，为持续推进国际减贫脱贫事业做出了显著贡献。

根据中华人民共和国成立以来我国在不同历史阶段扶贫政策措施的调整、扶贫目标任务的不同、扶贫方式的变化和扶贫特征的差异，并结合 70 多年来中国经济社会发展的现实国情特点，为方便对不同历史时期我国扶贫实践的阶段性特点进行纵横向比较，现将我国扶贫实践划分为"基础型保障"扶贫阶段、"改善型普惠"扶贫阶段、"发展型提高"扶贫阶段和"精准型跃升"扶贫阶段。这四个阶段，既相互联系、有机统一，又各有不同、各具特点，从总体上反映了我国经济社会发展水平不断提升、综合国力显著增强、人民生活水平不断提高对我国扶贫实践的重要影响、有力推动和深化拓展，见表 2-1。

表 2-1　　　　　　　1949—2020 年我国扶贫实践阶段划分

阶段划分	扶贫方式	主要特征	目标任务
1949—1985 "基础型保障"扶贫阶段	救济式扶贫	制度体制性扶贫	解决困难群众基本生活问题
1986—2000 "改善型普惠"扶贫阶段	开发式扶贫	区域性扶贫	解决部分贫困区域温饱问题
2001—2011 "发展型提高"扶贫阶段	参与式扶贫	整村推进扶贫	解决一般性贫困村脱贫问题
2012—2020 "精准型跃升"扶贫阶段	精准式扶贫	精准扶贫精准脱贫	解决区域性绝对贫困问题

（一）"基础型保障"扶贫阶段

中华人民共和国成立前，中国人民处于帝国主义、封建主义、官僚资本主义"三座"大山残酷剥削压迫之下，普遍过着衣不蔽体、食不果腹、居无定所的水深火热的穷苦生活，能够吃饱穿暖、安居乐业对于旧中国普通老百姓来说，都是遥不可及的奢望幻想。中华人民共和国成立之初，国家整体社会经济状况是一穷二白、百业待兴、贫穷落后，最直接、最现实、最紧迫的问题就是如何解决四万万人民群众的"吃饭"问题，特别是占总人口大多数的贫困人口的最基本生活问题。当时，西方国家断言，中国共产党可以取得革命成功，但是中华人民共和国无法解决中国人民的"吃饭"问题。面对现实困难，党和国家立足现实条件，结合地方实际情况，积极发挥制度体制机制优势，采取了一系列帮扶政策和救济措施，尽最大努力解决贫困群众的最基本温饱问题。毛泽东同志指出："它将领导全国人民克服一切困难，进行大规模的经济建设和文化建设，扫除旧中国所留下来的贫困和愚昧，逐步地改善人民的物质生活和提高人民的文化生活。"① 中央政府、地方各级政府积极响应党和国家领导人的重要号召和指示精神，想方设法帮助广大贫困群众发展农业生产、改变生活状况，努力解决贫困群众"吃饭"问题。

针对农村地区贫困村、贫困户存在的劳动力不足、生产工具缺乏等困难，安排工作队进村入户了解贫困村、贫困户发展农业生产存在的困难和问题，积极帮助农村贫困地区、贫困村、贫困人口改善生产生活条件，帮助贫困农户、贫困人口通过恢复农业生产解决最基本的温饱问题。通过农业合作化发展农村集体经济，增强农村发展物质基础，并要求贫困户、贫困人口在集体经济帮助下，依靠农村基层组织集体力量，积极开展生产自救，逐步解决生产生活困难。针对农村存在着不能完全解决温饱问题的现实困难，国家相关部门在全国范围内进行广泛调研基础上，安排一定数量专款用于支持革命老区、贫困地区发展农业生产和改善生活条件，并通过直接调拨粮食衣物等生活物资输血式救济贫困群众，解决贫困地区贫困人口最基本吃饭穿衣等现实生活需求。

特别是党的十一届三中全会，实现了全党工作重心由"以阶级斗争为纲"向"以经济建设为中心"的伟大历史性转变，我国进入了改革开放和社会主义现代化建设新时期。党和国家发生的历史性转折，同样深刻影响着新时期的扶贫工作，为新时期扶贫工作的调整变化提供了基本前提、现实条件和根本保障。党的十一届三中全会审议《中共中央关于加快农业发展若干问题的决定（草案）》指出："农村仍有1亿几千万人口粮不足……有近四分之一的生产队社员收入在40元以下"，首次从贫

---

① 《毛泽东文集》（第5卷），人民出版社1996年版，第348页。

困人口数量、贫困认定标准两个层面确认我国贫困人口基本情况，对科学判断、客观认识和全面衡量我国当时贫困状况具有十分重要的现实意义和深远影响。据当时国家统计局测算，1978年中国农村年人均纯收入低于100元的贫困人口有2.5亿，占农村总人口的30.7%。[①] 需要指出的是，这个贫困人口总数和占比，是指基本温饱问题都难以解决的贫困群众，较之当时贫困社会化、贫困普遍化的整体情况更为困难和严重。鉴于此，1982年国家针对特别贫困的"三西"地区（甘肃定西、河西和宁夏西海固），在国家整体经济状况没有明显改善的条件下，想方设法，集中资源，每年拨款2亿元，开展为期10年的"三西"扶贫计划，支持"三西"地区尽快改变生态环境恶化、生产生活条件恶劣的现实状况，从而实现基本解决温饱问题。但是，单靠传统单向性输血式扶贫，只能解决贫困地区贫困群众生产生活的燃眉之急，救急不救穷，并非固本之策、长久之计，难以从根本上解决贫困问题，必须增强贫困地区、贫困人口的自身发展能力，才能真正实现生产自救、稳定脱贫。因此，1984年9月中共中央、国务院发布《关于帮助贫困地区尽快改变面貌的通知》，要求贫困地区、贫困人口根据当地资源环境禀赋、生产生活条件，立足自身，因地制宜，大力发展农林牧副渔业，积极发展商品生产，不断增强自我脱贫能力，拉开了开发式扶贫序幕，推动我国扶贫工作由"基础型保障"扶贫阶段转入"改善型普惠"扶贫阶段。

我国"基础型保障"扶贫阶段的实践情况见表2-2。

表2-2　　　　　　　1978—1985年我国扶贫实践情况

时间阶段	1978—1985		
贫困认定标准	1978	1984	1985
	100元/人	200元/人	206元/人
主要致贫原因	农村经营体制僵化，农村生产力发展缓慢，农村贫困普遍化。贫困人口占全国人口总数的25.97%，占当时农村人口总数的30.7%，占世界贫困人口总数的1/4。		

---

① 中华人民共和国国家统计局编：《中国农村贫困监测报告2015》，中国统计出版社2015年版，第112页。

续表

时间阶段	1978—1985
扶贫举措	实行农村生产经营体制改革，发展乡镇企业。
脱贫成效	农村贫困人口由2.5亿人减少为1.25亿人，贫困发生率下降到14.8%。

注：我国在党的十一届三中全会上首次从贫困人口数量、贫困认定标准两个层面确认贫困人口基本情况，故无1949—1977年相关数据。

资料来源：中华人民共和国国家统计局编：《中国统计摘要2015》，中国统计出版社2015年版。

（二）"改善型普惠"扶贫阶段

经过前面长期努力，我国贫困地区、贫困人口的基本生活状况得到较大改善，一些革命老区、民族地区、边疆地区、贫困地区的贫困群众基本温饱问题得到初步保障，为做好下一步扶贫工作打下了一定基础。进入20世纪80年代中期，农村基本经营制度改革的全面推开和深化发展，进一步激发了我国广大农村地区农民群众的生产积极性和主动性，进一步释放了农村社会活力，进一步解放和发展了农村生产力，农业实现了持续较快发展，农村面貌明显改善，农民收入不断增加，全国大部分地区由基本解决温饱问题向加快发展致富转变。但是，与此同时，一些贫困地区、贫困村和贫困人口由于种种复杂原因，依然处于"解决基本温饱问题很难、实现发展致富更难"的现实困境，与资源环境、区域位置、发展条件相对较好的东部地区之间的发展差距越来越大，我国经济社会发展区域不平衡现象开始显现，对新时期扶贫工作提出了新命题和新挑战。针对这一新形势新情况，党和国家及时调整扶贫工作思路，以开发式扶贫为主要方式，以解决区域性贫困为目标，强化扶贫工作组织保障，加大扶贫开发力度，实现了我国扶贫工作在理念、组织、方式等诸多方面的历史性转变。这一时期扶贫开发工作主要有以下四个特点：

一是调整扶贫工作思路。中华人民共和国成立以来很长一段时间，限于国家整体经济实力和内外部发展环境，扶贫工作主要采取直接输血式救济扶贫，立足于解决贫困地区、贫困村、贫困人口最基本温饱问题，基本上以向贫困地区、贫困村、贫困人口提供衣物钱粮等基本生活需求物资为主，只能"解困"而难以"脱贫"，只能"治标"而难以"治本"。因此，新时期扶贫工作调整了思路，确定了开发式扶贫方针，立足于贫困地区、贫困人口利用自身现实条件和国家资金政策扶持,加快贫困地区经济社会发展,增强自身脱贫致富能力,由输血式扶贫变为造血式扶贫。

二是明确扶贫工作对象。为做好新时期扶贫开发工作,1986年出台的《中华人民共和国国民经济和社会发展第七个五年计划(1986—1990)》,将老少边穷地区作为扶贫开发工作重点区域,把18个集中贫困区列为扶贫开发连片区域,把全国贫困县划分为国家重点扶持贫困县与省区扶持贫困县两类,为新时期我国实施区域开发式扶贫提供了前提条件和现实依据。

三是加强扶贫工作领导。扶贫工作特别是开发式扶贫,是一个系统性、社会性、综合性的重大复杂工程,涉及经济社会发展各个领域、多个方面,落实于中央政府和地方政府各级组织、相关部门,必须有专门机构进行集中统一领导、协调相关单位关系、推进落实各项工作,从而实现人员集中、资源集中和力量集中。鉴于此,1986年5月,党和国家成立了国务院贫困地区经济开发领导小组(1993年更名为国务院扶贫开发领导小组),统一领导、组织协调、监督保障全国性扶贫开发工作,并要求各级政府成立相应的扶贫开发工作领导机构,强化工作落实和组织保障,进一步加强了扶贫工作领导力量,进一步夯实了扶贫工作组织保障,进一步提升了扶贫工作运行成效。

四是细化扶贫工作安排。扶贫工作进入到扶贫开发阶段,按照以往"面上泼水""集中浇灌""火力全开"的传统经验办法开展反贫困工作已经不适应现实形势和实际要求,必须要有科学系统的顶层规划和具体细化的工作安排,按照全国一盘棋要求,统一部署,重点推进,稳步实施。1994年党和国家制定出台了《国家八七扶贫攻坚计划》,确立了用7年时间(1994—2000年),集全党全国全社会之力,加快贫困区域经济社会发展步伐,加快改善贫困地区、贫困人口生产生活条件,不断增强贫困地区、贫困人口自我脱贫能力,着力解决以当时标准认定的全国农村8000万绝对贫困人口温饱问题,并为下一步建设小康社会打下良好基础。为深入推动《国家八七扶贫攻坚计划》的细化落实,中共中央、国务院于1996年10月、1999年6月,两次专门召开扶贫开发工作会议,制定了《关于尽快解决农村贫困人口温饱问题的决定》和《关于进一步加强扶贫开发工作的决定》，不断加大国家扶贫开发工作的支持力度、投入力度和落实力度，要求扶贫开发工作落实过程要细致、具体、明确，努力实现在不长时间内改变贫困地区、贫困人口的生产生活面貌，有力推动扶贫工作进入新阶段、取得新进展。

我国"改善型普惠"扶贫阶段的实践情况见表2-3。

表2-3　　　　　　1986—2000年我国扶贫实践情况

时间阶段	1986—2000			
贫困认定标准	1986	1990	1995	2000
	206元/人	300元/人	530元/人	625元/人
主要致贫原因	地区发展不平衡，中西部地区与东部地区经济社会发展水平差距不断扩大；城乡发展不平衡，中西部农村地区贫困人口较多。			
扶贫举措	成立专门扶贫机构，实施西部大开发，确定中西部地区国家重点扶持贫困县，加大中央财政专项扶贫资金力度。			
脱贫成效	中国农村绝对贫困人口从1986年的1.31亿人下降到2000年的3209万人，贫困发生率由15.5%下降到3.5%，解决了9800多万农村贫困人口的温饱问题。			

资料来源：中华人民共和国国家统计局编：《中国统计摘要2015》，中国统计出版社2015年版；中华人民共和国国家统计局编：《中国农村贫困监测报告2015》，中国统计出版社2015年版。

（三）"发展型提高"扶贫阶段

按照《国家八七扶贫攻坚计划》工作安排，我国在2000年如期实现了《国家八七扶贫攻坚计划》确立的主要目标任务，取得了基本解决我国农村贫困人口温饱问题的巨大成就，显著改善了贫困区域基础设施、发展环境、生产生活条件，为贫困地区在普遍解决温饱问题基础上走向小康社会提供了现实基础和实现条件。尽管全国范围内在中西部革命老区、少数民族地区、边疆地区与特困地区还存在着少数没有完全解决温饱问题的贫困村、贫困人口，但就全国整体情况而言，扶贫开发工作已经进入以参与式扶贫为主要方式、以整村推进式扶贫为主要特征的"发展型提高"扶贫阶段。

为适应"发展型提高"扶贫阶段的形势要求，中共中央、国务院于

2001年5月制定出台了《中国农村扶贫开发纲要（2001—2010年）》，明确提出将实现贫困地区、贫困人口由解决温饱问题的稳定脱贫推进到发展致富奔小康的历史转变，将集中更多人力、财力、物力、精力投入到增强贫困地区经济社会全面发展能力上，把中国扶贫开发事业全面推向21世纪，稳步实现共同致富的目标任务。同时，"发展型提高"扶贫阶段推出两大重要举措：把贫困人口相对集中的贫困村作为扶贫工作重点，深入实施整村推进式扶贫，大力提升贫困人口扶贫参与度；在2010年完成贫困人口脱贫目标任务后，按照更高标准、更高要求、更加全面的原则，大幅度提升了我国农村贫困人口扶贫标准，将中国扶贫开发事业推进到新高度和新阶段。

我国"发展型提高"扶贫阶段的实践情况见表2-4。

表2-4　　　　　　　2001—2011年我国扶贫实践情况

时间阶段	2001—2011				
贫困认定标准	2001	2005	2008	2010	2011
	630元/人	683元/人	1196元/人	1274元/人	2300元/人
主要致贫原因	贫困区域主要集中在交通不便、信息闭塞、经济发展落后的老少边穷地区，贫困人口呈分散布局状态，扶贫代价加大，西部地区贫困发生率提高，脱贫后返贫现象时有发生。同时，2001年国家上调扶贫标准，贫困人口大幅增加至9029万人，后逐年降低至2010年的2688万人；2011年国家再次上调扶贫标准，贫困人口又增加至1.22亿人。				
扶贫举措	扶贫开发工作不断细化，重心下沉到村；注重产业扶贫，加快农村贫困地区农业产业化发展水平；加大贫困地区基础设施建设力度；深化完善东西协作扶贫模式，加强东部省（市）对口支援西部省（区）；鼓励社会扶贫，集聚扶贫合力。				
脱贫成效	贫困地区基础设施逐步完善，93.5%的乡镇、70.8%建制村交通通畅，全部行政村和90%自然村解决了通电通信问题。各项社会事业发展较快，各项配套设施不断完善：办学条件逐步改善，教育补贴连片特困地区学生全覆盖；医疗卫生体系逐步健全，新农合参保率98%以上；科技推广和应用水平进一步提升，农业科技成果转化率不断提高；贫困地区95%的行政村能够收听收看到广播电视节目，群众文化生活不断丰富，精神面貌积极向上。				

资料来源：中华人民共和国国家统计局编：《中国统计摘要2015》，中国统计出版社2015年版。

（四）"精准型跃升"扶贫阶段

党的十八大以来，以习近平同志为核心的党中央高度重视扶贫开发工作，在系统全面总结前期全国扶贫开发先进经验和成功做法基础上，根据我国扶贫开发工作面临的新形势新问题新要求，以精准扶贫精准脱贫作为扶贫开发工作基本方略，把打赢脱贫攻坚战作为全面建成小康社会的底线任务，强调"全面建成小康社会，一个也不能少；共同富裕路上，一个也不能掉队"，实现了扶贫开发工作的历史性转变，取得了减贫脱贫事业的历史性成就。

习近平总书记是从"黄土地"走出来的人民领袖，他对中国国情有着深刻认知，对中国农村贫困状况有着深切体会，对中国农民生存状态有着深挚关爱。作为党和国家最高领导人，习近平总书记最挂念的是贫困群众，最放心不下的是困难群众，时刻关心他们吃得好不好、穿得暖不暖、住得行不行，这一切与他长期的扶贫实践和成长经历密不可分、息息相关：陕北梁家河，躬身力行直面贫困问题，用辛勤努力干出了一番实绩，用苦干实干改善了梁家河群众的生产生活条件、改变了梁家河村贫穷落后的整体面貌；河北正定，首次执掌县域一方经济社会发展事务，生动践行"郡县治天下安"，为今后干成更多大事、担负更大责任、服务更多百姓打下了坚实基础；福建宁德，为闽东地区加快发展、脱贫致富付出大量心血、做了大量工作、取得卓越成效，切实做到了"为官一任，造福一方"，为后面更大范围、更高层次、更深领域开展扶贫开发工作积累了宝贵经验；之江大地，围绕发展农业、造福农村、富裕农民总体目标，把扶贫开发工作纳入浙江省"三农"工作整体布局中思考谋划、实践落实，把解决贫困地区贫困人口的贫困问题作为浙江省全面建设现代化强省的重要内容进行部署安排、细化实化，提出了扶贫开发工作一系列创新性思想观点和开拓性政策举措，在省域层面对破解"三农"发展难题、拓展扶贫开发路径进行了创造性探索实践。

可以说，习近平总书记在地方工作期间，投入时间精力最多的就是扶贫开发工作。他探索提出一系列扶贫开发新思想新观点，制定完善一系列扶贫开发政策措施，组织实施一系列扶贫开发重大工程，创新了扶贫开发理念思路，创新了扶贫开发组织形式，创新了扶贫开发路径模式，有力推动了地方扶贫开发工作实现历史性转变、取得历史性成就。特别是习近平总书记在浙江工作期间，组织领导浙江省扶贫开发实践中蕴含体现的精准扶贫理念、工作方式方法、组织保障机制等，为党的十八大后在全国实施精准扶贫精准脱贫基本方略积累了经验、梳理了路径、明确了目标、指明了方向。

党的十八大以来，习近平总书记根据新时代扶贫开发工作形势任务特点，先后做出一系列重要指示、进行一系列重要部署、落实一系列重要安排，集全党全国全社会之力，坚决打赢脱贫攻坚战，确保如期实现脱贫攻坚目标任务。

2013年11月，习近平总书记在湖南考察时首次提出"精准扶贫"理念，强调扶贫工作"要实事求是，因地制宜。要精准扶贫，切忌喊口号，也不要定好高骛远的目标"[①]，并指出"抓扶贫开发，既要整体联动、有共性的要求和措施，又要突出重点、加强对特困村和特困户的帮扶"[②]。

2013年12月，中共中央办公厅、国务院办公厅印发《关于创新机制扎实推进农村扶贫开发工作的意见》，提出深化改革、创新扶贫工作机制的要求，明确要求建立精准扶贫工作机制。

2014年3月，习近平总书记在参加十二届全国人大二次会议贵州代表团审议时指出："精准扶贫，就是要对扶贫对象实行精细化管理，对扶贫资源实行精确化配置，对扶贫对象实行精准化扶持，确保扶贫资源真正用在扶贫对象上、真正用在贫困地区。"[③]

2014年，国务院扶贫办相继出台《关于印发〈扶贫开发建档立卡工作方案〉的通知》和《关于印发〈建立精准扶贫工作机制实施方案〉的通知》两个文件，在全国范围内正式启动精准扶贫工作。

2015年6月，习近平总书记在贵州召开的部分省区市扶贫攻坚与"十三五"时期经济社会发展座谈会上，提出"四个切实"具体要求，再次强调扶贫开发"贵在精准，重在精准，成败之举在于精准"，并指出："要做到六个精准，即扶持对象精准、项目安排精准、资金使用精

---

① 曲青山编：《共产党执政规律研究》，人民出版社2020年版，第427页。
② 人民日报社理论部编：《深入领会习近平总书记重要讲话精神》（上），人民出版社2014年版，第384页。
③ 王海燕：《大国脱贫之路》，人民出版社2018年版，第65页。

准、措施到户精准、因村派人（第一书记）精准、脱贫成效精准。"①

2015年11月，习近平总书记在中央扶贫开发工作会议上明确了打赢脱贫攻坚战的时间节点要求，即在2020年实现贫困地区、贫困人口如期脱贫，并作为全面建成小康社会的底线任务。并指出要解决好"扶持谁""谁来扶""怎么扶""如何退"的问题，实施"五个一批"（发展生产脱贫一批、易地搬迁脱贫一批、生态补偿脱贫一批、发展教育脱贫一批、社会保障兜底一批）脱贫工程。②

2016年7月，习近平总书记在银川主持召开东西部扶贫协作座谈会时明确指出："东西部扶贫协作和对口支援，是推动区域协调发展、协同发展、共同发展的大战略，是加强区域合作、优化产业布局、拓展对内对外开放新空间的大布局，是实现先富帮后富、最终实现共同富裕目标的大举措，必须长期坚持下去。"③

2017年10月，习近平总书记在十九大报告中指出："要动员全党全国全社会力量，坚持精准扶贫、精准脱贫，坚持中央统筹省负总责市县抓落实的工作机制，强化党政一把手负总责的责任制，坚持大扶贫格局，注重扶贫同扶志、扶智相结合，深入实施东西部扶贫协作，重点攻克深度贫困地区脱贫任务，确保到二〇二〇年我国现行标准下农村贫困人口实现脱贫，贫困县全部摘帽，解决区域性整体贫困，做到脱真贫、真脱贫。"④

2018年2月，习近平总书记在打好精准脱贫攻坚战座谈会上的讲话中指出："要坚持问题导向，集中力量解决脱贫领域'四个意识'不强、责任落实不到位、工作措施不精准、资金管理使用不规范、工作作风不扎实、考核评估不严格等突出问题。"⑤

---

① 中共中央党史和文献研究院编：《习近平扶贫论述摘编》，中央文献出版社2018年版，第58页。
② 参见中共中央党史和文献研究院编《习近平扶贫论述摘编》，中央文献出版社2018年版，第65—69页。
③ 中共中央党史和文献研究院编：《习近平扶贫论述摘编》，中央文献出版社2018年版，第101—102页。
④ 习近平：《决胜全面建成小康社会 夺取新时代中国特色社会主义伟大胜利——在中国共产党第十九次全国代表大会上的报告》，人民出版社2017年版，第47—48页。
⑤ 中共中央党史和文献研究院编：《习近平扶贫论述摘编》，中央文献出版社2018年版，第125页。

2018年6月,习近平总书记在对脱贫攻坚工作做出的重要指示中,要求"各级党委和政府要把打赢脱贫攻坚战作为重大政治任务,强化中央统筹、省负总责、市县抓落实的管理体制,强化党政一把手负总责的领导责任制,明确责任、尽锐出战、狠抓实效。"①

2019年4月,习近平总书记在重庆调研期间指出:"脱贫既要看数量,更要看质量。要严把贫困退出关,严格执行退出的标准和程序,确保脱真贫、真脱贫。要把防止返贫摆在重要位置,适时组织对脱贫人口开展'回头看'。"②

2019年10月,习近平总书记对脱贫攻坚工作做出重要指示,要求"各地区各部门务必咬定目标、一鼓作气,坚决攻克深度贫困堡垒,着力补齐贫困人口义务教育、基本医疗、住房和饮水安全短板,确保农村贫困人口全部脱贫,同全国人民一道迈入小康社会。"③

2020年3月,习近平总书记在决战决胜脱贫攻坚座谈会上指出:"脱贫摘帽不是终点,而是新生活、新奋斗的起点。要针对主要矛盾的变化,理清工作思路,推动减贫战略和工作体系平稳转型,统筹纳入乡村振兴战略,建立长短结合、标本兼治的体制机制。"④

2020年5月,习近平总书记在中共中央政治局常务委员会讲话中指出:"要坚决克服麻痹思想、厌战情绪、侥幸心理、松劲心态,持续抓紧抓实抓细外防输入、内防反弹工作,决不能让来之不易的疫情防控成果前功尽弃,确保完成决战决胜脱贫攻坚目标任务,全面建成小康社会。"⑤

2020年6月,习近平总书记在宁夏考察时指出:"要坚决打赢脱贫攻坚战,对标'两不愁三保障',瞄准突出问题和薄弱环节,一鼓作气、尽锐出战,确保如期实现脱贫目标。要完善移民搬迁扶持政策,确保搬

---

① 中共中央党史和文献研究院编:《习近平扶贫论述摘编》,中央文献出版社2018年版,第53页。
② 习近平:《统一思想一鼓作气顽强作战越战越勇 着力解决"两不愁三保障"突出问题》,《人民日报》2019年4月18日第1版。
③ 习近平:《咬定目标一鼓作气 确保高质量打赢脱贫攻坚战》,《人民日报》2019年10月18日第1版。
④ 习近平:《在决战决胜脱贫攻坚座谈会上的讲话》,人民出版社2020年版,第12页。
⑤ 习近平:《中共中央政治局常务委员会召开会议》,《人民日报》2020年5月15日第1版。

迁群众搬得出、稳得住、能致富。要巩固提升脱贫成果，保持现有政策总体稳定，推进全面脱贫与乡村振兴战略有效衔接。"[①]

我国"精准型跃升"扶贫阶段的实践情况见表 2–5。

表 2–5　　　　　　　2012—2020 年我国扶贫实践情况

时间阶段	2012—2020				
贫困认定标准（按照 2011 年不变价 2300 元/人并兼顾经济增长、物价上涨因素取全国平均水平）	2012	2015	2017	2018	2020
	2625 元/人	2855 元/人	3300 元/人	3650 元/人	4000 元/人
脱贫成效	截至 2019 年末，全国农村贫困人口从 2012 年末的 9899 万人减少到 551 万人，累计减少 9348 万人；贫困发生率从 2012 年的 10.2% 下降至 0.6%，累计下降 9.6 个百分点。贫困地区农村居民收入年均实际增长 10%，实际增速比全国农村平均水平高 2.3 个百分点。2019 年贫困地区农村居民人均可支配收入 11567 元，比上年增长 11.5%，扣除价格因素，实际增长 8.0%。				

资料来源：2012—2015 年数据来自国家统计局《中国统计摘要 2015》，中国统计出版社 2015 年版；2017 年、2018 年、2019 年、2020 年数据分别来源于国家统计局发布的《2017 年国民经济和社会发展统计公报》《2018 年国民经济和社会发展统计公报》《2019 年国民经济和社会发展统计公报》《2020 国民经济和社会发展统计公报》。

二　世界反贫困探索

贫困是一个世界性难题，是不同国家需要共同面对的历史性、战略性和社会性重大命题。从世界范围来看，不同国家都会根据自身特殊国情提出不同的反贫困目标任务、实施不同的反贫困政策措施、采取不同的反贫困路径模式。系统梳理分析其他国家反贫困的主要做法和成熟经验，对于长期开展扶贫开发工作的中国而言，具有重要的借鉴意义和参考价值。纵观国外一些国家反贫困的主要做法，大致可以概括为四种比较有代表性的反贫困模式，分别为政府扶持型"发展极"模式、需求引领型"生存线"模式、市场带动型"开发式"模式和社会保障型"福利

---

① 习近平：《决胜全面建成小康社会决战脱贫攻坚　继续建设经济繁荣民族团结环境优美人民富裕的美丽新宁夏》，《人民日报》2020 年 6 月 11 日第 1 版。

人"模式。

一是政府扶持型"发展极"模式。实行政府扶持型"发展极"模式的代表性国家是巴西。为了解决本国贫困问题，巴西政府根据反贫困目标的任务要求，配套相应的政策支持，扶持贫困地区发展区域经济，提升贫困地区产业发展水平，增强贫困地区自身反贫困能力，从根源上解决贫困地区、贫困人口的贫困问题。政府扶持型"发展极"模式主要包括：在运行机制上，建立以国家干预为标志的专门反贫困机构，加强反贫困顶层设计和集中领导，出台完善针对性政策措施，协调组织全社会各方面反贫困资源力量，指导贫困地区的反贫困工作；在扶持方向上，重点选择完善贫困地区基础设施建设，改善贫困地区生产生活条件，增强贫困地区内生发展能力；在保障措施上，构建最低限度的收入保证计划，保障贫困人口最低生活水平，维护贫困地区社会基本稳定；在关键环节上，加大贫困地区教育投入水平，加强贫困人口工作技能培训，增强贫困人口就业能力，增加贫困人口就业机会，提高贫困人口收入水平，阻断贫困代际传递。

二是需求引领型"生存线"模式。实行需求引领型"生存线"模式的代表性国家是印度。印度是仅次于中国的世界第二人口大国，由于多种原因，农业人口占的比重高，贫困人口占的比重也高，贫困问题始终是印度政府必须高度关注的社会问题、政治问题而不仅仅是经济问题。为了维持贫困地区贫困人口的最基本生存需要，印度历届政府主要采取了一系列兜底性的满足贫困地区基本生活需求的政策措施，以维护贫困地区、国家整体上的社会稳定。比如，重点发展农业产业，改善农业生产条件，增加从事农业生产人口的收入，提升农业人口反贫困能力；借鉴国外先进的农业技术转移转化模式，加大农业科技创新力度，提高农业科技水平，增加农作物产量，实现粮食基本自给自足；加大对贫困地区基本公共服务的支持力度，在住房、医疗、教育等民生重点关切领域实施多种保障计划；通过多种形式的诉求表达渠道，了解贫困地区、贫困人口的各种利益诉求，协调组织相应政府职能部门帮助解决一些民生领域的实际问题。

三是市场带动型"开发式"模式。一些发展中国家的非政府组织和社会组织通过对贫困人口提供小额信贷支持，帮助贫困人口获得持续稳定的生产性经营贷款，增强贫困人口自身发展能力，适应市场发展需求，从而实现贫困人口内生性减贫。比较有代表性的是孟加拉国"乡村银行"，目前已成为世界上比较有影响的扶贫项目，为其他一些发展中国家借鉴和运用。

四是社会保障型"福利人"模式。能够实行社会保障型"福利人"模式的国家，大多数是那些经济发展条件好、贫困人口比较少、社会富裕程度高的发达国家。这些国家通过建立"从摇篮到坟墓"的社会保障制度体系，为贫困人口提供社会救助和社会福利，从而解决贫困人口的贫困问题。在一些国家，由中央政府和地方政府分别承担费用，为包括贫困人口在内的社会公民建立健康公共保险计划，保证贫困人口享受相应的医疗保障服务；建立失业救济制度，为因失业而导致贫困的人员提供一定的生活保障服务；建立廉价公租房制度，为贫困人口提供基本的住房保障；配套针对性贫困人口教育培训政策制度，保障贫困人口接受教育、参与培训的机会和权利，提升贫困人口自我发展能力。

三 新时代扶贫开发工作现实需求

新时代精准扶贫精准脱贫基本方略之所以具有强烈的内生性、系统性、现实性、社会性和实践性，根本原因在于这一脱贫攻坚指导性理论直接来源于中国反贫困探索、孕育形成于中国扶贫开发实践、应用检验于脱贫攻坚主战场，是马克思主义反贫困理论逻辑与中国扶贫实践历史逻辑双向互动、有机统一、相互融合而形成的创新成果，是回应脱贫攻坚战现实需求的时代新理论。

一是"全面建成小康社会"宏伟目标对扶贫工作提出了新要求。到2020年全面建成小康社会，是中国共产党对人民群众的郑重承诺，是中国政府对全世界的庄严宣誓，是我国经济社会发展方位的历史节点，也是全国各族人民的期待要求。全面建成小康社会有一系列判定标准和评估指标，但其核心内涵主要体现在两个方面：小康社会的"建成内容"全面，不仅仅是单一性经济指标或其他发展指标，而是由经济、政治、文化、社会、生态文明等五个重要方面综合构成的统一体、复合体和结晶体；小康社会的"享有成员"全面，不单单是发达地区、发达省份独自享有，而是全体社会成员"在共建中共享，在共享中共建"，特别是贫困地区、贫困村、贫困人口绝对"一个也不能少""一个也不能掉队"。因此，从全面建成小康社会的内涵和主体两个维度来看，扶贫工作都显得尤为特殊和极为重要。具体来说，在2020年实现以"两不愁三保障"为主要判定标准的"消除绝对贫困，解决区域性整体贫困"脱贫攻坚战目标任务，直接关系到全面建成小康社会的可信度、满意度和认可度，是全面建成小康社会的底线任务，必须放到经济社会发展的优先位置，必须集全党全国全社会之力细化实化。

二是传统扶贫模式难以适应新形势对扶贫工作提出的新挑战。自中华人民共和国成立以来，开展扶贫工作、解决贫困问题、改善生产生活条件、提高人民群众生活水平，始终是党和国家的重要工作内容和优先努力方向。在长期扶贫实践中，我国取得了减贫脱贫巨大成就，积累了一系列反贫困宝贵经验，形成了一系列扶贫模式，走出了一条中国特色减贫道路。中国扶贫实践的时代内涵是随着具体现实国情、时代发展特征动态调整变化，而不是故步自封、一成不变、停滞不前的。因此，不同历史时期不同发展阶段的扶贫工作，要根据当时国家经济社会发展条件、贫困地区自身条件、扶贫对象主要特点等现实情况，及时调整思路理念，创新工作方式方法，采取针对性举措，取得最大工作成效。单单依靠"大水漫灌""集中浇灌""撒胡椒面"等传统扶贫模式难以完成脱贫攻坚目标任务要求，必须把"精准"贯穿到新阶段扶贫工作全过程、各领域、各方面，做到"精准滴灌""织女绣花""磨杵成针"，形成精准识别、精准帮扶、精准管理、精准考核等精准扶贫精准脱贫运行机制，提高扶贫开发工作针对性、适用性和有效性，实现更加有效、更加彻底、更加可持续的稳定脱贫和发展致富。

三是我国经济社会发展新常态对扶贫工作提出了新标准。自2012年以来，我国经济社会发展呈现出新的阶段性特征，进入了经济社会发展新常态，对我国经济社会发展方向、发展目标、发展动力、发展要求、发展标准等，既提出了新挑战又提供了新机遇。把握新常态、适应新常态、引领新常态，是当前和今后一段时期我国经济社会发展的首要原则、基本逻辑和主要基调。无论是全面建成小康社会的目标要求，还是建设社会主义现代化国家的重要使命，或是实现中华民族伟大复兴的历史担当，都要以新常态作为谋划事情、思考问题、落实工作的逻辑出发点，创新发展理念、创新发展思路、创新发展举措、创新发展模式。深入实施以精准扶贫精准脱贫为基本方略的脱贫攻坚战，同样要从把握新常态、适应新常态、引领新常态的高度和视角来系统谋划、深入落实和全面推动，积极确立精准扶贫精准脱贫工作新标准。比如，产业扶贫是实现贫困地区、贫困村、贫困人口稳定脱贫和发展致富的关键，是实现源生性、内生性和根本性脱贫的治本之策。这就要求各级政府、扶贫工作职能部门在确立精准扶贫精准脱贫产业方向、制订精准扶贫精准脱贫产业规划、落实精准扶贫精准脱贫产业项目过程中，主动对接、精准对接区域性支柱产业、战略性新兴产业、现代服务业等新产业新业态，既着眼于贫困地区、贫困村、贫困人口如期完成脱贫攻坚的目标任务要求，又打下贫困地区、贫困村、贫困人口长远发展的良好条件基础，为贫困地区稳定脱贫和发展致富培植发展基因、蓄积发展动能、积累发展条件。

　　四是人民美好生活需要对扶贫工作提出了新期待。党的十九大做出"中国特色社会主义进入新时代"的重大政治判断，并指出新时代我国社会主要矛盾已经由"人民日益增长的物质文化需要同落后的社会生产之间的矛盾"转变为"人民日益增长的美好生活需要和不平衡不充分的发展之间的矛盾"。这是对我国新的历史发展方位的科学定位，也是我国新起点推进社会主义现代化建设的现实依据，意味着今后党和国家的一切工作都是围绕解决新的社会主要矛盾，实现我国经济社会更高质量发展，更好满足人民群众的美好生活需要，而不是原来主要思考解决的物质文化需要。从现实来看，人民群众的美好生活需要内涵丰富、内容全面、内质多元，涉及经济、政治、文化、社会、生态文明等五大主要方面，需要花更大力气、下更大功夫、做更多工作才能满足和实现。与此同时，这个社会主要矛盾的转变，同样对扶贫工作提出了新要求、新标准和新期待，意味着党和国家不仅要使贫困地区、贫困村、贫困人口如期实现脱贫攻坚目标任务要求，解决涉及绝对贫困的基本生产生活问题，更要让贫困地区人民群众同样享有内涵丰富、多姿多彩、幸福美满的美好生活，和全国人民一道在国家经济社会不断发展进步中增强获得感、幸福感和安全感。因此，在新时代，扶贫开发工作的内涵外延都发生了重要变化，对扶贫开发工作的具体标准提出了新要求，进行扶贫开发工作不能安于现状、原地止步，也不能慢步缓行、踯躅徘徊，必须与人民美好生活期待相契合,与现实经济社会发展水平相协调,与贫困地区贫困群众现实需求相匹配。

五是推进国家治理体系和治理能力现代化对扶贫工作提出新任务。建设社会主义现代化国家,一个根本标志就是实现国家治理体系和治理能力现代化。推进国家治理体系和治理能力现代化,既是建设社会主义现代化国家的重要内容,更是实现中华民族伟大复兴的重要保障。国家治理体系和治理能力现代化,体现在党和国家治国理政、服务人民、管理社会、履行对内对外职能的各个领域和方方面面,是建设法治政府、服务型政府的重要方式,是实现政治清明、政府清廉、干部清正的重要途径。扶贫工作作为当前和后续一段时期内党和国家的重大政治工作、重点实施工作和优先推动工作,必然按照国家治理体系和治理能力现代化的总体要求和部署安排,进一步完善扶贫工作体制机制、深入推进国家贫困治理体系建设、不断提升国家贫困治理层次和水平。因此,扶贫开发工作不能只满足于一般意义上的物质给予、条件帮扶、资源配置、政策倾斜,而要从现代化国家基本特征、运行规律、表现形式、发展要求等更高层次、更高维度、更高水平上思考谋划、运行实践和深化拓展。

第三节 新时代精准扶贫精准脱贫基本方略的哲学维度

马克思主义哲学是我们党推进革命、建设和改革各项事业的根本世界观和系统方法论。而学哲学、用哲学,更是我们党的优良政治传统和独特政治优势。特别是党的十八大以来,习近平总书记非常重视哲学思维在理论创新和实践指导中的重要作用,要求党员干部把马克思主义哲学当作治国理政的"看家法宝"、提高能力水平的"压舱基石"、指导工作实践的"关键密钥"。作为全面建成小康社会的底线任务和标志性成果,打赢脱贫攻坚战、实现贫困地区贫困人口整体性脱贫、解决区域性绝对贫困问题,是以习近平同志为核心的党中央向全国人民做出的郑重承诺,也是习近平总书记夙兴夜寐、念兹在兹的头等大事、重点要事和必为难事。新时代精准扶贫精准脱贫基本方略围绕"扶持谁""谁来扶""怎么扶""如何退"等核心命题,坚持辩证唯物主义、历史唯物主义的原则立场、核心观点和思维方法，从发展传承性、人民主体性、联系普遍性等三个视角凸显出深沉的历史厚重感、鲜明的实践导向性和高度的系统思维性，彰显了马克思主义哲学维度的历史逻辑、实践逻辑和总体逻辑。

一 从发展传承性审视新时代精准扶贫精准脱贫基本方略的历史逻辑

习近平总书记指出："历史是一面镜子，它照亮现实，也照亮未来。了解历史、尊重历史才能更好把握当下，以史为鉴、与时俱进才能更好走向未来。"[①]"当代中国的伟大社会变革，不是简单延续我国历史文化的母版，不是简单套用马克思主义经典作家设想的模板，不是其他国家社会主义实践的再版，也不是国外现代化发展的翻版，不可能找到现成的教科书。"[②]新时代精准扶贫精准脱贫基本方略正是在理论与实践结合上、继承与创新统一上、历史与现实耦合上，对以往反贫困思想理论和贫困治理实践进行创造性转化和创新性发展，从发展传承性视角审视新时代精准扶贫精准脱贫基本方略的历史逻辑，会把握得更准确、理解得更全面、洞察得更深刻。这种发展传承性，既有对马克思主义反贫困理论的创新发展，也有对中国扶贫实践的深化拓展，实现了理论上有新创造、实践上有新发展，使得新时代精准扶贫精准脱贫基本方略内质深邃、内涵深刻、内容深厚，具有深沉的历史厚重感。从马克思主义发展史视角考察新时代精准扶贫精准脱贫基本方略，对"现实的人"的关注、关照始终是一条红线，对"社会存在决定社会意识"的遵循、实践始终是一条主线，集中体现在新时代精准扶贫精准脱贫基本方略的理论创新和实践创造两个维度。

从理论创新看"现实的人"作为一条贯穿始终的红线。马克思、恩格斯将历史唯物主义称为"现实的人及其历史发展的科学"。[③]在马克思主义经典作家那里，无论是革命、建设还是改革，出发点和落脚点都是

[①] 习近平：《携手共创丝绸之路新辉煌——在乌兹别克斯坦最高会议立法院的演讲》，《经济日报》2016年6月23日第4版。

[②] 习近平：《在哲学社会科学工作座谈会上的讲话》，人民出版社2016年版，第21页。

[③] 《马克思恩格斯选集》（第4卷），人民出版社2012年版，第247页。

"现实的人",都是为"现实的人"谋解放、谋利益、谋幸福。新时代精准扶贫精准脱贫基本方略是对马克思、恩格斯"人自由而全面发展"、毛泽东"全心全意为人民服务"、邓小平"贫穷不是社会主义"、江泽民"代表最广大人民根本利益"以及胡锦涛"以人为本"科学发展观思想的继承和发展,系统阐发了新时代扶贫开发工作的一系列重大理论观点、重大战略思想、重大决策部署,更加注重为实现"人自由而全面发展"创造现实条件,更加注重为实现"全心全意为人民服务"锤炼作风品性,更加注重为实现"共同富裕"积累物质基础,更加注重为实现"人民更多福祉"真干实干苦干,更加注重为实现"人民美好生活需要"勇于历史担当,做到了"不忘初心,继续前进",创新了马克思主义反贫困理论。

从实践创造看"社会存在决定社会意识"作为一条继往开来的主线。新时代精准扶贫精准脱贫基本方略是对中华人民共和国成立以来扶贫实践的深入系统总结,是新时代我国扶贫开发工作的行动指南和实践遵循。而中国扶贫实践的本质特征就是根据我国经济社会发展的现实国情相应调整反贫困战略措施,实现主观与客观相统一、理论与实践相统一。回望中华人民共和国成立以来的扶贫工作,20世纪50年代是国家整体性"一穷二白"现状,扶贫工作针对的是积贫积弱的全体劳动人民,只能利用有限的经济社会资源解决最困难群众的基本温饱问题;20世纪80年代,实行农村生产经营体制变革后,广大农民生产积极性主动性普遍提高,农村社会生产力得到进一步释放,扶贫工作针对的是县级贫困区域;进入新世纪,全国大部分地区生产生活条件得到较大改善,2001—2010年即新世纪第一个十年,扶贫工作针对的是全国上万个村级贫困区域;2011年以后,国家经济社会发展水平达到历史新高度,进入到由"富"向"强"转变的历史阶段,扶贫开发工作进入到攻城拔寨、攻坚克难的"啃硬骨头"阶段,扶贫对象是全国14个集中连片特困区域,最终目标是实现共同富裕。可以说,我国经济社会发展水平所处的历史阶段决定着扶贫开发工作的对象和重点。而扶贫开发工作对象和重点的转移转变,意味着扶贫开发工作的理念思路、目标任务、方式方法、运行机制、保障条件等都要随之变化,"大水漫灌""集中浇灌""撒胡椒面"的传统扶贫开发模式已经不能完全适应新形势新阶段新目标新任务的现实要求,面对扶贫开发工作的新形势新阶段新目标新任务,需要有新的扶贫开发思路理念、路径措施、工作标准、运行机制等,必须因事而化、因时而进、因势而新。

二 从人民主体性审视新时代精准扶贫精准脱贫基本方略的实践逻辑

马克思、恩格斯指出:"历史活动是群众的活动,随着历史活动的深入,必将是群众队伍的扩大。"[1] "与其说是个别人物,即使是非常杰出的人物的动机,不如说是使广大群众、使整个整个的民族、并且在每一民族中间又是使整个整个阶级行动起来的动机。"[2] 历史唯物主义认为,人民群众是历史的创造者,是社会变革的决定力量,是真正的英雄。历史经验告诉我们,人民是我们党最终夺取革命胜利的基本依靠力量,是我们党推进改革开放和社会主义现代化建设事业的重要动力源泉,也是我们党长期执政的坚实群众基础。革命时期的"打土豪、分田地"是为了广大人民翻身得解放,中华人民共和国成立初期的土地改革运动是为了广大人民恢复和发展社会生产,社会主义建设新时期的家庭承包经营是为了广大人民过上富裕生活,正是因为我们党始终在经济上保障人民物质利益、在政治上尊重人民民主权利、在精神上激发人民发展活力,因而得到最广大人民群众的衷心拥护和坚定支持。因此,党和人民群众是鱼水深情、血肉联系。无论是过去、现在还是将来,党是"主心骨"、人民群众是"活菩萨",既要高瞻远瞩引领人民群众,当好"领路人",又要俯下身去拜人民群众为师,做好"小学生",两者是辩证统一、有机融合、高度契合的。只有党的主导作用发挥得好,人民群众的主体作用才能更好地展示出来,党和国家各项事业才会取得更大进步和非凡成就。

习近平总书记指出:"努力让人民过上更好生活是党和政府工作的方向,但并不是说党和国家要大包大揽。要鼓励个人努力工作、勤劳致富,要创造和维护机会公平、规则公平的社会环境,让每个人通过努力都有

---

[1] 《马克思恩格斯文集》(第1卷),人民出版社2009年版,第287页。
[2] 《马克思恩格斯选集》(第4卷),人民出版社2012年版,第255—256页。

成功机会。"①"群众参与是基础,脱贫攻坚必须依靠人民群众,组织和支持贫困群众自力更生,发挥人民群众主动性。"② 实践证明,做好党和国家的各项工作,首先是立场问题,核心是党群关系。越是面对复杂多变形势,越是处于爬坡过坎时期,越要紧密联系群众、密切团结群众、紧紧依靠群众,想群众之所想、急群众之所急、为群众之所盼、解群众之所难,通过"共建"创造更多社会财富,坚持"共享"分好改革发展成果,不断增强人民群众的获得感、幸福感和安全感。新时代精准扶贫精准脱贫基本方略深度聚焦中国贫困治理问题的"贫中之贫、困中之困、难中之难、坚中之坚",根本出发点和最终落脚点是"全面小康不少一人""共同富裕不落一人",在实践中既注重强化党和政府的核心作用、主导作用和统揽作用,又充分调动包括贫困地区贫困人口在内全体社会成员的积极性、主动性和创造性,既强调在经济社会不断发展中"共享",又要求在全面深化改革进程中"共建",将"共享中共建、共建中共享"贯穿、融入、统一于精准扶贫精准脱贫实践全过程和各领域,在主体实践和主体实现两个维度集中体现了人民主体性。从这个意义上说,解决中国贫困治理问题的决定性力量是人民群众,唯有依靠人民群众才能取得脱贫攻坚战的最终胜利;如期实现脱贫攻坚目标任务的直接受益对象也是贫困地区人民群众,必然得到贫困地区人民群众的衷心拥护和坚定支持。

三 从联系普遍性审视新时代精准扶贫精准脱贫基本方略的总体逻辑

马克思主义哲学揭示了事物运动变化的客观规律,认为物质世界是普遍联系、运动发展的有机统一整体,没有孤立存在的特殊事物,也没有失去联系的特殊存在。任何事物总是在与其他事物的有机联系中不断运动发展的,这个普遍真理和客观规律,为我们思考问题、解决矛盾、应对挑战提供了根本思维方法和实践指引方向。扶贫开发工作也不例外,

---

① 中共中央党史和文献研究院编:《习近平扶贫论述摘编》,中央文献出版社2018年版,第132页。

② 中共中央党史和文献研究院编:《习近平扶贫论述摘编》,中央文献出版社2018年版,第140页。

因为其本身就是一个综合性、系统性、整体性工程，涉及经济、政治、文化、社会、生态文明等主要领域，包括政策制定、制度安排、资金投入、人员组织等诸多方面，涵盖指导思想、目标任务、基本原则、实施路径、工作机制、组织保障等重点难点，必须把握方方面面有机联系的整体逻辑关系，统筹兼顾各种各样联系的内在要求，树立战略思维意识，把扶贫开发工作与落实其他工作协调联动起来，相互协同，整体推进，强化扶贫开发工作的联动性、系统性和整体性。"各方参与是合力，坚持专项扶贫、行业扶贫、社会扶贫等多方力量有机结合的'三位一体'大扶贫格局，发挥各方面积极性。"[①] 如果在扶贫开发工作中不树立"一盘棋"意识、"一张网"思想，就扶贫言扶贫、就扶贫搞扶贫，只会事倍功半、收效甚微，既影响脱贫攻坚战目标任务如期完成的具体进展，也会挫伤精准扶贫社会参与各方的工作积极性，更直接关系到贫困地区群众的脱贫质量和满意度。

不谋全局者不足以谋一域，不谋万世者不足以谋一时。当然，我们强调扶贫开发中各方面有机联系的客观性和重要性，并不是要求扶贫开发工作陷入"面面俱到""面面俱圆""包罗万象"的疲于应付状态，而是强调扶贫开发工作要避免陷入片面性、局部性和单一性。就整体逻辑而言，新时代精准扶贫精准脱贫基本方略着重统筹涉及扶贫开发工作的四大方面关系：围绕基本公共服务能力全覆盖的总体目标，统筹协调好扶贫开发工作与发展社会事业、保障和改善民生的关系；围绕建设美丽中国的总体要求，统筹协调好扶贫开发工作与保护生态环境、实现生态宜居的关系；围绕城乡一体、融合发展的总体思路，统筹协调好扶贫开发工作与发展县域经济、推动转型升级的关系；围绕人口集中、资源集聚的总体安排，统筹协调好扶贫开发工作与提升城镇化水平、加快新型城镇化步伐的关系。因此，统筹协调好扶贫开发工作中四个基本方面的关系，就避免了"一叶障目""只见树木、不见森林"的"就扶贫抓扶贫"的狭隘视野和被动局面，实现"五个手指弹琴""奏响大合唱"，把扶贫开发工作推向更加广阔的天地。

---

① 中共中央党史和文献研究院编：《习近平扶贫论述摘编》，中央文献出版社2018年版，第106页。

第三章

新时代精准扶贫精准脱贫基本方略的深刻内涵和鲜明特征

新时代精准扶贫精准脱贫基本方略的发端、产生、形成、发展和完善不是一日完成的、更不是一蹴而就的，是对我国长期扶贫开发工作实践经验的总结提炼、凝练升华，是对古今中外反贫困思想的继承创新、深化拓展，具有鲜明的实践品格、理论特质和时代特征。新时代精准扶贫精准脱贫基本方略在理论与实践的结合上，在继承与创新的契合上，在探索与完善的耦合上，全面展示了以习近平同志为核心的党中央在新时代对我国扶贫开发工作的深刻思考、精深谋划和强力推动，赋予了新时代扶贫开发工作鲜明内涵和显著特征，为当前及今后一段时期我国减贫事业指明了方向、明确了目标、提出了要求。

第一节 新时代精准扶贫精准脱贫基本方略的深刻内涵

新时代精准扶贫精准脱贫基本方略内涵深刻、内容丰富、体系严整、逻辑缜密，各个方面相互贯通、有机统一，主要涵盖精准扶贫精准脱贫重要意义、精准扶贫精准脱贫目标任务、精准扶贫精准脱贫基本原则、精准扶贫精准脱贫策略方法、精准扶贫精准脱贫运行机制、精准扶贫精准脱贫组织保障等多个方面。

一 精准扶贫精准脱贫的重要意义

中国特色社会主义新时代"开展什么样的扶贫开发工作,怎样开展扶贫开发工作",是一个重大时代课题,也是一个重大历史任务,直接关系 2020 年全面建成小康社会战略目标完成情况的底色、基色和成色。新时代精准扶贫精准脱贫基本方略深刻揭示了新时代扶贫开发工作的基本规律、重要特征和发展趋势,系统阐述了新时代扶贫开发工作的理念方法、体制机制和模式路径,发展创新了马克思主义反贫困理论,具有鲜明的时代特征和创新特色,是做好当前及今后一个时期减贫事业的科学指南和基本遵循。

因此,精准扶贫精准脱贫的重要意义可以从理论和实践两个层面来看。从实践上来说,精准扶贫精准脱贫是对我国长期扶贫开发实践的系统总结和凝练升华,是我国扶贫开发工作由输血式扶贫转化为参与开发式扶贫的鲜明标志,是脱贫攻坚工作作为国家重大实施战略的集中体现,是指导我国脱贫攻坚工作的根本指南。从理论上来看,精准扶贫精准脱贫是新时代精准扶贫精准脱贫基本方略的核心要义,是新时代精准扶贫精准脱贫基本方略的鲜明标识。在 2020 年决战决胜全面建成小康社会时代背景下的脱贫攻坚战,必须始终坚持用新时代精准扶贫精准脱贫基本方略武装头脑、指导实践、推动工作。

二 精准扶贫精准脱贫的目标任务

党中央、国务院发布的《中国农村扶贫开发纲要（2011—2020年）》是新阶段指导我国扶贫开发工作的纲领性文件,为我国在 2020 年前的扶贫开发工作提供了系统性指导和战略性引导。在总结我国前期扶贫开发工作实践经验和成熟做法基础上,《中国农村扶贫开发纲要（2011—2020 年）》做出"我国扶贫开发已经从以解决温饱为主要任务的阶段转入巩固温饱成果、加快脱贫致富、改善生态环境、提高发展能力、缩小发展差距的新阶段"[1] 的重大历史判断。基于这个重大历史判断,《中国农村扶贫开发纲要（2011—2020 年）》将扶贫开发工作的目

---

[1] 《中国农村扶贫开发纲要（2011—2020 年）》,人民出版社 2011 年版,第 2 页。

标任务确定为:"到 2020 年,稳定实现扶贫对象不愁吃、不愁穿,保障其义务教育、基本医疗和住房。贫困地区农民人均纯收入增长幅度高于全国平均水平,基本公共服务主要领域指标接近全国平均水平,扭转发展差距扩大趋势。"① 简言之,就是"两不愁三保障,一高于、一接近、一扭转"。这个具有中国特色的扶贫开发工作目标任务,既有针对贫困人口现实生活需求的具体考量,也有针对贫困地区今后发展的相应安排,统筹考虑了贫困地区、贫困人口的脱贫攻坚和发展致富的综合现实需求,具有很强的针对性、可行性和适用性。《中国农村扶贫开发纲要(2011—2020 年)》实现了三个历史性转变:将稳脱贫早致富作为首要任务,实现了我国扶贫开发目标任务的历史性转变,是我国扶贫工作由"生存型"维度扶贫向"发展型"维度扶贫转变的重要标志;将贫困地区经济社会更好更快发展作为主要目标,实现了我国扶贫开发方向定位的历史性转变,是我国扶贫工作由"补偿型"扶贫向"协调型"扶贫转变的重要标志;将农村最低生活保障作为扶贫兜底手段,实现了我国扶贫开发内涵特征的历史性转变,是我国扶贫工作由"低端型"扶贫向"共享型"扶贫转变的重要标志。

2015 年 11 月,《中共中央国务院关于打赢脱贫攻坚战的决定》进一步明确精准扶贫的目标任务为:"到 2020 年,稳定实现农村贫困人口不愁吃、不愁穿,义务教育、基本医疗和住房安全有保障。实现贫困地区农民人均可支配收入增长幅度高于全国平均水平,基本公共服务主要领域指标接近全国平均水平。确保我国现行标准下农村贫困人口实现脱贫,贫困县全部摘帽,解决区域性整体贫困。"② 这个目标在借鉴《中国农村扶贫开发纲要(2011—2020 年)》目标任务基础上,增加了"确保我国现行标准下农村贫困人口实现脱贫,贫困县全部摘帽,解决区域性整体贫困"内容,简称为"村出列、户脱贫、县摘帽"。较之前面的目标任务,要求得更具体、更实化、更精细,着重强调落脚点是"确保我国现行标准下农村贫困人口实现脱贫,贫困县全部摘帽,解决区域性整体贫困"。因此,在 2020 年如期完成脱贫攻坚目标任务,意味着中国在几千

---

① 《中国农村扶贫开发纲要(2011—2020 年)》,人民出版社 2011 年版,第 25 页。
② 国务院扶贫开发领导小组办公室编:《脱贫攻坚政策解读》,党建读物出版社 2016 年版,第 3 页。

年历史上首次解决了"绝对贫困"问题,首次解决了"区域性整体贫困"问题。见表3-1。

表3-1　　　　　　"十三五"时期脱贫攻坚主要指标

指标	2015	2020
建档立卡贫困人口（万人）	5630	实现脱贫
建档立卡贫困村（万个）	12.8	0
贫困县（个）	832	0
贫困地区农民人均可支配收入增幅（%）	11.7	年均增幅高于全国平均水平
贫困县义务教育巩固率（%）	90	93
建档立卡贫困户因病致（返）贫户数（万户）	838.5	基本解决
建档立卡贫困户存量危房改造率（%）	—	近100

资料来源：《"十三五"脱贫攻坚规划》，人民出版社2016年版。

三　精准扶贫精准脱贫的基本原则

一是坚持党的领导，提供组织保障。充分发挥各级党组织总揽全局、协调各方的领导核心作用，完善五级书记抓扶贫领导体制，健全组织体系，完善运行机制，进一步彰显党组织在脱贫攻坚中的战斗堡垒作用和党员干部先锋模范作用。

二是坚持政府主导，发挥整体合力。明确各级政府在精准扶贫精准脱贫工作中的主导作用和主体责任，引导、鼓励和支持市场、社会投身扶贫开发工作，发挥"先富帮后富"精神，推动形成专项扶贫、行业扶贫、社会扶贫协同联动机制，发挥脱贫攻坚整体合力。

三是坚持精准扶贫，注重扶贫实效。按照扶贫对象精准、项目安排精准、资金使用精准、措施到户精准、因村派人（第一书记）精准、脱贫成效精准的基本要求，因地制宜、因人而异确定扶贫路径，分类指导、针对性配套帮扶措施，切实做到因人施策、个性帮扶，真扶贫、扶真贫、脱真贫。

四是坚持志智双扶，激发内生动力。积极发挥贫困群众在脱贫致富中的主体作用，注重扶贫先扶智，指导贫困地区把利用好外部帮扶与激发贫困群众内生动力结合起来，组织贫困群众全程参与扶贫项目的选择、设计、实施、验收，增强脱贫致富的积极性、主动性、创造性。

五是坚持保护生态，实现绿色发展。按照扶贫开发与生态保护有机统一、协调互促的要求，注重发挥贫困地区生态资源优势，让贫困人口在生态资源建设与保护中多得实惠，在"绿色"经济中分享利益，实现生态脱贫、自然脱贫和绿色脱贫。

六是坚持改革创新，完善体制机制。主动适应扶贫开发工作新形势新任务新要求，牢固树立问题意识、导向意识、目标意识和结果意识，加大改革创新力度，实现扶贫开发工作由粗放向精准转变、由分散多元向集中统一转变、由简单输血向增强造血转变，不断完善扶贫开发体制机制。

四　精准扶贫精准脱贫的策略方法

基本策略：四个"坚持"。坚持开发式扶贫与兜底式保障相协调的方针。实行扶贫开发和农村最低生活保障制度有效衔接，逐步完善社会保障体系，实现"应保尽保""应扶尽扶"。坚持精准脱贫与遏制返贫并举的方针。积极稳妥推进脱贫攻坚工作，明确脱贫节点时限，保证脱贫质量成色，确保规范有序、如期脱贫，实现稳定脱贫，并有效遏制返贫。坚持输血式扶贫与造血式扶贫相结合的方针。采取有效手段帮助有劳动能力的扶贫对象通过自身努力摆脱贫困，增强贫困群众脱贫致富的内生性、稳定性和持久性。坚持短期脱贫与长期致富相统一的方针。统筹谋划如期脱贫和发展致富的部署安排，把扶贫开发作为脱贫致富的主要途径，在脱贫中致富，在致富中脱贫。

主要路径："五个一批"。一是发展生产脱贫一批。引导和支持有劳动能力的贫困户、贫困人口，立足贫困地区实际，发挥自身资源优势，通过辛勤劳动、发展生产，实现就业脱贫、就地脱贫。二是易地搬迁脱贫一批。对于"一方水土难养一方人"的贫困地区，按规划、分年度、有计划地组织实施易地搬迁，确保搬得出、稳得住、能致富。三是生态补偿脱贫一批。牢固树立"绿水青山就是金山银山"的绿色发展理念，加大贫困地区生态保护修复力度，改善贫困地区生产生活环境，使贫困户、贫困人口获得相应的生态补偿收益。四是发展教育脱贫一批。通过教育、科技、文化等智力扶贫，提高贫困户、贫困人口自我发展能力和自身综合素质，阻断贫困代际传递。五是社会保障兜底一批。统筹协调农村扶贫标准和农村最低保障标准，不断完善农村最低生活保障和贫困户危房改造相关政策，健全"三留守"人员和残疾人关爱服务体系，切实做到"应保尽保"。

五 精准扶贫精准脱贫的运行机制

扶贫开发工作是一项系统性、体系性、综合性的重大工程，涉及经济、政治、文化、社会、生态文明等五大主要方面，贯穿于经济社会发展各个领域。在现行体制下，理顺参与各方关系，协调各方行动，实现优势互补与资源集聚，充分发挥整体合力，实现最大效能，关系到精准扶贫精准脱贫工作的实际成效。因此，需要完善组织管理体系，整合各类资源，协调各方行动，形成共同合力，发挥联合机制优势。

从精准扶贫精准脱贫实践来看，既需要党和政府主动担当、主动作为，发挥政治优势制度优势，体现主导作用，也需要全社会广泛参与、共同应对，发挥体制性优势，集聚社会力量，形成共同合力，构建多方协调联动扶贫开发格局。在总结扶贫工作长期实践经验和成熟做法基础上，我国构建了"三位一体"（专项扶贫、行业扶贫、社会扶贫）大扶贫格局、集聚各方力量形成了脱贫攻坚最大合力，健全了东西部协作扶贫和党政机关企事业单位定点扶贫机制、明确主导主体责任强化了结对帮扶政策，完善社会扶贫相应制度安排、发挥全体社会成员积极性主动性创造性，有力促进了精准扶贫精准脱贫工作的深入推进和全面见效。

六 精准扶贫精准脱贫的组织保障

一是切实落实领导责任。强化扶贫开发领导责任制，严格落实五级书记抓扶贫和党政一把手负总责的扶贫工作责任制，深化完善片为重点、工作到村、扶贫到户的工作机制，确保扶贫政策、扶贫项目、扶贫资金等全面落实、深入实施和精准配置。

二是切实加强基层组织建设。注重发挥基层党组织特别是村级党组织的战斗堡垒作用，将基层党建与精准扶贫精准脱贫实践相结合、相耦合、相融合，将党建成效融入扶贫开发实践，实现基层党建工作"全覆盖"与脱贫攻坚"无遗漏"高度统一，形成抓党建保障打赢脱贫攻坚战、打赢脱贫攻坚战深化党建的互促互动、协调联动局面。

三是切实发挥党员干部核心引领作用。按照精准扶贫精准脱贫工作任务要求，选优配强基层党组织特别是村级党组织班子成员，从选派单位精心挑选政治过硬、能力过硬、作风过硬的选派干部到贫困村党组织担任第一书记、扶贫工作队队长，全面落实向贫困村选派扶贫工作队制度要求，切实发挥基层党组织党员干部在落实政策、落实部署、落实任务、落实要求等方面的核心引领作用。

四是切实做到靶向治贫。扶贫工作人员切实做到摸清贫困底数、找准致贫"穷根"、明确扶贫重点、细化帮扶安排，因地制宜、因人而异、有的放矢、对症下药，不落一户、不少一人，精准施策、靶向治贫，早见成效、稳定脱贫、尽快致富、全面小康。

五是切实加强监测评估。利用大数据信息技术，充分发挥信息化平台作用，优化完善精准扶贫精准脱贫信息系统，加强实时动态监测，强化扶贫成效评估，切实做到评估扶贫开发工作成效客观、科学、全面、精准。

第二节　新时代精准扶贫精准脱贫基本方略的鲜明特征

新时代精准扶贫精准脱贫基本方略思想深刻、内涵丰富、逻辑缜密、体系严整，继承发展了马克思主义反贫困理论，以坚持"以人民为中心"价值导向而彰显人民性，以坚持"全面脱贫"问题导向而注重现实性，以坚持"大统筹大协同大扶贫"格局导向而体现全面性，以坚持"精准扶贫精准脱贫"实践导向而强化精准性，以坚持"稳脱贫能致富"理念导向而凸显创新性，具有鲜明时代特点和显著自身特色，是新时代开展扶贫开发工作的重要思想指南和根本实践指引。

一　坚持"以人民为中心"价值导向，深刻彰显人民性

对于任何一个政党而言，"为谁发展、靠谁发展、怎样发展"是一个全局性、方向性的重大问题，关乎政党发展前途和历史命运。马克思、恩格斯在《共产党宣言》中指出，共产党所领导的"无产阶级的运动是

绝大多数人的,为绝大多数人谋利益的独立的运动"。① 这是对无产阶级政党阶级属性和历史使命的本质概括,对无产阶级政党政治本色和价值理念的鲜明昭示。党的十八大以来,以习近平同志为核心的党中央坚持立党为公、执政为民的使命担当,坚持以民为本、以人为本的执政理念,把人民群众利益放在治国理政的突出位置,把坚决打赢脱贫攻坚战作为全面建成小康社会的底线任务,把增进民生福祉作为一切工作的出发点和落脚点,把激发人民群众的活力动力作为全面深化改革的关键环节,推动改革发展成果更多更公平惠及全体人民,要求包括贫困人口在内的全社会成员"共建共享"进入全面小康社会,深刻体现了人民利益至上的马克思主义根本立场,集中体现了无产阶级政党鲜明的本质属性。

习近平总书记多次指出"消除贫困、改善民生、实现共同富裕,是社会主义的本质要求"②"全面建成小康社会、实现第一个百年奋斗目标,农村贫困人口全部脱贫是一个标志性指标"③,强调"小康不小康,关键看老乡,关键看贫困老乡能不能脱贫"④"没有农村贫困人口全部脱贫,就没有全面建成小康社会,这个底线任务不能打任何折扣,我们党向人民做出的承诺不能打任何折扣"⑤"全面建成小康社会,一个也不能少;共同富裕路上,一个也不能掉队"⑥。可以说,"以人民为中心"的价值导向,是贯穿新时代精准扶贫精准脱贫基本方略的红线、主线和准线。脱贫攻坚直面中国贫困地区、贫困群众存在的现实贫困问题,直面全面建成小康社会的短板弱项,想贫困群众之所想、急贫困群众之所急、为贫困群众之所盼、解贫困群众之所难。习近平总书记时刻挂念贫困群众安危冷暖、酸甜苦辣,时刻把贫困群众的大事小情记在脑子里、扛在

---

① 《马克思恩格斯选集》(第1卷),人民出版社2012年版,第411页。
② 习近平:《在河北省阜平县考察扶贫开发工作时的讲话》,载《做焦裕禄式的县委书记》,中央文献出版社2015年版,第15页。
③ 中共中央党史和文献研究院编:《十八大以来重要文献选编》(下),中央文献出版社2018年版,第29页。
④ 中共中央党史和文献研究院编:《习近平扶贫论述摘编》,中央文献出版社2018年版,第12页。
⑤ 中共中央党史和文献研究院编:《习近平扶贫论述摘编》,中央文献出版社2018年版,第25页。
⑥ 中共中央党史和文献研究院编:《习近平扶贫论述摘编》,中央文献出版社2018年版,第23页。

肩膀上、落在手心里。我们要时刻牢记中国共产党的"不变初心",既做大社会财富"蛋糕",又分好共享发展"蛋糕",增强贫困群众的获得感、幸福感和安全感,彰显新时代精准扶贫精准脱贫基本方略的人民性特征。

治理之道,莫要于安民;安民之道,在于察其疾苦。历史反复告诫我们,党的根基在人民、血脉在人民、力量在人民,我们党的最大政治优势就是密切联系群众,党执政后的最大危险就是脱离群众。在新时代精准扶贫精准脱贫基本方略的指引下,广大党员领导干部把贫困群众脱贫致富作为使命要求,把服务贫困群众作为使命担当,纾民忧、解民难、惠民生,着力在发展中保障和改善民生,切实维护和扩大民利,使党永远立于时代潮流、永远是最广大人民群众的"主心骨",取得了脱贫攻坚战的历史性成就和决定性胜利,书写了我国减贫脱贫历史的光辉篇章。

二 坚持"全面脱贫"问题导向,高度注重现实性

习近平总书记指出"党中央的政策好不好,要看乡亲们是笑还是哭。如果乡亲们笑,这就是好政策,要坚持;如果有人哭,说明政策还要完善和调整"[1],要求"必须真抓实干,贯彻精准扶贫要求,做到目标明确、任务明确、责任明确、措施明确,精准发力,扶真贫、真扶贫"[2],强调"扶贫工作必须务实,脱贫过程必须扎实,脱贫结果必须真实,让脱贫成效真正获得群众认可、经得起实践和历史检验"[3]。可以说,新时代精准扶贫精准脱贫基本方略来源于解决贫困地区贫困群众最关心、最直接、最现实贫困问题的现实需求,扎根于中国扶贫实践,来自于贫困一线长期工作积累,发展于精准扶贫精准脱贫主战场淬火历练,始终坚持从贫困地区贫困群众的贫困实际出发,始终坚持"真扶贫、扶真贫、脱真贫"问题意识,具有强烈的现实性特征。

---

[1] 中共中央党史和文献研究院编:《习近平扶贫论述摘编》,中央文献出版社2018年版,第35页。

[2] 中共中央党史和文献研究院编:《习近平扶贫论述摘编》,中央文献出版社2018年版,第111页。

[3] 中共中央党史和文献研究院编:《习近平扶贫论述摘编》,中央文献出版社2018年版,第121—122页。

扶贫理念具象化。针对贫困地区、贫困村、贫困人口的突出困难和问题，按照"什么问题集中就集中解决什么问题"的思路，把好贫困地区、贫困村、贫困人口的"穷脉"，开好贫困地区、贫困村、贫困人口的"药方"，治好贫困地区、贫困村、贫困人口的"穷病"。比如，针对贫困地区、贫困村普遍遇到的基础设施落后、基本公共服务不足、生产生活条件较差的普遍共性问题，加大基础设施建设和公共服务能力配套力度，改善生产生活条件，打通脱贫攻坚相关扶持政策措施，落实精准扶贫精准脱贫"最后一公里"工作部署安排。

扶贫方式生活化。脱贫攻坚主要目标可集中概括为"两不愁三保障"，即"不愁吃、不愁穿，义务教育、基本医疗、住房安全有保障。"从"两不愁"来看，就是从贫困群众最基本、最关注、最现实的生活生计问题入手，改变贫困人口的生活状况，解决基础的生活生计问题，在此基础上确立先稳脱贫后能致富的发展目标。从"三保障"来看，重点关注和大力解决涉及民生领域的教育、医疗、住房等三个关键问题，深度聚焦贫困群众的所难、所急、所盼和所愿，切实降低贫困群众教育、医疗、住房等支出费用，想方设法减轻贫困家庭各项生活负担。

扶贫重点清晰化。贫困地区资源禀赋各有特点、发展条件各有不同，贫困人口致贫原因千差万别、情况迥异。这就要求扶贫重点要找得准、扶贫举措要用得准，而不能千篇一律、简单应对、流于形式。因此，在扶贫开发工作中，脱贫攻坚既有对贫困人口脱贫的具体标准要求，也有对贫困村出列的考核指标体系，既注重从单个贫困户、贫困人口入手，也实施贫困村整体提升工程，培育壮大集体经济，为贫困地区和贫困人口夯实发展致富基础、谋划长远发展大计。

扶贫内容项目化。扶贫开发工作由输血转向造血的重要途径之一就是将各类扶贫资源以产业项目形式吸收有意愿的贫困人口参与其中、受益其中，实现贫困人口稳定脱贫与增加收入结合起来、近期脱贫与长期致富结合起来，实现内生性、根本性脱贫。同时，扶贫项目安排因地制宜、因人而异，紧密结合当地资源环境禀赋和经济社会发展条件，按照"一村一品"标准，精准选择特色产业项目，精准安排到每一个贫困户、每一个贫困人口。

扶贫考核标准化。扶贫工作开展得怎么样，扶贫工作措施落实得怎么样，必须通过相应考核监督机制的检验与评判。因此，建立健全客观、科学、完善、有效的脱贫攻坚考核监督机制，是确保脱贫攻坚工作成效、实现贫困人口如期脱贫的重要保障。脱贫攻坚考核监督机制主要涉及三个方面内容：评价主体全面，包括帮扶对象、各级政府、业内专家等；考核内容全面，包括贫困人口经济收入水平、贫困人口教育培训力度、贫困人口稳定脱贫能力等；考核评价制度全面，包括财政投入扶贫绩效考核、扶贫工作落实情况考核、扶贫工作创新情况考核等。

扶贫成效规范化。扶贫成效的最终落脚点是贫困村出列、贫困人口脱贫、贫困县摘帽，按照节点安排实现脱贫攻坚目标任务。因此，建立完善相应的退出机制、严格规范退出程序和标准、固化实化扶贫工作成效就非常关键。从现实来看，扶贫成效规范化主要涉及两个方面内容：一方面，符合退出条件的贫困县、贫困村、贫困人口要按照时间节点及时"摘帽""出列""脱贫"，以最大程度优化扶贫资源配置，集中力量攻克"贫中之贫、困中之困、难中之难、坚中之坚"；另一方面，不符合退出标准的贫困县、贫困村、贫困人口，相关地方和工作部门要加大扶贫开发力度，在兼顾脱贫攻坚目标任务的同时，实事求是规划工作节奏，循序渐进落实部署安排，不为了搞应急性脱贫、形式上脱贫而造成一旦失去扶贫政策支持就很快返贫的现象。为此，脱贫攻坚要注重对扶贫工作的评估、检查、督查和问责，防止相关部门及地方政府的扶贫工作流于表面化、形式化和简单化。

三 坚持"大统筹大协同大扶贫"格局导向，深入体现全面性

习近平总书记指出："脱贫攻坚要取得实实在在的效果，关键要找准路子、构建好的体制机制，抓重点、解难点、把握着力点。"[①] 新时代精准扶贫精准脱贫基本方略立足新世纪新阶段我国扶贫开发工作的新形势新任务新要求，形成了包括指导思想、基本原则、目标任务、路径方法、政策措施、保障机制等诸多方面的综合性、系统性、整体性的中国特色反贫困理论。没有就贫困言贫困、就扶贫言扶贫，而是在深刻分析中国

---

① 中共中央党史和文献研究院编：《十八大以来重要文献选编》（下），中央文献出版社2018年版，第37页。

贫困地区、贫困人口复杂致贫因素的基础上，从全局着眼、从整体着手、从系统着力，统筹协调扶贫开发各种重大关系和各方面工作内容，将宏观政策措施与微观部署安排相结合、外部力量帮扶与激发内生动力相结合、实施扶贫开发与推动经济社会发展相结合、精准识别扶贫对象与完善动态退出机制相结合、政府主导力量与社会共同发力相结合，坚持"大统筹大协同大扶贫"格局导向，深入体现全面性重要特征。

习近平总书记指出："只要有信心，黄土变成金。贫困地区尽管自然条件差、基础设施落后、发展水平较低，但也有各自的有利条件和优势。"[1] 这就要求在精准扶贫精准脱贫过程中，各级政府主动把脱贫攻坚部署安排与国家宏观规划、区域经济社会发展规划对接起来，在加大政策、资金、项目等外部条件支持帮扶的基础上，充分发挥贫困地区资源环境条件的独特禀赋优势，搭上区域一体化发展"顺风车"，融入地方经济社会发展"大盘子"，走活内外联动协同"一盘棋"，既按照扶贫工作目标任务、时间节点要求完成脱贫攻坚任务，又为后期实现稳脱贫能致富进而助推乡村全面振兴打下坚实发展基础。

习近平总书记强调："贫困地区发展要靠内生动力，如果凭空救济出一个新村，简单改变村容村貌，内在活力不行，劳动力不能回流，没有经济上的持续来源，这个地方下一步发展还是有问题。"[2] 脱贫攻坚是涉及多个领域、多个方面、多个因素的综合性、系统性、整体性重大社会工程，绝对不能简单应付"造盆景"，而要用"绣花功夫""磨杵恒心"打造里里外外"处处是风景"，并且力争通过各方共同努力实现贫困地区"风景这边独好"。因此，脱贫攻坚既重点关注精准扶贫精准脱贫中的短板弱项，针对性解决涉及贫困群众生产生活的现实困难和发展瓶颈，切实改善贫困地区生产生活条件、提高贫困群众生产生活水平，也要超前关照到贫困地区后续生产发展、产业转型升级的迫切需求，在扶贫开发中提升地方经济社会发展能力和发展水平，在推动地方经济社会发展整体转型升级中增强地方脱贫致富能力。

---

[1] 习近平：《在河北省阜平县考察扶贫开发工作时的讲话》，载《做焦裕禄式的县委书记》，中央文献出版社2015年版，第17页。

[2] 中共中央党史和文献研究院编：《习近平扶贫论述摘编》，中央文献出版社2018年版，第131页。

习近平总书记要求:"要大力弘扬中华民族扶贫济困的优良传统,凝聚全党全社会力量,形成扶贫开发工作强大合力。"① 扶贫开发是一项重大社会系统工程,既要靠党的坚强领导、核心引领和组织实施,也要靠全社会众志成城、齐心协力和共同担当。没有行业扶贫、专项扶贫和社会扶贫的积极出力、共同发力、形成合力,没有政府、市场、社会三位一体、协同推进、齐头并进,脱贫攻坚目标任务就不能如期完成、顺利完成、高质量完成。脱贫攻坚按照全社会共同关注、共同参与、共同实施的基本原则,在强化政府主导作用和主体责任的同时,注重提高全社会成员关注度、参与度和融入度,广泛调动社会各界投身扶贫开发的积极性、主动性和创造性,鼓励、支持和帮助社会企业、社会组织、社会团体参与扶贫开发工作,引导各类社会扶贫主体工作重心下移、眼光视野下移和具体行动下移,采取包县、包乡、包村、包户等多种包干方式,不断完善专项扶贫、行业扶贫、社会扶贫等"三位一体"大扶贫格局,集聚各方力量,形成政府、市场与社会共同发力,实现最大程度资源整合,汇集打赢脱贫攻坚战整体最大合力。

四 坚持"精准扶贫精准脱贫"实践导向,切实强化精准性

脱贫攻坚贵在精准,重在精准,成败之举在于精准。精准性,是新时代精准扶贫精准脱贫基本方略的核心特征和内在本质,贯穿于新时代精准扶贫精准脱贫基本方略的全过程,体现在我国脱贫攻坚目标任务安排部署各方面,落实在精准到人、精准到户、精准到村、精准项目、精准识别、精准施策等全方位精准化各个环节。习近平总书记指出"把握精准是要义,脱贫攻坚贵在精准,精准识别、精准施策,根据致贫原因有针对性地制定方案,对不同原因不同类型的贫困采取不同措施,因人因户因村施策,对症下药、精准滴灌、靶向治疗"②,强调"打好脱贫攻坚战,关键是聚焦再聚焦、精准再精准,采取更加集中的支持、更加有

---

① 习近平:《在河北省阜平县考察扶贫开发工作时的讲话》,载《做焦裕禄式的县委书记》,中央文献出版社2015年版,第19页。
② 中共中央党史和文献研究院编:《习近平扶贫论述摘编》,中央文献出版社2018年版,第75页。

力的举措、更加精细的工作，瞄准特定贫困群众精准帮扶"[1]。因此，精准扶贫精准脱贫，是打赢脱贫攻坚战的核心关键。而做到精准扶贫精准脱贫，就必须按照致贫原因、致贫特点、致贫环境、致贫类型，推进脱贫攻坚体制机制创新，因人因事精准施策、因地制宜精准实施，做到对症下药、精准滴灌、靶向治疗。

扶贫对象识别精准。"扶真贫"是脱贫攻坚工作的逻辑起点，也是精准扶贫精准脱贫的基本前提。就个体而言，致贫原因复杂多样，只有扶持对象精准，扶贫工作才能有的放矢、有据可依，做到"共享全面小康社会"不落一人；就群体而言，老少边山岛等地区，是精准扶贫的重点区域，需要加大帮扶和支持力度，做到"共享全面小康社会"不少一地。

扶贫思路分析精准。任务思路决定出路，扶贫思路直接影响扶贫工作成效和脱贫攻坚目标实现。在扶贫开发实践中，各级政府和相关部门采取一系列扶贫政策措施对贫困地区、贫困村、贫困人口进行针对性扶持和一对一帮扶，有的是综合施策、整体推进、稳扎稳打，贫困群众满意度较高；有的是急功近利、头痛医头脚痛医脚、疲于应对，引起贫困群众很多意见。不同的扶贫思路造成扶贫成效差异明显。精准扶贫精准脱贫的首要出发点和最终落脚点是"人"，必须坚持以人为本的扶贫工作理念，时刻把贫困群众、贫困人口的现实诉求和长远需求作为谋划安排扶贫工作的着力点，扶贫开发思路举措才能真正来源于贫困群众、服务于贫困群众、显效于贫困群众。

扶贫措施实施精准。在扶贫工作中，扶贫帮扶单位和工作人员驻点贫困村、深入贫困户、走进贫困人口，细致了解贫困村、贫困户、贫困人口的致贫原因，并根据贫困村实际情况、贫困户贫困特点、贫困人口个人能力，针对性制定配套扶贫措施，细致做到一村一品、一户一计、一人一策，确保扶贫措施与贫困地区发展相协调、与贫困户现有条件相契合、与贫困人口实际能力相匹配，有效地改善贫困地区生产生活条件，切实帮助贫困户、贫困人口发展生产、增加收入，加快脱贫致富步伐。

---

[1] 中共中央党史和文献研究院编：《习近平扶贫论述摘编》，中央文献出版社 2018 年版，第 81 页。

扶贫资源投入精准。扶贫资源是确保脱贫攻坚成效的物质基础和现实保障，没有大量扶贫资源的投入配置和高效使用，扶贫开发就成为无源之水、无本之木。因此，在精准扶贫精准脱贫过程中，既需要扶贫资源大量投入、有效投入、综合投入，又必须精准使用，把钱花在该花的地方，把好钢用在刀刃上，把资源投到关键环节和重点领域。在投入形式上，既可以采用专项资金折合为农户入股股金的模式，也可以用现金、实物等方式直补到户；在投入方向上，既着力解决贫困地区、贫困人口的现实生活需求，也注重专业技能、文化教育的培训培养；在投入管理上，按照"项目跟着规划走、资金跟着项目走、监督跟着资金走"的原则，建立扶贫项目立项、审批、实施、验收、评估等管理制度，确保项目资金管理安全、规范有效使用。

扶贫主体明确精准。"谁来扶"是精准扶贫精准脱贫重点解决的关键问题。各级党组织和政府部门必须义不容辞、责无旁贷地担负起扶贫工作主体责任。村级党组织是与贫困群众联系最紧密、协调最有效、保障最关键的基层组织，开展扶贫工作离不开基层党组织特别是农村党组织的主动担当、高效配合和全力支持。实践中，各地纷纷从各级机关优秀年轻干部、后备干部和国有企事业单位优秀人员中选派第一书记或驻村工作队队长，把村级党组织打造成为脱贫攻坚的坚强堡垒和阵地前哨，把第一书记或驻村工作队队长磨炼成为带领贫困村、贫困群众脱贫致富的"领头雁""排头兵"和"孺子牛"。同时，有的地方还积极探索"驻村干部互评"工作机制，评选优秀驻村干部，作为评选先进、提拔使用的重要依据，激发了驻村干部干事创业的活力动力。

扶贫管理实时精准。扶贫管理实时精准，是精准扶贫精准脱贫的重要特征和内在要求，因为在国家和社会大量扶贫资源的投入下，贫困地区经济社会发展情况会变化、贫困村经济收入水平会变化、贫困群众自身发展能力会变化。如果不能实时、及时、准时掌握各项指标和数据的变化情况，就会影响扶贫工作计划安排和政策措施配套，影响脱贫攻坚的成效和质量。实现扶贫管理实时精准主要做到两个方面：健全贫困户动态管理机制，实时掌握贫困户收入、支出、消费等各种数据信息，科学、客观、准确地评价帮扶成效和脱贫进展；完善扶贫工作动态管理机制，实时了解扶贫工作进展情况，针对性介入和管理，综合评估扶贫工作成效,优化工作流程,固化工作标准,实化工作安排,提升扶贫工作效果。

五 坚持"稳脱贫能致富"理念导向,集中凸显创新性

打赢脱贫攻坚战、实现贫困地区贫困人口稳定脱贫共同致富,最终要靠扶贫理念、扶贫举措、扶贫模式、扶贫路径的改革创新,进而激发贫困地区自主发展活力和贫困群众内生发展动力,从而增强贫困地区贫困群众自我发展能力,达到"脱贫稳得住、致富有门路"。习近平总书记指出"激发内生动力,调动贫困地区和贫困人口积极性。'只要有信心,黄土变成金。'贫穷不是不可改变的宿命。人穷志不能短,扶贫必先扶志"[1],强调"要把扶贫同扶志结合起来,着力激发贫困群众发展生产、脱贫致富的主动性,着力培育贫困群众自力更生的意识和观念,引导广大群众依靠勤劳双手和顽强意志实现脱贫致富"[2],要求"要激发贫困人口内生动力,把扶贫和扶志、扶智结合起来,把救急纾困和内生脱贫结合起来,把发展短平快项目和培育特色产业结合起来,变输血为造血,实现可持续稳固脱贫"[3]。脱贫攻坚实践证明,新时代精准扶贫精准脱贫基本方略创造性继承和创新性发展了马克思主义反贫困理论,是对长期以来中国扶贫开发实践的经验总结和理论创新,具有强烈的时代特征和创新特色。

一是创新了扶贫理念,更加注重"人"的全面脱贫。扶贫开发、脱贫攻坚,说到底是做"人"的工作,这个"人"就是贫困地区的贫困人口。贫困人口的全面脱贫,不仅要在物质上实现,还要在精神上富有,不是个别指标单一维度的单项脱贫,而是整体系统性指标的全面脱贫,因此需要扶贫又扶"志"、扶"智",即"志智双扶"。传统扶贫理念下,扶贫主体很大程度上"见物不见人",把扶贫物资、救济资金直接发放到贫困人口手中就算完成任务,搞的是应急性脱贫、输血式脱贫、

---

[1] 中共中央党史和文献研究院编:《十八大以来重要文献选编》(下),中央文献出版社2018年版,第49页。
[2] 中共中央党史和文献研究院编:《习近平扶贫论述摘编》,中央文献出版社2018年版,第140页。
[3] 中共中央党史和文献研究院编:《习近平扶贫论述摘编》,中央文献出版社2018年版,第142页。

指令性脱贫，容易出现脱贫成果不稳固、脱贫易返贫现象；扶贫对象在单项维度扶贫模式影响下，"等靠要"思想严重，宁愿"绕着墙根晒太阳，也不愿放下身来奔希望"、希望"一年到头都不忙，等着帮扶奔小康"。而脱贫攻坚是双向维度的扶贫开发，既积极组织外部力量通过配套政策、投入资金、实施项目等帮扶方式，较快改善贫困地区贫困群众生产生活条件，也大力实施教育扶贫、产业扶贫、生态扶贫等扶贫模式，提升贫困人口自身科学文化素质、激发贫困地区脱贫致富内生动力，内外结合，上下结合，最终实现"人"的全面脱贫、可持续脱贫和共同致富。

二是创新了扶贫模式，更加注重"脱贫致富"。贫困是个历史性难题，即使在一定时期一定空间范围内消除了绝对贫困，由于各种复杂原因，相对贫困现象仍将长期存在。因此，对于以往扶贫开发实践和经验来说，能够通过反贫困行动消除较大规模的贫困地区和贫困人口已属不易，进而实现贫困地区全面发展和贫困人口全面脱贫更是难上加难。面对这些难题，脱贫攻坚通过实施"精准滴灌""内生造血""生态保护脱贫""易地搬迁脱贫""产业扶贫"等多种扶贫路径模式，主动探索贫困地区、贫困村、贫困人口既能顺利脱贫的有效办法，又为后面贫困地区、贫困村、贫困人口实现全面发展、全面振兴、全面致富打下良好基础，实现脱贫中致富、致富中脱贫。

三是创新了扶贫手段，更加注重"系统整合"。扶贫开发是全社会的共同责任，需要全社会共同关注、共同参与、共同实施和共同推动。首先，在脱贫攻坚中，专项扶贫、行业扶贫与社会扶贫协调联动、有机统一、相互配合，而不是"各喊各的号，各吹各的调"，造成宝贵的扶贫资源不能发挥集聚优势，不能实现最大效用；其次，扶贫开发工作千头万绪、贫困地区贫困人口千差万别，脱贫攻坚按照"强基固本"总体思路，既授鱼更授渔，增强了贫困地区贫困人口自我发展能力、自我脱贫能力和自我致富能力；最后，脱贫攻坚树立了"全国一盘棋""全局一张网"理念，充分发挥制度性体制机制优势，从东中西部协调发展战略全局谋划推动扶贫开发，从城乡一体融合发展时代要求组织实施扶贫开发，增强了扶贫开发的针对性、有效性和系统性。

四是创新了扶贫体制机制，更加注重"运行有效"。从实践来看，建立健全脱贫攻坚体制机制，对于实现有效脱贫、稳定脱贫具有十分重要的关键作用。从需求来看，构建系统完备、科学规范、运行顺畅的脱贫攻坚体制机制，对于有效整合全社会扶贫资源、形成各方参与扶贫开发合力、提升扶贫开发成效、打赢脱贫攻坚战，具有十分重要的保障作用。针对此，脱贫攻坚实现了扶贫体制机制大变革、大调整和大创新，着力构建了贫困群体识别机制、优化了工作管理机制、强化了考核监督机制，从体制机制上确保脱贫攻坚各项目标任务能够如期完成、高质量完成，使脱贫攻坚最终成效能得到贫困群众认可、经得起实践检验、受到外界力量肯定。

党的十八大以来，在以习近平同志为核心的党中央坚强领导、组织部署和推动实施下，我国脱贫攻坚工作取得了历史性成就，创造了中华民族发展史、世界减贫史的伟大奇迹。实践证明，新时代精准扶贫精准脱贫基本方略深刻揭示了精准扶贫精准脱贫的基本规律、重要特征和发展趋势，系统阐述了新时代扶贫开发的理念方法、体制机制和模式路径，丰富拓展了马克思主义反贫困理论，具有鲜明的时代特征和创新特色，是做好当前及今后一个时期减贫事业的科学指南和基本遵循。

第四章

新时代精准扶贫精准脱贫基本方略的实践特点和理论创新

从习近平总书记在湖南湘西十八洞村调研考察中首次提出"精准扶贫"理念,到后来一系列重要讲话、指示批示、部署安排和工作要求不断丰富精准扶贫精准脱贫的内涵要义、精神实质和实践要求,新时代精准扶贫精准脱贫基本方略在理论与实践的结合上深刻回答了新时代我国扶贫开发工作一系列重大理论和实践问题,继承发展了马克思主义反贫困理论,是指导我国扶贫开发工作的重要理论基础,具有自身鲜明的实践创造特点和理论创新特色。

第一节 新时代精准扶贫精准脱贫基本方略的实践特点

新时代精准扶贫精准脱贫基本方略以其严密的逻辑思维和执行体系,具有强烈的针对性、社会性、现实性和实践性,是指导我国扶贫开发工作的根本实践指南,具有鲜明的实践特点。在以新时代精准扶贫精准脱贫基本方略为指导的脱贫攻坚战中,从执政为民的宗旨意识来认识精准扶贫精准脱贫、从农业农村发展的历史趋势来实施精准扶贫精准脱贫、从现代化经济规律的现实要求来推进精准扶贫精准脱贫、从共同富裕的本质特征来对待精准扶贫精准脱贫、从党员干部的使命担当来落实精准扶贫精准脱贫,系统、高效、全面地推动了我国扶贫开发事业向前发展,为全面实现脱贫攻坚目标任务奠定了坚实的实践基础和现实依据。

一 "真扶贫、扶真贫、脱真贫"——从执政为民的宗旨意识来认识

习近平总书记指出,精准扶贫工作必须务实、脱贫过程必须扎实、脱贫结果必须真实,严格做到"真扶贫、扶真贫、脱真贫"。要从执政为民的宗旨意识来认识精准扶贫精准脱贫,如期向全国人民特别是贫困人口兑现全面建成小康社会的庄严承诺,是中国共产党全心全意为人民服务宗旨意识的生动体现。从现实来看,我国贫困人口多分布在自然环境恶劣的老少边山岛地区,致贫因素复杂多样且根深蒂固,实现脱贫目标任务和全国人民一道进入全面小康社会,时间紧、任务重、难度大,必须有"钢杵磨成针"的恒心韧劲和"织女绣花"的细心功夫,按照"扶贫对象精准、项目安排精准、资金使用精准、措施到户精准、因村派人精准、脱贫成效精准"的标准和要求,因地制宜,因人施策,在工作实践中"真扶贫、扶真贫、脱真贫",切实防止形式主义、官僚主义和机会主义,让脱贫成果获得群众认可、经得起实践检验。如果精准扶贫精准脱贫不到位,搞层层加码,搞形式主义、官僚主义和机会主义,导致虚假脱贫、数字脱贫、表面脱贫、形象脱贫,人民就会不满意,群众就会不认可,就会对党和政府失去信任,就会影响党执政用权的公信力。因此,习近平总书记关于"三真""三个必须"的重要论述,实质上是对精准扶贫精准脱贫工作部署安排的动员令、宣言书和指南针,必须不折不扣地执行、落实和完成。

典型案例1:

江西井冈山市结合精准扶贫精准脱贫工作实际,创新提出红卡(特困户)、蓝卡(一般贫困户)建档立卡办法,以"村内最穷、乡镇平衡、市级把关、群众公认"为原则,经过"一访(即走访农户)、二榜(即在村和圩镇张榜集中公示)、三会(即分别召开村民代表大会、村两委会、乡镇场党政班子会)、四议(即通过村民小组提议、村民评议、村两委审议、乡镇场党政班子决议)、五核(即村民小组核对、村两委审核、驻村工作组核实、乡仲裁小组核查、乡镇场党政班子会初核)"一系列程序,确保"贫困户一个不漏,非贫困户一个不进,贫困原因个个门清,脱贫门路户户有数"。同时,还建立了"321"帮扶责任机制,即

县处级以上领导干部帮扶3户贫困户、科级干部帮扶2户贫困户、一般党员干部帮扶1户贫困户，做到"乡乡都有扶贫团，村村都有帮扶队，一村选派一个第一书记，一个贫困户确定至少一名帮扶责任人"，实现井冈山市3000多名党员干部人人参与脱贫攻坚。2017年2月26日，经国务院扶贫开发领导小组评估并经江西省人民政府批准，江西省井冈山市正式宣布在全国率先脱贫摘帽。

资料来源：井冈山市人民政府：《井冈山市2017年脱贫攻坚工作总结》。

二 "大农业、大农合、大农政"——从农业农村发展的历史趋势来实施

农业发展走什么样一条道路、农村基层生产经营体制朝什么方向深化改革、农民增收致富的路径方式如何拓展优化，这些都是关系我国农业农村长远发展的重大现实问题和重要战略问题。对于这些问题的深刻思考和科学回答，关系着我国农业农村工作的发展全局，关系着乡村全面振兴的长远愿景，也关系着新时代精准扶贫精准脱贫的质量成色。从产业发展现实来看，贫困地区较之于经济发达地区，产业基础比较薄弱，市场竞争力比较差，市场经济活跃度不高；从空间布局来看，贫困地区主要位于交通信息闭塞、基础设施较差、公共服务能力不足的偏远农村地区。因此，要从根本上阻断贫困发生的动因，必须从农业农村的长远发展趋势着眼，培养贫困区域发展基因、激发发展动力、厚植发展优势，使贫困地区农业农村经济社会发展融入整体区域经济社会发展大局，实现城乡一体、区域协同、融合发展。

习近平总书记在福建开展扶贫开发工作期间，提出"走一条发展大农业的路子"，认为"大农业是朝着多功能、开放式、综合性方向发展的立体农业。它区别于传统的、主要集中在耕地经营的、单一的、平面的小农业。小农业是满足自给的自然经济，大农业是面对市场的有计划的商品经济"。[①] 后来，习近平总书记到浙江工作，"大农业"扶贫开发思路一以贯之并不断深化，并因应"大农业"发展要求，进一步提出"大农合"（大规模综合性多层次农村合作组织）、"大农政"（农业大部

[①] 中央农村工作领导小组办公室、浙江省农业和农村工作办公室：《习近平总书记"三农"思想在浙江的形成与实践》，《求是》2018年第5期。

门行政管理体制）发展思路，从适应扶贫开发工作的现实要求和顺应农业农村经济社会发展的长远历史趋势基础上，形成了逻辑连贯、系统完善、有机统一、协调联动的"大农业、大农合、大农政"三位一体的重要思想和宝贵实践。从农业农村经济社会发展逻辑看，没有"大农业"，难以实现农业产业化，难以适应市场化竞争环境，难以构建现代化农业产业体系，最终难以实现农民增收、脱贫致富；建设"大农业"，必须要有涉及信息、技术、服务、金融、供销等全方位、宽领域、多层次的"大农合"提供支撑，必然要求实行"大农政"予以保障。因此，"大农业、大农合、大农政"三位一体的思想和实践，既有现实需求的迫切性，又有逻辑发展的必然性。

典型案例 2：

在习近平总书记"大农业、大农合、大农政"三位一体思想指引下，浙江瑞安市把农村经营组织建设作为全面深化改革的突破点和创新点，围绕建设集成化、个性化、专业化、社会化的农村经营组织体系，在总结长期实践经验基础上，打破体制机制障碍，构建生产、供销、信用"三位一体"综合体，实现了农村经营组织体系的形态重塑、机构重塑和功能重塑。瑞安市按照"三位一体"构架，以"农有、农治、农享"为基本原则，构建了市级农合联、10个乡镇农合联和一批产业联盟的"1+10+N"农合组织体系，完善了"三位一体"构架组织体系，健全了运行机制，成立了"瑞安农协""兴民互助社""瑞安农保"等一批新型综合性、复合性、创新性农村经营合作组织，走出了一条生产、供销、信用全方位整合、全功能耦合、全领域融合的创新发展新路子。在"三位一体"农村经营合作组织的引领带动下，瑞安市依托18.8万亩农业特色产业基地，充分发挥以农业龙头企业、青创团队、农创客等为代表的新型农业经营主体示范辐射效应，形成包括1263家合作社、8.6万户农户的利益链接机制，实现农户人均收入2017年达到27903元，比改革前增长了近3倍。瑞安市"三位一体"农村经营合作组织改革受到农业农村部、浙江省等上级领导部门关注和认可，其先进经验和成功做法被写入2017年中央一号文件，作为典型案例在全国范围内宣传推广。

资料来源：刘彩玲：《探路"三位一体"十多年 "瑞安模式"领跑全国》，温州市人民政府网，2018年1月16日，http://www.wenzhou.gov.cn/art/2018/1/16/art_1217834_15175468.html，2019年5月19日。

三 "一二三产融合"——从现代化经济规律的现实要求来推进

产业扶贫是贫困地区实现稳定脱贫发展致富的关键和核心，是从根源上实现贫困治理的治本之策。我国大部分贫困地区产业基础很薄弱、产业结构不平衡、产业转型升级能力不强、产业带动经济社会发展能力不明显，具体表现为：第一产业是主导产业，种植业所占产业比重高，林业、牧业、副业在总产值中的占比较低，主要以传统农业为主，产业链条短，附加值不高，经济效益低，难以实现规模提升、效益增加；第二产业主要是外来扶贫项目帮扶，应急性、政策性项目较多，脱贫短期效益较为可观，但是存在依附性强、自身适应市场能力弱、内生动力缺乏等不足；第三产业规模小且分散，普遍存在"自保略余、辐射无力"的现象，对贫困人口就业吸附作用很低。总的来说，贫困地区第一、第二、第三产业之间相互独立、缺乏联动，均衡协调发展能力不强，从而造成贫困地区脱贫内生动力普遍缺乏、融入区域整体经济社会发展大局困难，因而扶贫难度大特别是稳定脱贫致富难度更大。同时，随着我国经济社会发展进入新常态，经济增长的农业主体产业（新业态）益贫性低，农业的规模经营和资金密集趋势也在逐步增强，通过劳动力转移、农业经营增收脱贫的局限性逐步明显，产业发展"单打独斗"局面越来越难以为继。

鉴于此，在精准扶贫精准脱贫实践中，依据贫困地区自身资源禀赋和独特比较优势，按照区域特色性、农户带动性、市场竞争性等原则，因地制宜选择区域特色产业，通过政策措施倾斜、财政资金扶持、项目规划优先兼顾等多种途径，重点培育对农户带动性强的农业龙头企业、农业专业合作社、种养大户等新型农业经营主体，健全完善新型农业经营主体与贫困农户的利益链接机制，大力推动一二三产业融合发展，增强区域经济社会发展能力，实现政府、企业和农户特别是贫困农户的共生共赢。

典型案例 3：

　　望江县地处皖西南边陲，皖鄂赣三省交界处，是全国新兴纺织产业基地县、农产品加工示范基地县、粮食生产大县、油料生产大县、优质棉生产出口基地县、生态网箱养鳝第一县。2011年，望江县被确定为国家连片特困地区大别山片区县，也是贫困革命老区县。在开展精准扶贫脱贫攻坚工作中，望江县牢牢抓住产业扶贫这个"牛鼻子"，根据贫困村、贫困户产业发展基础和资源环境条件，按照"产业规划覆盖到村、产业项目落实到户"的产业扶贫思路，深入推动"一村一品""一户一业"，探索出"产业+金融""扶贫驿站+扶贫车间+电商""订单型扶贫""抱团型扶贫""技能型扶贫""居家型扶贫"等多种扶贫模式，投入产业发展资金近5亿元，针对性设置到户产业项目8万多个，显著增加了贫困村村集体经济收入和贫困农户经济收入，成为安徽省、农业农村部宣传报道的先进典型。其中，以国家级重点龙头企业安徽联河集团为依托的"订单型扶贫"，在产业发展上采用"公司+农户+农技"的利益链接组织形式，在资金扶持上采用"小额信贷带资入股分红"的信贷融资方式，在人员参与上采用"贫困户优先使用"的扩大就业模式，签订定向稻米订单面积达8.6万亩，涉及农户1.9万户，其中建档立卡贫困户8268户，有效解决了当地贫困人口稳定脱贫、发展致富难题。联河扶贫模式入选农业部国家重点龙头企业扶贫典型案例。

　　资料来源：安徽省扶贫办：《望江县2016年脱贫攻坚第三方评估报告》。

四 "小康路上一个都不能少"——从共同富裕的本质特征来对待

　　打赢脱贫攻坚战，消除绝对贫困，实现现行标准下农村贫困人口全部脱贫、贫困县全部摘帽、解决区域性整体贫困，是全面建成小康社会的底线任务，也是实现共同富裕的内在要求。实践证明，精准扶贫精准脱贫的最后冲刺阶段，主要是解决贫困程度深、扶贫成本高、脱贫难度大的革命老区、民族地区、边境地区、集中连片特困地区等贫困问题。这些地区成为打赢脱贫攻坚战的主战场，需要集中全党全国全社会人力物力财力深度攻坚、持续攻坚和全面攻坚，见图4-1。

　　革命老区。习近平总书记对老区人民怀有深厚感情，始终挂念老区人民生产生活状况，特别是对老区贫困人口时刻牵挂、惦记在心。党的

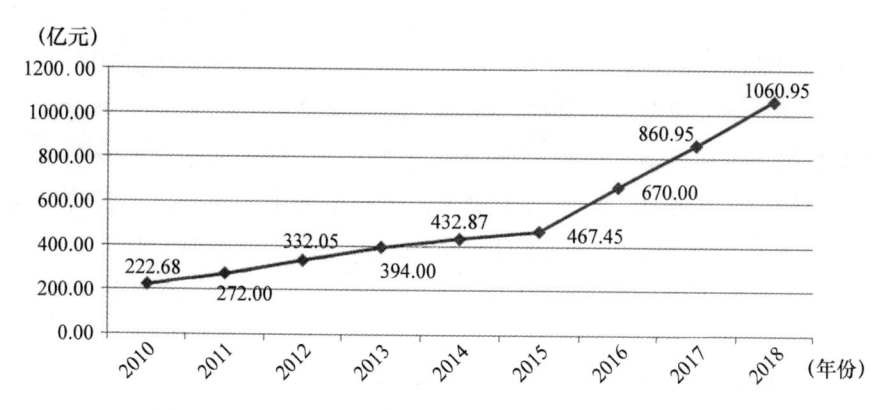

图 4-1　2010—2018 年中央财政专项扶贫资金投入情况

资料来源：国家统计局住户调查办公室：《中国农村贫困监测报告 2019》，中国统计出版社 2019 年版。

十八大以来，作为党和国家领导人，无论是山清水秀的福建古田，还是丛山巍巍的贵州遵义，或是黄土高原的陕西延安，抑或是丘陵地带的沂蒙山区，还有太行脚下的河北西柏坡，都留下了习近平总书记心系老区、访寒问贫、关注民生的脚步足迹。习近平总书记强调："我们实现第一个百年奋斗目标、全面建成小康社会，没有老区的全面小康，特别是没有老区贫困人口脱贫致富，那是不完整的。"[①] "加快老区发展步伐，做好老区扶贫开发工作，让老区农村贫困人口脱贫致富，使老区人民同全国人民一道进入全面小康社会，是我们党义不容辞的责任。"[②] 在 2020 年全面建成小康社会，首先是全国人民共建共享的小康社会，没有老区人民的小康，就没有全国人民的共同小康。因此，推动各类扶贫资源向革命老区倾斜，加快老区贫困人口脱贫致富步伐，既是精准扶贫精准脱贫工作的重要内容，也是一项十分重要的政治任务。

民族地区。习近平总书记特别重视民族地区贫困人口脱贫工作，在湖南省湘西土家族苗族自治州考察时首次提出"精准扶贫"理念，并多

[①] 中共中央党史和文献研究院编：《习近平扶贫论述摘编》，中央文献出版社 2018 年版，第 7 页。

[②] 中共中央党史和文献研究院编：《习近平扶贫论述摘编》，中央文献出版社 2018 年版，第 7 页。

次到民族地区走访调研，实地了解民族地区贫困状况以及精准扶贫精准脱贫进展情况，把民族地区贫困人口的脱贫致富当作国家经济社会发展中的一件大事要事急事抓紧抓细抓实。2013年2月，习近平总书记在甘肃临夏州东乡族自治县高山乡布楞沟村视察时"鼓励乡亲们要发扬自立自强精神，找准发展路子、苦干实干，改善生产生活条件，早日改变贫困面貌"。[①] 可以说，实现民族地区贫困群众全面脱贫，是打赢脱贫攻坚战的现实要求，也是维护民族团结的必然要求，更是推动东中西部协调发展的内在要求。

边境地区。边境地区在国家经济社会发展大局中具有特殊地位和特殊作用。因此，边境地区贫困人口的脱贫致富不仅事关全面建成小康社会全局，也事关国家边境地区的安全稳定大局，必须切实抓实抓好抓出成效。习近平总书记到边境地区考察时指出："要着眼于实现稳边安边兴边，综合考虑经济发展、边疆稳定、民族团结、周边安宁的需要，深入推进兴边富民行动，加强基础设施建设，加大精准扶贫力度，扶持特色产业发展，提高旅游开放水平，加大财税支持力度，实施差别化扶持政策，深化体制机制改革，发挥沿边重点地区对边境地区的辐射和带动作用。"[②] 按照习近平总书记的重要指示精神，党和国家相关部门结合边境地区自然环境条件、经济社会发展水平和扶贫开发工作实际，在基础设施建设投入上、在产业发展资金项目扶持上、在涉外交流合作政策上、在对外开放方位布局上，都给予边境地区相应倾斜照顾，加快改善边民生产生活条件，推动边境地区在国家全面对外开放大格局、发展高质量外向型经济体系中获得更多优势、利用更多条件、实现更大发展。

集中连片特困地区。按照《中国农村扶贫开发纲要（2011—2020年）》划定范围，将六盘山区、秦巴山区、武陵山区、乌蒙山区、滇桂黔石漠化区、滇西边境山区、大兴安岭南麓山区、燕山—太行山区、吕梁山区、大别山区、罗霄山区等区域的连片特困地区和已明确实施特殊政策的西藏、四省藏区、新疆南疆三地州，作为新时期扶贫攻坚主战场、脱贫攻坚"硬骨头"。这些区域性集中连片特困地区，涉及中西部多个

[①] 曹立、石霞主编：《小康路上一个不能少》，人民出版社2017年版，第39页。
[②] 慎海雄主编：《习近平改革开放思想研究》，人民出版社2018年版，第300页。

省市，是实现国家东中西区域之间平衡协调发展的重大制约因素，也是打赢脱贫攻坚战的"贫中之贫、困中之困、难中之难、坚中之坚"。为解决这些集中连片特困地区的贫困问题，党和国家通过政策倾斜、资金支持、项目帮扶等多种举措，着力解决这14个集中连片特困地区整体性贫困问题。为尽快改变集中连片特困地区相对落后滞后发展面貌、加快改善集中连片特困地区贫困群众生产生活条件，脱贫攻坚中，党和国家在重大基础设施建设、基础教育水平提升、健康扶贫工程等方面，进一步加大了对集中连片特困地区的政策支持和资金项目扶持，坚决啃下这块"硬骨头"，推动实现不同区域之间经济社会发展相互协调、相互融合，让全国各族人民在共建共享中有更多的获得感、幸福感和安全感。

典型案例4：

金寨县地处皖西大别山腹地，鄂豫皖三省交界处，是安徽省国土面积最大、山库区人口最多的县，也是全国著名的革命老区县。1986年金寨被列为全国331个重点贫困县之一，贫困人口48.03万，贫困发生率83%；2011年被确定为大别山片区扶贫攻坚重点县时，贫困人口19.3万，贫困发生率33.3%。2016年4月24日，习近平总书记亲临金寨视察，强调推进扶贫开发关键是要做到精准识别、精准施策、精准帮扶、精准脱贫，并对建档立卡、产业扶贫、兜底扶贫、教育扶贫等提出了明确要求。经过几年努力，金寨县贫困人口由2012年年底的17.48万减至2017年年底的4万，5年共完成脱贫人口13.48万，贫困发生率由2012年年底的30.08%降至2017年年底的6.79%，下降23.29个百分点，历史上首次降到个位数。目前，金寨县正认真贯彻落实习近平总书记关于"脱贫攻坚要更多关注2020年之后"的重要指示，积极推进脱贫攻坚"十个一"工程（发展"一亩田园"、开发"一个岗位"、管好"一座电站"、共享"一股红利"、开展"一项培训"、用好"一笔资金"、投放"一单保险"、提供"一份健康"、保障"一路畅通"、弘扬"一种精神"），保障所有脱贫户过上更加幸福美好的小康生活。

资料来源：金寨县人民政府：《金寨县2018年脱贫攻坚工作总结》。

五 "五级书记抓扶贫"——从党员干部的使命担当来落实

扶贫开发工作是一项系统性、综合性、社会性的重大工程，没有党的集中统一领导做保障,将难以组织实施和有效推进。从扶贫开发工作涵盖领域来看,涉及经济、政治、文化、社会、生态文明等五个主要方面,落实在经济社会发展的各个领域;从扶贫工作对象来看,贫困地区大多是自然环境恶劣、发展基础薄弱、交通信息闭塞、公共服务能力不足的农村落后地区,贫困人口都是贫困程度深、致贫原因复杂、自身发展能力弱的贫困群众;从扶贫工作现状来看,参与主体来源多元、投入资源种类繁多、组织协调任务繁重。就现实而言,打赢脱贫攻坚战,必须健全完善扶贫开发工作领导机制、组织机制、协调机制和运行机制,充分发挥各级党组织、党员领导干部的核心堡垒作用,确保脱贫攻坚既定目标任务如期完成、高质量完成。习近平总书记指出:"脱贫攻坚,加强领导是根本。必须坚持发挥各级党委总揽全局、协调各方的作用,落实脱贫攻坚一把手负责制,省市县乡村五级书记一起抓,为脱贫攻坚提供坚强政治保证。"① 因此,构建具有中国特色的贫困治理体制机制,必须始终坚持党的领导、政府主导、社会力量协同的扶贫格局,必须充分发挥社会主义制度集中力量办大事的政治优势、组织优势和体制优势,必须始终强化党员领导干部的政治责任、使命意识和担当作风,为打赢脱贫攻坚战奠定坚强的组织领导保障。

一是强化脱贫攻坚领导责任制。全面落实脱贫攻坚各级党委政府主体责任,围绕"人脱贫、村出列、县摘帽、解决区域性整体贫困"目标任务,严格实行党政一把手负总责的限期脱贫责任制,严格落实"五级书记抓扶贫",切实做到一级抓一级、层层抓落实。省(自治区、直辖市)党委政府对全省(自治区、直辖市)脱贫攻坚工作负总责,切实做好目标确定、上下衔接、域内协调、检查指导、督促考核等工作。市县(区)级党委政府是脱贫攻坚的责任主体,党政主要负责同志是第一责任人,负直接责任,认真做好对象核准、路径选择、进度安排、项目落地、资金使用、人力调配、推进实施等工作。贫困乡(镇)村两级严格做好调查摸底、信息核实等基础性工作,组织带领群众利用好扶贫政策、配置好扶贫资源、实施好扶贫项目。

---

① 中共中央党史和文献研究院编:《习近平扶贫论述摘编》,中央文献出版社2018版,第50页。

二是强化基层组织建设。基层党组织是党的组织力、号召力、凝聚力、影响力和战斗力的基础和关键，党员干部是做好精准扶贫精准脱贫工作的组织者、实践者、推动者和责任者。在精准扶贫精准脱贫工作中，始终强化基层党组织建设特别是村级党组织建设，直接关系到扶贫工作的部署落实情况和取得成效大小。因此，在组织建设上，健全完善基层组织设置，实现党的基层组织特别是村级党组织全覆盖、无盲区、没遗漏；在条件保障上，完善基层组织经费保障机制，重点做好组织活动经费、村办公经费、村干部报酬以及其他必要支出的配套保障工作；在人员配备上，选好第一书记"带头人"、配好基层两委班子人员、派好驻村工作队、定好帮扶责任人；在监督考核上，实行贫困村不出列、工作队不撤出，贫困户不脱贫、帮扶责任人不脱钩，持之以恒、久久为功，见实效、出实绩；在运行管理上，健全完善党组织领导的村民自治机制，深入推进党务公开、村务公开，注重发挥乡风民约重要作用，加快构建自治、德治、法治相结合的乡村治理体系。

三是强化扶贫开发队伍建设。建立与精准扶贫精准脱贫工作要求相适应的省、市、县、乡、村五级扶贫机构和队伍，充实加强各级扶贫开发工作力量，独立设置扶贫开发部门，有扶贫开发任务的乡镇设立扶贫工作站，扶贫开发任务重的村设扶贫专干，保障扶贫机构和人员工作经费，确保扶贫工作有效开展。同时，引导村内老党员、老干部、人大代表、退伍军人、经济文化能人等群体扎根本土，到乡村发挥余热、施展才能，并积极吸纳退伍军人、返乡创业农民工、大学生村官、退休养老乡贤等群体参与到贫困村、贫困户精准扶贫精准脱贫工作中，充分发挥这些人员的不同特长和独特优势，汇集更多智慧、更多力量、更多人才服务精准扶贫工作，实现宝贵人才资源从乡村流出再返回到乡村的良性循环，建立健全扶贫开发帮扶人才"下得去、留得住、干得好、流得动"的长效机制。

典型案例5：

利辛县位于安徽省西北部，国家级贫困县，大别山集中连片特困地区重点片区县，也是安徽省确定的九个深度贫困县之一。在精准扶贫精准脱贫工作中，利辛县坚持"党政同责、书记主抓"，明确县委书记、乡镇党委书记、村党组织书记是本地区脱贫攻坚的第一责任人，书记抓、抓书记，不脱贫不调整，不摘帽不调离，县、乡镇、村层层签订扶贫责任状，做到责任到人、任务上肩。县委班子率先垂范，坚持每次常委会都研究扶贫工作，县几套班子成员每人联系一个乡镇，并与贫困户结成对子。乡镇实行挂任双分管，从党政班子中明确一人分管扶贫工作，选派23名干部挂职担任乡镇专职扶贫副书记（副乡镇长）。建立县局、镇办、村站三级扶贫队伍，确保分级负责、各方协同、工作到村、责任到人。坚持抓党建促脱贫攻坚，把基层党建工作融入脱贫攻坚全过程，突出抓好农村基层党组织建设，筑牢基层战斗堡垒，构建以党建为引领、统筹推进扶贫工作的机制。注重发挥驻村扶贫工作队特别是选派第一书记（扶贫工作队长）"传帮带"作用，选优配强"领头雁"，结合谋划村"两委"换届，选拔培养村级后备干部1696人，形成梯队式人才储备，不断注入新鲜血液，打造"不走的扶贫工作队"。

资料来源：安徽省扶贫办：《利辛县2017年脱贫攻坚第三方评估报告》。

第二节　新时代精准扶贫精准脱贫基本方略的理论创新

习近平总书记深刻指出"马克思主义揭示了人类社会历史发展的规律，其基本原理特别是它的世界观和方法论，是我们认识世界、改造世界的强大理论武器"[1]，强调"掌握马克思主义，最重要的是掌握它的精神实质，运用它的立场、观点、方法和基本原理分析解决实际问题"[2]，要求"坚持马克思主义，坚持社会主义，一定要有发展的观点，一定要以我国改革开放和现代化建设的实际问题、以我们正在做的事情为中心，着眼于马克思主义理论的运用，着眼于对实际问题的理论思考，着眼于

---

[1] 习近平：《干在实处　走在前列——推进浙江新发展的思考与实践》，中共中央党校出版社2006年版，第312页。

[2] 肖巍、顾钰民主编：《当代中国马克思主义研究报告（2011—2012）——核心价值与意识形态建设》，人民出版社2013年版，第14页。

新的实践和新的发展"①。在继承发展马克思主义反贫困理论基础上，在深刻总结和凝练升华我国长期扶贫开发工作实践经验中，在参考比照和借鉴吸收国外反贫困路径模式重要启示下，围绕中国特色社会主义新时代"开展什么样的扶贫开发工作，怎样开展扶贫开发工作"这一重大时代课题，习近平总书记深刻阐述了新时代精准扶贫精准脱贫基本方略的丰富内涵、精神实质和实践要求，对马克思主义理论创新做出原创性贡献。

一 彰显和深化了马克思主义辩证思维方法

唯物辩证法是马克思主义根本思维方法和重要思想方法，是马克思主义不断创新、不断发展、不断完善的"历史密钥"。唯物辩证法认为，事物是普遍联系的，也是始终运动变化不断发展的，要从客观事物的内在联系、运动变化中去认识事物、把握规律，去分析问题、处理矛盾。只有认识清、把握准、处理好现象与本质、特殊与普遍、局部与整体、当前与长远的辩证关系，才能妥善处理我国精准扶贫精准脱贫实践中诸多重大关系，打赢脱贫攻坚战，实现贫困地区贫困人口全面脱贫。新时代精准扶贫精准脱贫基本方略立足我国长期扶贫开发实践，在指导脱贫攻坚中注重协调普遍性与特殊性关系、注重发挥内因与外因共同作用、注重统筹物质利益与精神鼓励互促互动、注重实干苦干与能干会干有机结合，进一步彰显和深化了马克思主义辩证思维方法。

一是确保如期脱贫与实现长期致富相结合。唯物辩证法认为，矛盾具有普遍性和特殊性，不同事物具有不同矛盾，矛盾的特殊性规定了事物的特殊本质，具体问题具体分析是马克思主义活的灵魂，也是新时代精准扶贫精准脱贫基本方略的哲学思想基础。不同贫困地区、不同贫困人口，致贫原因各不相同，表现出矛盾的特殊性。精准扶贫精准脱贫就是对扶贫对象实行精细化管理、对扶贫资源实行精确化配置、对扶贫对象实行精准化扶持，确保扶贫资源真正用在扶贫对象身上、真正用在贫困地区。因此，精准扶贫精准脱贫工作采取具体问题具体分析的应对举

---

① 中共中央文献研究室编：《十八大以来重要文献选编》（上），中央文献出版社2014年版，第114页。

措，因地制宜、因人施策、一人一策，针对性帮扶、个性化帮扶，确保能够"对症下药""挖穷根""治穷病"，早脱贫、脱真贫。同时，在脱贫攻坚实践中，用发展的眼光、长远的视角看待贫困地区、贫困人口的贫困现象，在深入细致、系统全面查找致贫根源基础上，注重大力解决造成贫困问题的核心关键因素，着眼部署安排能够有效增强贫困地区自我发展能力、实现贫困人口稳定脱贫致富的基础性、针对性和战略性措施，将如期脱贫与长期致富高度对接、协同链接、有机统一，从致贫根源上解决贫困地区、贫困人口的贫困问题。

二是强化外部扶持与激发内生动力相结合。事物运动变化发展的客观规律揭示，外因是事物发展变化的外在依据和重要因素，内因才是事物发展变化的根本力量和决定因素。脱贫攻坚工作要把握好用好外力、激发内力的关系，贫困地区贫困人口如果自身不努力、不作为，仅仅依靠外力帮扶是难以脱贫致富的，必须内外力同时发力、同向发力、形成合力。因此，精准扶贫精准脱贫工作一方面强调扶贫开发是全社会的共同责任，需要政府、社会和市场协同推进，形成专项扶贫、行业扶贫、社会扶贫"三位一体"扶贫开发大格局；另一方面，强化对贫困地区基础设施建设、贫困村公共服务资源、贫困人口生产生活条件等方面的投入和帮扶，增强贫困地区、贫困村、贫困人口自我发展能力，激发内生动力，营造"造血功能"，培植内生性、源生性脱贫致富活力动力，实现稳定脱贫、共同致富。

三是提供物质帮助和注重精神帮扶相结合。习近平总书记指出："脱贫致富终究要靠贫困群众用自己的辛勤劳动来实现。要尊重扶贫对象主体地位，各类扶贫项目和扶贫活动都要紧紧围绕群众需求来进行，支持贫困群众探索创新扶贫方式方法。"[①] 物质帮助是脱贫攻坚的基础和前提，但不是脱贫攻坚的唯一和全部，改变贫困地区、贫困村、贫困户的贫穷落后面貌，必须物质帮助和精神帮扶两个层面相互作用、共同发力。鉴于此，精准扶贫精准脱贫工作从物质帮助和精神帮扶相结合的角度，既实现物质帮助上精准对接、针对性扶持，又根据不同贫困人口的具体

---

① 中共中央党史和文献研究院编：《习近平扶贫论述摘编》，中央文献出版社2018年版，第136页。

情况加强"扶志""扶智",既解决了贫困地区、贫困村和贫困人口生产生活领域的物质贫困,又激发了扶贫对象主动参与、积极脱贫、早日致富的精神动力,在精准扶贫精准脱贫实践中实现全面性扶贫、多维度脱贫。

四是发挥主观能动性与尊重客观扶贫规律相结合。人是社会活动的历史主体,是实践活动的主导力量。习近平总书记强调:"贫困群众是扶贫攻坚的对象,更是脱贫致富的主体。党和政府有责任帮助贫困群众致富,但不能大包大揽。不然就是花了很多精力和投入暂时搞上去了,也不能持久。"[①] 脱贫攻坚是一个综合性、系统性、联动性、整体性的重大社会工程,涉及经济社会发展的各个领域,涉及社会主体的方方面面,既要注重发挥全体社会成员的积极性、主动性和创造性,坚定"真扶贫、扶真贫、脱真贫"的扶贫思想理念,做到实干苦干,也要尊重客观扶贫规律,在贫困成因上下功夫,通过改变规律发生的前提条件进而充分利用客观规律,积极改变导致贫困发生的因素,除弊兴利,化害为利,变被动为主动,做到能干会干、苦干巧干、循序渐进、按图索骥,稳抓稳打、有序推进。

二 继承和创新了马克思主义农民合作化思想

马克思主义认为,在尊重农民个人意愿基础上,通过示范引导、典型带动、互助帮扶等形式动员组织农民实现大规模合作劳动,走农民合作化道路,从而完成社会主义改造,进行社会主义建设,并为最终实现共产主义奠定坚实基础。这一农民合作化指导思想,为在社会主义条件下密切工农联盟关系、推动城乡融合发展、推进区域协调联动、逐步实现共同富裕指明了方向。农为邦本,本固邦宁。农业发展走什么样一条道路、农村基层生产经营体制朝什么方向深化改革、农民增收致富的路径模式如何拓展优化,这些都是关系到我国农业农村长远发展的重大现实问题和重要战略问题。对于这些问题的深刻思考和科学回答,决定着我国农业农村工作的发展全局,决定着乡村全面振兴的长远愿景,也决定着精准扶贫精准脱贫工作的质量成色。

---

① 中共中央党史和文献研究院编:《习近平扶贫论述摘编》,中央文献出版社2018年版,第134页。

在马克思主义农民合作化思想指引下,我国经过长期实践探索和经验总结,对农民合作化思想的认识不断深化,对农民合作化实现形式的探索不断深入,尊重基层广大农民意愿进行农村生产关系调整变革、稳妥推进农村基本经营制度改革、解放和发展农村社会生产力,推动农业农村农民工作实现了历史性发展、取得了历史性成就、发生了历史性变化。特别是在脱贫攻坚中,紧紧抓住产业脱贫这个"牛鼻子",围绕"实现小农业与现代农业有机链接、实现贫困农户与新型农业经营主体利益耦合"这个"总开关",推动实施"发展大农业"这个"助推器",在稳步实现既定脱贫目标任务基础上,为乡村全面振兴打下了良好现实发展基础。

就精准扶贫精准脱贫而言,精准扶贫精准脱贫着眼的是农村"贫中之贫、困中之困、难中之难、坚中之坚",单靠市场化方式难以有效实现贫困地区、贫困村和贫困人口的脱贫致富,因为贫困地区、贫困村和贫困人口往往处于市场化竞争低端,不具有较强社会化市场竞争力,只有将贫困农户组织起来,走组织化的农村市场化道路,才能使分散经营的贫困农户形成较强的竞争聚合力,才能"使农民尽快安全、顺利地进入国内外市场,并能够有效地降低进入市场的成本,提高农产品的市场竞争力、市场占有率","要提高扶贫措施有效性,核心是因地制宜、因人因户因村施策,突出产业扶贫,提高组织化程度,培育带动贫困人口脱贫的经济实体。"[①] 鉴于此,习近平总书记提出走中国特色农业现代化道路,建立新型合作经济联合组织,探索农民专业合作、供销合作、信用合作"三位一体"并兼有金融、流通、科技多功能于一身的新型合作化模式,实现贫困地区、贫困村和贫困人口既能享受政府社会的"公益性福利",又能增强自身发展能力获得市场化竞争的"发展性红利"。可以说,探索完善新型农业合作化模式,实现小农户与现代农业有效衔接,提升农业产业化、组织化、社会化和市场化水平,既有精准扶贫精准脱贫现实需求的迫切性,又有实现乡村全面振兴长远发展的必然性。

三 丰富和拓展了马克思主义政治经济学理论

马克思主义政治经济学是马克思主义三个主要有机组成部分之一,

---

① 陈林:《习近平的三农情怀中国梦》,《当代中国政治研究报告》2014年第12期。

是考察和分析经济社会现象的"望远镜""显微镜"和"指南针",是推进社会主义现代化建设的重要指引,是增进人民福祉、持续改善民生的基本遵循。马克思主义政治经济学具有科学性、时代性、开放性的理论特质和理论品格,要求我们学习好、研究好、运用好马克思主义政治经济学基本原理和重要方法论,并根据新的时代特征和实践需求,进行创新性转化和创造性发展,不断彰显马克思主义政治经济学的真理价值和时代特征,不断赋予其新的生机活力和时代内涵。

习近平总书记指出:"党的十八届五中全会鲜明提出要坚持以人民为中心的发展思想,把增进人民福祉、促进人的全面发展、朝着共同富裕方向稳步前进作为经济发展的出发点和落脚点。这一点,我们任何时候都不能忘记,部署经济工作、制定经济政策、推动经济发展都要牢牢坚持这个根本立场。"[①] 习近平总书记强调:"坚持以人民为中心的发展思想。发展为了人民,这是马克思主义政治经济学的根本立场。"[②] 实践证明,我们党在丰富和发展马克思主义政治经济学理论和实践进程中,始终坚持"发展为了人民、发展依靠人民、发展成果由人民共享"这一根本原则,深刻体现了社会主义社会的本质特征和社会主义市场经济发展的根本目的,集中体现了马克思主义政治经济学的内在要求。无论条件、环境如何改变,"为什么人发展、由什么人享有"这一核心本质问题,从来没有改变,也绝不会改变。

习近平总书记多次指出:"消除贫困、改善民生、实现共同富裕,是社会主义的本质要求。"[③] 精准扶贫精准脱贫作为全面建成小康社会的底线任务,既强调"全民共享"又突出"全民共建",立足补齐强化农业农村发展这个短板弱项,着力推动发展成果更多更公平惠及全体社会成员,体现了人民利益实现的全民性和针对性,反映了"以人民为中心"的价值取向,是维护和发展人民利益的重要举措,是全心全意为人民服务宗旨的重大实践,是"让人民有更多的获得感"的直接体现,在新时

[①] 中共中央党史和文献研究院等编:《习近平关于"不忘初心、牢记使命"论述摘编》,党建读物出版社、中央文献出版社2019年版,第135页。
[②] 习近平:《论坚持全面深化改革》,中央文献出版社2018年版,第187—188页。
[③] 中共中央党史和文献研究院编:《习近平扶贫论述摘编》,中央文献出版社2018年版,第3页。

代新时期新阶段深化拓展了对"以人民为中心"这一马克思主义政治经济学根本立场和内在本质的理性认识和理论思考。

为了实现发展成果"全民共建共享""小康路上不落一人""共同富裕一个不少",在打赢脱贫攻坚战中,习近平总书记明确提出要围绕农村一二三产业融合发展,构建乡村产业体系,实现产业兴旺,把产业发展落到促进农民增收上来,全力以赴消除农村贫困,推动乡村生活富裕,使得包括贫困群众在内的全体社会成员更有获得感、幸福感和安全感。

四 坚持和发展了马克思主义群众路线理论

马克思主义是无产阶级和广大劳动人民获得自身解放的锐利思想武器。马克思主义全部理论和实践主题都是围绕"人自由而全面发展"展开、实践、深化、拓展和创新的,这是马克思主义的本质理论属性和核心价值取向。历史唯物主义昭示我们,人民是历史的主人,群众是真正的英雄。以马克思主义作为指导思想的无产阶级政党,始终坚持把群众观点和群众路线作为根本立场观点和根本工作路线,全心全意为人民谋利益、为人民谋发展、为人民谋幸福;始终坚守历史唯物主义原则立场,始终坚持无产阶级政党阶级属性,始终代表最广大人民群众根本利益,始终做到立党为公、执政为民,始终践行"以人民为中心"部署落实全部工作,把马克思主义群众路线落实到工作实践中、细化在工作部署上、体现在工作实绩里。

习近平总书记指出:"我们要始终把人民立场作为根本立场,把为人民谋幸福作为根本使命,坚持全心全意为人民服务的根本宗旨,贯彻群众路线,尊重人民主体地位和首创精神,始终保持同人民群众的血肉联系,凝聚起众志成城的磅礴力量,团结带领人民共同创造历史伟业。"[①] 对于中国共产党而言,作为无产阶级政党,除了最广大人民的根本利益,我们党没有自身特殊利益,没有"小团体"固有利益格局和现实利益考量,唯有做好人民"勤务员"、当好人民"公仆"的职责担

[①] 习近平:《在纪念马克思诞辰200周年大会上的讲话》,人民出版社2018年版,第17页。

当和使命要求。为人民谋利益、谋发展、谋幸福,就要多兴民利、多为民事、多解民忧。打赢以精准扶贫精准脱贫为基本方略的脱贫攻坚战,就是马克思主义群众观点、群众路线和群众方法在扶贫领域中的创造性实践、创新性发展。习近平总书记指出:"解决好'扶持谁'的问题。……要把贫困人口、贫困程度、致贫原因等搞清楚,以便做到因户施策、因人施策。"① 解决"扶持谁"的问题,必然要求"扶持对象精准",必然在具体工作内容中体现为精准识别和精准管理,这正是党的"从群众中来到群众中去"群众路线的生动体现和拓展升华,实现了党的群众路线理论的新运用、新发展、新创新。

五 深化和完善了马克思主义党建理论

习近平总书记指出:"学习马克思,就要学习和实践马克思主义关于马克思主义政党建设的思想。马克思认为,'在无产阶级和资产阶级的斗争所经历的各个发展阶段上,共产党人始终代表整个运动的利益'……'为绝大多数人谋利益',为建设共产主义社会而奋斗……始终同人民在一起,为人民利益而奋斗,是马克思主义政党同其他政党的根本区别。"② 为解决"贫中之贫、困中之困、难中之难、坚中之坚"的深度贫困问题,党的十八大以来,以习近平同志为核心的党中央通过思想动员凝聚贫困治理共识、通过组织动员凝聚贫困治理力量、通过"志智双扶"激发脱贫攻坚内在动力,充分发挥党员领导干部在精准扶贫精准脱贫工作中的核心引领作用,充分发挥基层党组织特别是农村党组织在脱贫攻坚中的战斗堡垒作用,实现了党的建设和精准扶贫精准脱贫工作的双向互动、有机统一和深度融合,创造性提出和实践了党建扶贫模式,实现了马克思主义党建理论在新时代精准扶贫精准脱贫工作中的创新性发展。

一是实行五级书记抓扶贫,强化领导干部实干苦干意识。精准扶贫精准脱贫,加强党的领导是根本,强化领导干部担当是关键。打赢脱贫

---

① 中共中央党史和文献研究院编:《习近平扶贫论述摘编》,中央文献出版社2018年版,第63页。

② 习近平:《在纪念马克思诞辰200周年大会上的讲话》,人民出版社2018年版,第23页。

攻坚战、实现脱贫攻坚目标任务，是我们党向全国人民做出的庄严承诺，是我们党向全世界做出的郑重宣誓。党中央要求各省区市党政一把手向中央签订脱贫攻坚军令状，每年向党中央报告脱贫攻坚进展情况，作为对各省区市党委和政府脱贫攻坚工作成效考核的重要依据，成为党的十八大以来唯一一项要求严、责任大、强问责的工作部署安排。因此，在精准扶贫精准脱贫工作中，按照中央统筹、省负总责、市县抓落实的工作机制，始终坚持发挥各级党委总揽全局、协调各方的领导核心作用，坚决落实脱贫攻坚一把手负责制，实行省市县乡村五级书记一起抓扶贫，层层压实责任，级级传导压力，为精准扶贫精准脱贫提供了坚强政治保证。同时，各级党政干部特别是一把手以高度的历史使命感、政治责任感亲力亲为抓精准扶贫精准脱贫，在脱贫攻坚期内保持了贫困县县级党政正职干部队伍稳定，提高减贫、民生、生态方面考核指标权重，推动县级党政主要领导集中精力开展脱贫攻坚工作，严格做到不脱贫不摘帽不调整。

二是创新基层组织设置，发挥党支部战斗堡垒作用。党的基层组织特别是农村基层党组织是党在农村全部工作和战斗力的基础，是贯彻落实党的扶贫开发工作部署安排的战斗堡垒。在精准扶贫精准脱贫实践中，党中央要求各级党委注重把扶贫开发工作同基层组织建设有机结合起来，抓好以农村党组织为核心的村级组织配套建设，把基层党组织建设成为带领乡亲脱贫致富、维护社会稳定、发展经济、改善民生的战斗堡垒。按照"扶贫开发，要给钱给物，更要建个好支部"原则和思路，选好配强村级领导班子，鼓励和选派思想好、作风正、能力强、愿意为群众服务的优秀年轻干部、退伍军人、高校毕业生到贫困村工作，根据贫困村的实际需求精准选配第一书记、精准选派驻村工作队，严格做到每个贫困村都有驻村工作队、每个贫困户都有帮扶责任人，打造一支留得住、能战斗、带不走的扶贫人才队伍。同时，主动适应社会分层日益复杂、人员流动日益频繁、新型农村经济组织日益增多等新形势新要求，根据资源配置现实需求，积极探索基层党组织设置模式，将"党支部建在产业链上"。比如，按照"一村一品""一户一策"等产业扶贫要求，在蔬菜种植、特色养殖、传统手工艺品制作、乡村旅游、农村电商等产业中建立党组织，通过党组织引领发展壮大地方特色扶贫产业，实现党的建设与产业发展有机契合、高度联合和深度融合；根据贫困户致贫原因，开展贫困人口与种养大户、致富带头人、产业合作社负责人等结对帮扶活动，组建"支部＋种养大户/致富带头人/产业合作社负责人＋贫困户"扶贫互助型党组织，充分发挥党组织的组织力、影响力、号召力、凝聚力和战斗力。

三是优化党员队伍结构，提供脱贫攻坚人才支撑。实施精准扶贫精准脱贫，打赢脱贫攻坚战，关键在人，落实在人，主要表现在人的观念、能力和干劲上，集中体现在人才的支撑引领作用上，而贫困地区最缺乏的往往是各类人才特别是大量乡土型实用人才。近年来，按照党中央指示要求和部署安排，各地各单位结合自身情况，向贫困地区贫困村选派了大批干部和专业人才，较大程度上缓解了贫困地区人才支撑力度不够的长期性问题，有效帮助了贫困地区贫困村积极发展集体经济、细化安排扶贫资金项目、推动地方经济社会发展，进一步增强了贫困群众自我发展脱贫致富的能力。但从长远看，无论怎么加强外部人才支持，选派人数都是有限的，全面实现内生性、根源性脱贫致富，关键还是要靠本地干部队伍和就地培养各类乡土实用人才。因此，各地各单位在积极选派干部人才开展驻村帮扶的同时，大力吸引社会上各类人才参与精准扶贫精准脱贫和乡村全面振兴，鼓励大学生、退伍军人、在外务工经商人员、退休乡贤等本土人才返乡担任村干部和创新创业领头人，不断优化基层党组织党员队伍结构，为脱贫攻坚提供有力人才支撑。

总的来说，新时代精准扶贫精准脱贫基本方略以其严密的逻辑思维、丰富的内涵体系和精准的执行要求，具有强烈的针对性、社会性、现实性和实践性，对马克思主义理论创新做出了原创性贡献，是习近平新时代中国特色社会主义思想在中国特色减贫道路的全面运用，在全面打赢脱贫攻坚伟大战役中彰显时代价值和绽放真理光芒。

第五章

新时代精准扶贫精准脱贫基本方略的时代新命题、新理念和新举措

党的十八大以来，我国扶贫开发工作进入打赢脱贫攻坚战新阶段，消除绝对贫困、解决区域性整体贫困问题面临的困难和压力前所未有、世所罕见。在继承马克思主义反贫困理论基础上，在系统总结中国扶贫开发长期经验中，在精准扶贫精准脱贫实践中，新时代精准扶贫精准脱贫基本方略应时而生，为新时代开展扶贫开发工作提供了重要的理论指引和实践指导，为我国扶贫开发工作取得历史性成就奠定了重要思想基础。2020年实现以"两不愁三保障"为标准的脱贫攻坚目标任务，是我国几千年历史上首次解决绝对贫困问题，在中华民族发展史和人类减贫史上书写了浓墨重彩的一笔。

凡是过往，皆为序章。唯物辩证法告诉我们，矛盾无处不在，矛盾无时不有，解决了现有矛盾，新的矛盾又将会出现。在看到已有巨大成就的同时，我们必须清醒地认识到，2020年实现既定脱贫攻坚目标任务，并不意味着我们已经一劳永逸地解决了贫困问题，并不意味着我们可以一了百了不再面对贫困现象。"未雨绸缪早当先，居安思危谋长远。"中国特色社会主义进入新时代，我国发展已站在新的历史方位，难以预见的风险挑战将会不断显现甚至交织叠见，2020年后的反贫困工作将会面临一系列新任务新难题新变化，新时代精准扶贫精准脱贫基本方略也将迎来时代新命题。

第一节　着力解决精准扶贫精准脱贫新命题

我国精准扶贫精准脱贫工作在理论上实现了创新性新发展，在实践上取得了历史性新成就，但于形势的发展、事业的开拓和人民的期待而言，仍面临一系列新任务新难题新变化，这也是要着力解决的精准扶贫精准脱贫新命题。

一　研究宣传新时代精准扶贫精准脱贫基本方略，深化中国特色反贫困理论

时代是思想之母，实践是理论之源。党的十八大以来，我国扶贫开发工作进入打赢脱贫攻坚战新阶段，既面临着国家整体实力不断提升、扶贫开发工作资源条件不断改善、社会扶贫力量不断集聚的有利条件，也面临着贫困人口贫困程度深、致贫原因复杂、自身发展能力弱、脱贫易返贫等贫困新问题和工作新压力。在继承马克思主义反贫困理论基础上，在系统总结中国扶贫开发长期经验中，在精准扶贫精准脱贫伟大实践中，新时代精准扶贫精准脱贫基本方略应时而生，为新时代开展扶贫开发工作提供了重要的理论指引和实践指导。比如，新时代精准扶贫精准脱贫基本方略中"真扶贫、扶真贫、脱真贫"的理念要求，为脱贫攻坚阶段的扶贫开发工作明确了总体目标；"六个精准"的系统论述，为扶贫工作方式转变明确了基本方向；"五个一批"的路径安排，为扶贫开发工作指明了重点任务；"扶持谁""谁来扶""怎么扶""如何退"的深刻阐述，为扶贫开发体制机制创新提供了根本指导。

在新时代精准扶贫精准脱贫基本方略指引下，我国脱贫攻坚工作取得了巨大成效，为国际反贫困事业贡献了中国力量，为广大发展中国家开展减贫脱贫工作提供了中国方案。对于新时代精准扶贫精准脱贫基本方略这一中国特色反贫困理论，需要进一步挖掘梳理、系统总结和丰富完善，通过多种渠道，采用不同形式，依托不同载体，加大舆论宣传力度，讲好中国精准扶贫精准脱贫故事，不断彰显新时代精准扶贫精准脱贫基本方略的内生性、系统性、现实性、社会性和实践性，不断彰显新时代精准扶贫精准脱贫基本方略的理论指导和实践指南作用，不断彰显新时代精准扶贫精准脱贫基本方略的重要时代价值和深远历史意义。比如，总结提炼、凝练升华打赢脱贫攻坚战孕育的伟大精神和时代价值，丰富社会主义核心价值观的表达形式和载体平台，不断增强"四个自信"的现实支撑；广泛宣传新时代精准扶贫精准脱贫基本方略的丰富实践，集中报道各地脱贫攻坚典型案例，增强打赢脱贫攻坚战舆论报道的叙事性、生活性和群众性；大力宣传精准扶贫精准脱贫工作中涌现的各类代表性典型人物和先进群体，积极树立全民学习的榜样模范，广泛弘扬积极健康、昂扬向上、奋发有为的社会主旋律和主流价值观；积极开展贫困治理国际化交流合作，主动推介中国反贫困典型做法、成熟经验和辉煌成就，提高中国贫困治理实践的认可度、影响力和辐射力。

二 系统谋划未来反贫困新课题，拓展中国特色减贫道路

历史与现实反复证明，反贫困只有进行时，没有完成时，绝对贫困可以努力消除，但相对贫困将长期存在。随着我国全面建成小康社会顺利实现，精准扶贫精准脱贫迎来如期完成脱贫攻坚目标任务的重大胜利，消除绝对贫困、解决区域性整体贫困成为我国扶贫开发的重要历史节点。面向2020年到2035年基本实现社会主义现代化的宏伟目标，展望2035年到本世纪中叶建设富强民主文明和谐美丽社会主义现代化强国的美好前景，超前谋划、前瞻思考、系统梳理今后一段时期中国特色减贫道路的特点、难点和重点，既是工作应然、形势使然，也是历史必然。

根据现有扶贫工作实践以及国外反贫困历史经验来看，2020年后我国反贫困事业将主要呈现以下四个新特征新趋势：在反贫困目标上，将从主要解决"两不愁三保障"等基本生活问题转向共建共享改革发展成果、更好满足"美好生活需要"；在反贫困重点上，将从主要解决绝对贫困问题转向着手解决相对贫困矛盾；在反贫困方式上，将从主要依靠党和政府支持帮扶转向重点培养帮扶对象自我发展能力；在反贫困类型上，将从主要解决生存性贫困问题转向更加关注发展性贫困难题。这四个新特征、四大新转变，在我国扶贫开发历史上具有里程碑意义和划时代影响。首先，这意味着我国扶贫开发上升到新高度，从一直以来着手解决"绝对贫困"顽瘴痼疾提升到系统解决"相对贫困"社会现象，实现了从更高起点、按更高水准和以更高要求来思考谋划扶贫开发工作；其次，这意味着我国扶贫开发标准上升到新高度，从一直以来全力保障"基本生活需求"提升到努力实现"美好生活需要"，实现了更加多元、更加多维、更加多样评估评判扶贫开发工作；最后，这意味着我国扶贫开发目标上升到新高度，从一直以来围绕破解"生存性贫困"难题提升到统筹协调"发展性贫困"矛盾，实现了更高质量、更好成色、更多内质部署安排扶贫开发工作。

第二节 树立践行精准扶贫精准脱贫新理念

理论是实践的先导，理念是行动的指南。有什么样的发展理念，必然会引领什么样的发展形态。党的十八大以来，中国特色社会主义进入了新时代，我国经济社会发展站在新的历史起点，中国发展面临的国内外环境条件也发生了深刻变化，这对新时代我国经济社会发展的思路理念、目标定位、战略布局、方针政策等都提出了新要求，特别是对我国原有的发展理念、发展方向、发展目标、发展路径、发展举措、发展动力提出了新挑战。因此，在党的十八届五中全会上，党和国家提出了"创新、协调、绿色、开放、共享"五大发展理念，要求将五大发展理念落实到我国经济社会发展全过程、体现在工作部署安排各方面、融入于"美好生活需要"各领域。五大发展理念将是今后很长一段时期引领指导我国经济社会发展的根本遵循和基本要求。也就是说，落实党和国家部署安排的一切工作，都要把五大发展理念作为想问题、做决策、办事情的基本逻辑出发点。精准扶贫精准脱贫工作，也必然要在实践中积极贯彻五大发展理念、鲜明彰显五大发展理念、全面落实五大发展理念。

一 注重创新引领，激发人才科技发展动力

创新驱动是源生性、内生性、持续性动力，而人才科技又是创新驱动的核心要素。无论是打赢脱贫攻坚战，还是在解决生存性贫困问题基

础上加大破解发展性贫困问题力度,从根本上来说,都是要改变农业农村相对落后面貌、拉长农业这条短腿、补齐农村这块短板,都是要通过发展主导产业和特色产业支撑区域经济社会发展。而这一切,都需要坚实的人才支持和有力的科技支撑。因此,2020年后以精准扶贫精准脱贫理念引领的反贫困工作,不能就贫困言贫困,要站在区域经济社会发展全局高度,坚持把创新作为发展基点,按照发展现代产业、建设现代化产业经济体系的客观形势和现实要求,深入推进理论创新、制度创新、科技创新、文化创新等各方面创新,强化人才科技支撑引领作用,重点围绕区域主导产业和特色产业转型升级、提质增效的共性关键技术,完善以重大需求为导向的产学研合作研发机制,建立与区域全产业链相配套的技术支撑体系,更加注重增强区域绿色兴农、质量兴农和"三生"空间优化的创新能力,为实现区域整体转型升级培育创新基因、厚植创新基础、拓展创新优势。比如,在种业培育和生物技术领域,我们要持续加大基础研发投入力度、不断加强技术成果转移转化力度,着眼于国家农业发展的重大战略需求和农业产业链条中关键核心技术受制于人的"卡脖子"现实,集聚各种力量,汇集各方智慧,集中攻关,重点攻关,争取取得一批有利于确保国家粮食安全、维护国家生物技术安全、助推农业发展转型升级的新技术新成果新产品,为开创农业农村发展新局面贡献力量。

二 注重协调引领,形成有机联动发展态势

从前期精准扶贫精准脱贫实践来看,地方各级政府按照"五个一批"扶贫路径,对不同贫困地区、贫困村和贫困人口采取针对性帮扶举措,取得了明显成效。但是,应该看到,在帮扶政策措施中,有不少是带有应急性色彩的短期行为,表现在解决现有贫困问题的资源条件配置与脱贫后发展致富的现实需求关联度不高、联动性不强,没有完全将精准扶贫精准脱贫工作与其他经济社会发展部署安排相对接、相耦合、相链接,没有与其他发展举措形成协调联动、双向互动、相互发力的局面态势。因此,2020年后以精准扶贫精准脱贫理念引领的反贫困工作,要更加强化协调联动,具体要做到三个方面:在运行机制上要协调,完善组织管理体系,整合各类资源,协调各方行动,形成共同合力,发挥联

合机制优势；在横向关系上要协调，实现反贫困工作与国家重大发展战略相衔接，与政府相关公益性职能要求相衔接、与市场化机制配置作用相衔接，有机融入整个国家经济社会发展大局；目标任务与发展大势相协调，反贫困的最终目的是贫困人口脱贫后能够与社会其他成员一道共享发展机会、共享发展成果、共享美好生活，因此要注重把帮扶举措与增强贫困人口自身发展能力、获得发展平台、把握发展机遇相协调，体现工作的整体性、系统性和协同性。

三 注重绿色引领，彰显生态文明发展方向

天蓝地绿、海晏河清，是中华民族永续发展的基本前提和基础条件。没有良好的生态文明，一切经济社会发展成果都将失去本质意义，难以为全体社会成员带来美好生活。从我国区域经济社会发展现状来看，贫困地区、贫困村和贫困人口基本位于中西部自然环境较差、基本公共服务不足、交通信息相对闭塞的落后地区，由于种种复杂原因，导致贫困发生率较东部发达地区高出许多。但是，事情总有两面性，特别是当前党和国家对地方经济社会发展秉持的基本原则就是要求各地因地制宜谋划推动发展、实行差异化发展、完善国土空间开发格局。中西部一些落后地区往往是生态环境敏感区域、脆弱区域，资源环境承载力较弱，在推动经济社会发展、开展精准扶贫精准脱贫工作中，必须时时以绿色发展理念引领各项工作部署安排，尤其要注意保护生态环境和加强生态环境修复，绝不能要了"金山银山"而丢了"绿水青山"。同时，以绿色发展理念来指导反贫困工作，也绝不是说面对自然资源、生态环境无所事事、毫无作为，而是要把绿色发展理念转化为绿色收益、绿色实惠、绿色产业、绿色经济，不仅让中西部贫困人口能够享受到保护环境、保护生态、修复生态带来的实实在在的"真金白银"，更要让绿色发展理念融入地方经济社会发展全过程和各方面，让绿色经济在反贫困工作中引领重大需求、发挥重大作用、体现重大价值。

四 注重开放引领，构建内外联通发展格局

经过党和国家长期持续投入，贫困地区基础设施建设水平、生产生活条件状况、软硬环境配置标准较之以前都取得了长足进步，实现了明

显改善，与外界沟通联系、互联互通的各种障碍阻隔基本消除，有效融入了区域经济社会发展大局和国家整体对外开放全局。因此，在新的历史条件下，要具有更加开放的视野、更加宏阔的格局、更加全面的角度，主动对接国家对外开放重大发展战略，主动适应国家建设高质量高水平开放型经济体系要求，积极融入世界开放发展趋势潮流，精准把握对外开展合作机遇平台，以开放发展提升工作成效，以对外合作获得反贫困事业更多资源。当前及今后一段时期，搭乘"一带一路"发展"快车"，积极融入"一带一路"经济圈，将为我国广大中西部地区提供对外发展合作的历史机遇，搭建对外发展合作的广阔平台，从而根本改变我国中西部地区经济社会发展相对落后局面。广大中西部地区要抓住重要历史机遇，将区域经济社会发展规划全面对接国家整体经济社会发展布局，将提升经济社会发展水平有效对接"一带一路"倡议，努力在国家全面深化改革开放进程中发挥更大支撑作用、享有更多条件便利、获得更多发展利益，在新时代焕发新气象、展现新面貌。

五 注重共享引领，打造全体共有发展平台

一直以来，党和国家集中人力、物力、财力、精力等全社会力量开展扶贫开发工作，努力让贫困地区、贫困村、贫困人口尽快脱贫致富，和全国人民一道进入全面小康社会，与社会其他成员一起共享改革发展成果，这是由我国社会主义国家的制度性质决定的，是"以人民为中心"发展理念的具体体现，也是提升全体社会成员获得感、幸福感、安全感的现实要求。就共享而言，主要包含两个维度：什么人能共享，也就是享有主体是谁；享有什么，也就是能够获得哪些发展成果。对于"享有主体"这个问题，应该是谁参与"共建"，谁就能"共享"。因此，贫困群体一定要在自身条件允许的前提下积极参与地区经济社会发展，增强自我发展的主动性、自觉性和创造性，充分享有发展权利、发展机会和发展条件。对于"享有什么"这个问题，必然是人民日益增长的美好生活需要，而不仅仅是单一方面或几个方面，是综合性、系统性、联动性的指标体系。这就要求基本出发点不能是单单的基本生活需要，而是涉及经济、政治、文化、社会、生态文明等五大主要方面的复合性需求。总之，以共享引领精准扶贫精准脱贫及反贫困工作，是从内外因相结合角度确定目标任务、明晰思路举措、细化工作安排，出发点和落脚点都是为了打造全体共有发展平台，以实现人人共建共享改革发展成果。

第三节 推出完善精准扶贫精准脱贫新举措

2020年以后的反贫困工作，是在我国进入新的历史发展方位后需要长期面对相对贫困的历史新阶段，是在区域性整体贫困问题得到解决之后迈向更高水平发展阶段、实现农业农村工作根本性转变的历史新时期。面对新形势新任务新要求，新时代精准扶贫精准脱贫基本方略必然要推出新举措，进行新创新，进入新阶段。这个新阶段，以实施乡村振兴战略、推动乡村全面振兴为目标，以建立健全反贫困保障体系、提升公共服务水平为重点，以强化教育反贫困战略地位、提高人口综合素质为抓手，以完善反贫困体制机制、推进贫困治理现代化为依托，将在实现"农业强、农村美、农民富"价值目标与高效应对相对贫困问题的有机统一、协调联动中取得新成就、开拓新局面和实现新发展。

一 实施乡村振兴战略

党的十九大，以习近平同志为核心的党中央做出实施乡村振兴战略的重大决策部署，坚持走中国特色社会主义乡村振兴道路，这是解决新时代我国社会主要矛盾的必然选择，是实现"两个一百年"奋斗目标必有之义，也是实现全体人民共同富裕的必由之路，是全面建设社会主义现代化国家的必然选择，是"三农"问题作为全党工作重中之重的重要体现，必将产生深远影响。实施乡村振兴战略的重要性、必要性和现实性集中体现在三个"首次"。

"乡村振兴战略"首次被列入国家重大发展战略。习近平总书记在十九大报告的第四部分"决胜全面建成小康社会，开启全面建设社会主义现代化国家新征程"中指出，"紧扣我国社会主要矛盾变化，统筹推进经济建设、政治建设、文化建设、社会建设、生态文明建设，坚定实施科教兴国战略、人才强国战略、创新驱动战略、乡村振兴战略、区域协调发展战略、可持续发展战略、军民融合发展战略。"①"乡村振兴战略"首次被列入国家七大重大发展战略之中，成为党和国家今后较长一段时期重点实施的发展战略，其重要意义和重大作用不言而明。

"乡村振兴战略"首次被列入国家发展的重点任务。习近平总书记在十九大报告的第五部分"贯彻新发展理念，建设现代化经济体系"重点论述了六大重点任务：深化供给侧结构性改革、加快建设创新型国家、实施乡村振兴战略、实施区域协调发展战略、加快完善社会主义市场经济体制、推动形成全面开放新格局。"乡村振兴战略"作为国家发展的六大重点任务之一列入其中，体现了党和国家、人民群众对实施"乡村振兴战略"、推动乡村全面振兴的坚定信心和坚强决心。

"乡村振兴战略"首次被正式写入新党章。根据党的十九大新修改的《中国共产党章程》，在其总纲中明确提出，要实施科教兴国战略、人才强国战略、创新驱动战略、乡村振兴战略、区域协调发展战略、可持续发展战略、军民融合发展战略，充分发挥科学技术作为第一生产力的作用，充分发挥创新作为引领发展第一动力的作用。在新修改的《中国共产党章程》中，首次写入"乡村振兴战略"，作为全党的统一思想、统一意志、统一行动，其分量之重、地位之高，也是显而易见的。

同时，乡村振兴战略的提出在我国扶贫开发工作历程上同样具有里程碑意义，是中国特色减贫道路的最新实践成果，是精准扶贫精准脱贫工作的衔接赓续。实施乡村振兴战略，立足于精准扶贫精准脱贫的最新进展，着眼于我国农业农村经济社会今后一段历史时期的发展大势，落脚于实现包括贫困地区在内的乡村全面振兴，既切中了贫困地区、贫困人口致贫返贫原因的"根源要害"，也为新时代农业农村经济社会发展擘画了"宏伟蓝图"。从两者逻辑关系来看，贫困地区、贫困村和贫困人口的如期脱贫、全面脱贫是实施乡村振兴战略的基础和保证，乡村振兴战略的实施又为贫困地区、贫困村和贫困人口的稳定脱贫发展致富提供了动力和途径。

（一）从历史与现实的联动上体现着理论创新

实施乡村振兴战略，走中国特色社会主义乡村振兴道路，具有深厚

---

① 《习近平谈治国理政》（第3卷），外文出版社2020年版，第22页。

的理论渊源、坚实的传统文化基础和丰富的经验总结。通过总结历史、思考现实和把握未来，在理论上取得了新成果、实现了新创新。

一是对马克思、恩格斯城乡融合理论的继承和发展。马克思、恩格斯以深邃的历史眼光、深刻的实践洞察、鲜明的价值立场，将城乡融合作为社会发展的理想状态，作为城乡关系的发展方向，作为体现社会主义制度优越性的必然选择和实现共同富裕的必由之路。中国共产党在马克思、恩格斯城乡融合发展思想指引下，立足我国城乡发展实际，把握时代发展大势，顺应人民群众期待，不断深化对我国城乡关系发展的规律性认识，不断完善城乡融合发展的体制机制，不断调整城乡一体化推进的政策措施，在新的历史环境和时代条件下进一步继承和发展了马克思、恩格斯城乡融合发展的思想，在理论和实践的结合上做出了新回答、进行了新探索、形成了新总结。

二是对我国传统农耕文明的传承和提升。在5000多年的文明发展长河中，中华民族创造了源远流长、璀璨辉煌的中华文明，曾经引领着世界发展潮流，彰显着中华民族富强兴盛的辉煌历史，成为世界人类文明不可或缺的重要组成部分。而中华传统农耕文明是中华文化的鲜明符号，是中华文明的特殊基因，是中华民族的历史财富。实施乡村振兴战略，走中国特色乡村振兴之路，是以习近平同志为核心的党中央根据新时代新形势新任务提出的更高质量、更高层次、更高水平的新目标和新举措，其蕴含的丰富内涵、深沉思考和价值理念，既传承了中华传统农耕文明的优质基因，又升华了中华传统文化的当代价值，实现了中华传统农耕文明的创造性转化和创新性发展。

三是对党的"三农"工作思想的深化和拓展。高度重视"三农"工作是党的独特优良传统和重要历史经验。中国共产党革命、建设和改革的发展历程，之所以从一个胜利走向又一个胜利，其中很重要的光荣传统和根本经验，就是始终立足农村实际、高度重视农业、正确处理农民问题，将中国最广大农民群众紧紧团结在自己周围，将维护中国最广大农民群众利益作为职责和使命。无论什么时候，我们都不能忽视农业、不能忘记农民、不能淡漠农村。党的十八大以来，习近平总书记就"三农"工作提出了一系列新理念新思想新战略，做出一系列重要指示和部署安排，进一步明确了新时代"三农"工作的战略定位，进一步丰富和发展了我们党的"三农"理论，集中体现了我们党"三农"理论创新的最新成果。特别是在党的十九大报告中，习近平总书记把实施乡村振兴战略作为新时代"三农"工作的"总抓手"，并在之后就实施乡村振兴战略发表一系列重要讲话、做出一系列指示批示，乡村振兴战略的内涵不断丰富和深化，外延不断拓展和完善，在新的历史起点上继承、深化和拓展了党的"三农"工作思想，是做好新时代"三农"工作的基本遵循和行动指南。

（二）从主导与主体的协调上体现着制度保障

我们党和人民群众是鱼水关系，是血肉联系。无论是过去、现在还是将来，党是"主心骨"、人民群众是"活菩萨"，我们既要高瞻远瞩引领人民群众，当好"领路人"；又要俯下身去拜人民群众为师，做好"小学生"。也就是说，我们心里要装着人民，把为人民群众谋利益谋幸福作为一切工作的出发点和落脚点，永葆无产阶级政党本色不改、本性不移、本质不变。同时，遇到困难问题多向人民群众请教、多从人民群众中间汲取智慧力量、多拜人民群众这个"活菩萨"。只有党的主导作用发挥得好，人民群众的主体作用才能更好地展示出来，我们的工作才能取得更大进步和成就。

更加突出顶层设计。长期以来，在革命、建设和改革的不同历史时期，我们党始终尊重人民群众和基层一线的首创精神和实践创造，及时总结推广基层群众在"摸着石头过河"生产生活实践中形成的先进经验和成熟做法，坚持问计于民、问需于民、问智于民，不断开拓了中国革命、建设和改革的新局面。党的十八大以来，习近平总书记在一系列讲话和指示中，多次提到战略思维，强调战略思维永远是中国共产党人应该树立的思维方式和思维方法。为深入实施乡村振兴战略，全面推动乡村振兴，较之以前"三农"工作的具体措施特别是新农村建设历史经验不同，乡村振兴战略首先从国家层面制定战略规划，明确 2020 年、2022年两个重要时间节点的目标任务，精准细化工作重点和政策措施，提出以"三个重大"（重大工程、重大计划、重大行动）为抓手的具体实施路径，统筹协调、总体指导各地区各部门因地制宜、分门别类、有序推进乡村振兴。同时，党中央要求各地区各部门结合自身实际情况编制乡村振兴规划，加强各类规划的统筹协调、有机结合、系统衔接，实现城乡之间统一规划、统一布局、统一标准、统一建设，为乡村振兴绘好"蓝图"、设好"坐标"、定好"路线"，推动工农城乡一体推进、加快融合、同步发展。

更加突出法治思维。习近平总书记指出，依法治国是党领导人民治理国家的基本方略，法治是治国理政的基本方式，要更加注重发挥法治在国家治理和社会管理中的重要作用。《中共中央国务院关于实施乡村振兴战略的意见》中首次明确提出"建设法治乡村"，强调建设法治乡村是乡村振兴战略的内在要求，是乡村振兴战略不可分割的组成部分。实施乡村振兴战略，推动乡村全面振兴，没有法治思维的有效贯彻，没有法制法规的有效保障，没有制度规则的有力先行，建设成果是难以持久和稳定的。一方面，在党和国家层面，要在全面系统总结"三农"工作成熟做法和可靠经验的基础上，将经过实践检验的一系列适合国情、行之有效的政策措施规范化、制度化、法制化，为各地区各部门制定乡村振兴相关的法律法规提供基本遵循和重要指引。另一方面，各地区各部门要立足地方实际，适应地方实施乡村振兴战略现实需求，回应广大人民群众现实诉求，坚持问题导向，坚持目标导引，主动思考，统筹谋划，积极出台相应的地方性乡村振兴法律法规、规章制度，切实为乡村振兴提供法治保障。

更加突出制度性供给。习近平总书记多次强调"要坚持农业农村优先发展，按照产业兴旺、生态宜居、乡风文明、治理有效、生活富裕的总要求，建立健全城乡融合发展体制机制和政策体系，加快农业农村现代化"。[1] 这为实施乡村振兴战略明确了重点、指明了方向、提出了要求。从现实来看，乡村全面振兴的最大困难在于市场经济条件下实现城乡之间资源要素的双向流动，因为资源要素总是流向效率高的地区、效益好的产业，农业农村自然处于弱势地位，农民自然不是市场竞争的强者。因此，实现乡村振兴，既需要发挥市场在资源配置中的决定性作用，更需要更好发挥政府作用，重点是通过体制机制创新和政策措施安排的"制度性供给"来矫正市场、完善市场。乡村振兴的制度性供给，要以完善产权制度和要素市场化配置为重点，以激活主体、激活要素、激活

---

[1] 《习近平谈治国理政》（第3卷），外文出版社2020年版，第25页。

市场为导向，以保障农民权益为出发点和落脚点，以全方位高质量地服务于乡村振兴为目标，不断激发体制机制创新的活力和动力，不断释放普惠性政策措施的效用和红利。当前，要深入推动对城乡融合发展具有深远影响的若干重大制度创新。比如，通过农村土地所有权、承包权、经营权"三权分置"改革，坚持农村土地集体所有性质，强化农户土地承包权的保护，顺应土地要素合理流转、提升农业经营规模效益和竞争力的需要；围绕落实宅基地集体所有权、保障宅基地农户资格权和农民房屋财产权、适度放活宅基地和农民房屋使用权的"三权分置"改革，加强理论创新和实践探索；推动资源变资产、资金变股金、农民变股东的"三变"改革，探索农村集体经济新的实现形式和运行机制。

（三）从坚持与创新的统一上体现着改革导向

方向决定道路，道路决定命运。改革只有进行时，没有完成时。实施乡村振兴战略，加快推进农业农村现代化，要把改革作为重要法宝，要把创新作为力量源泉，敢于破除体制机制弊端，勇于突破利益固化藩篱，该改的、能改的坚决改，不该改的、不能改的坚决不改，千方百计、想方设法、不遗余力，充分激发农业农村发展新活力新动力，集聚更多现实力量，实现乡村全面振兴。

一是巩固完善农村基本经营制度不动摇。农村基本经营制度是党的农村政策的坚强基石，是党的农村执政基础的坚实保障，也是确保农业农村改革社会主义方向的"压舱石"。无论什么时候都不能够动摇，无论什么时候都不允许动摇。坚持和加强党在农业农村工作的全面领导地位，坚持和执行党的农业农村政策，首先就是坚持农村基本经营制度不动摇，与时俱进地加强和完善农村基本经营制度。坚持和完善农村基本经营制度，要在三个方面毫不动摇：坚持农村土地农民集体所有，毫不动摇地扎住这个"根"，这是农村基本经营制度的基础和本位；坚持家庭经营基础性地位，毫不动摇地守住这个"魂"，这是农村基本经营制度的核心和关键；坚持稳定土地承包关系，毫不动摇地把住这个"脉"，这是农村基本经营制度的前提和依据。

二是深化推进农村土地制度改革不停滞。农民与土地的关系，是农村土地改革的核心问题，也是新时代深化农业农村综合改革的重大关系。处理好农民与土地的关系，保持土地承包关系稳定并长久不变，让广大农民吃上"放心丸",他们才会有"主心骨"。要明确土地所有权,稳定土地承包权,放活土地经营权。稳妥推进农村土地征收、集体经营性建设用地入市、宅基地制度改革试点,探索宅基地所有权、资格权、使用权"三权分置"。进一步完善设施农用地政策,探索利用农村闲置建设用地发展农村新产业新业态,推动农村一二三产业融合发展,延长产业链、提升价值链、完善利益链。

三是建立健全支农惠农富农强农体制机制和政策体系不懈怠。改革开放以来,特别是21世纪以来,党和国家通过实施一系列支农惠农富农强农的政策措施和制度安排,大力推动农业全面升级、农村全面进步、农民全面发展,实现了农业农村工作的历史性发展和历史性变革。比如,全面取消了延续2600多年历史的"皇粮国税"农业税,减轻农民种地负担;加大对种粮农民、新型经营主体、农业产业化企业的支持力度,增加从事农业生产人员的经济收益;改革完善财政支农惠农方式,普惠性财政支持更加全面、专项金融扶持更加有效、行业性农业保险更加具体;注重农业农村领域立法建设,通过制定和完善农村土地承包法等相关涉农法律法规,切实保护农民利益,构建了中国特色农业支持政策体系。实践证明,根据农业农村工作发展形势要求,顺应基层农民群众愿望期待,不断建立健全支农惠农富农强农体制机制和政策体系,是实现农业农村繁荣发展、乡村全面振兴的条件支撑和重要保障。

二 建立健全反贫困保障体系

反贫困是个历史性课题,古今中外,通过一系列举措可以消除绝对贫困现象,但是相对贫困问题仍将长期存在。从现实来看,我国2020年实现脱贫攻坚目标任务,按照现行贫困人口脱贫标准消除了绝对贫困、解决了区域性整体贫困问题,而对于相对贫困,仍需要建立健全相应的反贫困保障体系,配套完善巩固拓展脱贫攻坚成果的法治保障、社会保障、人才保障和制度保障。

(一)注重实现法治保障

"国无常强,无常弱。奉法者强则国强,奉法者弱则国弱。"[①] 党的

---

① 《韩非子·有度》。

十九大报告提出了"以良法促进发展、保障善治"的法治目标要求。讲文明重法治，国家富强、民族复兴、人民幸福就有了重要保障。良法是善治的前提，善治是法治的目标。无论是攻城拔寨、脱贫攻坚阶段的精准扶贫精准脱贫工作，还是2020年以后解决了绝对贫困和区域性整体贫困问题的扶贫开发新阶段，反贫困作为系统性、整体性、社会性的重大工程，没有法治保障，将难以发挥其保障民生、保护弱势群体利益、维护社会公平正义的功能作用，就难以实现体现人民意志、反映客观现实、解决社会问题的善治目标。因此，依法治贫、循法反贫，就是要实现公民特别是弱势群体相应权利有保障、政府权力受制约、违法行为必追责的善治状态，促进包括贫困人口在内的全体社会成员生活有序、安居乐业、幸福美满。

同时，反贫困包括精准扶贫精准脱贫法治化的实现，需要制定出台反贫困法律法规，建立健全执法司法机制，形成系统完备、规范科学、运行有效的法治体系。在长期扶贫开发工作实践中，党和国家先后制定出台了一系列反贫困的文件政策和制度措施，建立健全了扶贫开发工作体制机制，推动了我国扶贫开发工作、反贫困事业的深入发展，取得了举世瞩目的伟大成就。但是，我国目前尚未出台国家层面的全国性反贫困立法，更多的是依靠行政体系的体制性优势开展扶贫开发工作。这虽然充分发挥了举国体制优势，但从长远来看，没有全国统一适用的扶贫法，对今后的反贫困工作将带来诸多不利影响和运行障碍。因此，党和国家需要制定出台一部全国性、权威性的扶贫法，对反贫困的工作对象、工作程序、工作要求、工作标准、工作监督考核做出明确规定，通过规范反贫困执行程序、强化反贫困司法保障、建立政府权力约束机制等指导各地反贫困工作，并为各省市出台相应地方法律法规提供法律依据。

再者，随着我国绝对贫困和区域性整体贫困的解决，应当在反贫困方式方法上适时做出调整，加快扶贫方式由政策性扶贫向法治化扶贫的转变，为保障反贫困工作的常态化与反贫困效果的长效性提供法律依据。建立地方性反贫困法规，针对2020年后反贫困战略面临的新形势新任务新要求，及时研究、制定、颁布正式的地方性反贫困条例，通过法律对反贫困主体、扶贫对象的权利与义务做出明确规定，将反贫困纳入法治化轨道；逐步完善与反贫困工作相关的法律配套制度，继续发挥政策扶贫的优势，运用法制思维，构建更为规范、科学的反贫困运行机制，让法律与政策各展其长，使二者在反贫困工作中相互补充、相互协调、相互促动，最终达到反贫困工作常态化与贫困治理成效可持续的目的。

（二）健全完善社会保障

增加社会公共服务供给，健全完善社会保障体系，是维护社会公平正义的有效举措，是治理贫困遏制返贫的重要手段，也是国际反贫困实践的重要经验。在脱贫攻坚、消除绝对贫困和区域性整体贫困阶段，社会保障是扶贫开发的兜底之举，扶贫开发能够更加完善社会保障，二者相互协调、相互促进、协同发展。在应对相对贫困的反贫困新阶段，社会保障更是保护相对贫困弱势群体的"安全网"、维护社会大局稳定的"安全阀"和增加民生福祉的"压舱石"，具有极其重要的社会治理作用。

一是不断提高最低生活保障制度标准。最低生活保障制度是国家整个社会救济制度的重要组成部分，是贫困地区实施社会救济的重大举措，也是尽快建立新型反贫困社会保障制度的关键环节。无论是精准扶贫精准脱贫阶段，还是今后很长一段时期内应对相对贫困的反贫困战略，各级政府都要根据地方经济社会发展水平科学合理地确定最低生活保障标准，对由于各种致贫原因产生的相对贫困个体实行最低生活标准保障，保证相对贫困个体的基本生活水平，并随着经济社会发展水平的不断提升相应提高最低生活保障标准，切实做到"应保尽保"，不使任何一个相对贫困个体"衣食无着""流离失所"。

二是不断健全完善医疗卫生保障制度。因病致贫返贫是产生贫困问题的最主要原因，建立完善的医疗卫生保障制度，有效解决贫困群众"看病难、看病贵"难题，对于贫困群众稳定脱贫发展致富具有关键作用。即使消除绝对贫困之后，完善的医疗卫生保障制度对于相对贫困个体同样具有十分重要的托底作用。因此，各级政府要加大医疗保障投入，提高医疗设施水准，实现大病重病慢性病保险全覆盖，大幅度减轻包括贫困群体在内的社会全体成员的医疗费用支出，从而最大程度减少因病致贫人群数量。

三是不断提升公共教育水平。当前党和国家在教育扶贫方面投入巨大，建立了比较完善的贫困助学资助措施，有效解决了贫困家庭、贫困人口因贫失学以及部分家庭因学致贫的难题，为从根本上挖断"穷根"提供了现实条件。但是我们的教育扶贫资助政策不能只关注"前半程"即保证"有学上"，也应该在"后半程"即融入社会发展上给予更多关注，为贫困家庭、贫困人口的子女提供相应的发展机遇和发展平台，使他们能够通过自身努力彻底带动贫困家庭摆脱贫困和发展致富。

四是不断构建城乡统一的社会保障体系。坚持把社会事业发展放在优先支持的位置，促进公共教育、医疗卫生、社会保障等资源向脱贫区域倾斜，逐步建立健全全民覆盖、普惠共享、城乡一体的基本公共服务体系，推进城乡基本公共服务均等化。优先扶持脱贫区域完善统一的城乡居民基本医疗保险制度和大病保险制度，重点做好返贫人口、脱贫人口、温饱型人口和低水平小康农户重特大疾病救助工作，健全医疗救助与基本医疗保险、大病保险及相关保障制度的衔接机制。全面实施特困人员救助供养制度，加强和改善对农村残疾人的服务，将残疾人普遍纳入社会保障体系予以保障和扶持，提升托底保障能力和服务质量。推动各地通过政府购买服务、设置基层公共管理和社会服务岗位、引入社会工作专业人才和志愿者等方式，为农村留守儿童和妇女、老年人以及困境儿童提供关爱服务。

五是不断探索新型社会养老保障体系。随着我国进入老龄化社会中后期，养老问题成为整个社会越来越紧迫、越来越沉重的现实问题，特别是对于贫困弱势群体，更是难以逾越的"深沟高坎"。鉴于此，党和国家要积极探索新型社会养老保障模式，建立健全城乡一体的社会养老保障体系，增加社会养老保障基金和补贴投入，提高社会养老保障水平，切实推动实现全社会"老有所养""老有所依"。同时，还要根据地方现实条件，不断丰富传统家庭养老形式，更大范围、更高水平、更好质量地实现"养儿防老""家庭养老"。此外，要优先提升脱贫区域基层乡镇养老服务能力。以乡镇为中心，加强面向农村特困户、失能半失能老年人的农村养老服务设施建设，形成农村基本养老服务网络，切实做到老有所养、老有所依。

(三) 强化组织人才保障

夙兴夜寐，唯在担当，重在落实。消除绝对贫困，应对相对贫困，不是轻轻松松、敲锣打鼓就能实现的，必须在党的坚强领导下，心往一处想、劲往一处使,凝聚各方共识、集聚各方力量,在实践中推进,在行动中落实,绝对不能有"船到码头车到站"的麻痹思想意识,更不能有"撤摊子甩包袱歇歇脚"的懈怠作风。

一是要加强党对反贫困工作的全面领导。党政军民学,东西南北中,党是领导一切的。消除贫困、脱贫致富,必须加强党对农业农村工作的全面领导,特别是发挥党的农村工作部门在农业农村工作中的"前哨"功能、"桥头堡"作用。首先,健全完善党的农村工作领导体制,建设强有力的党委统一领导、政府负责、党委农村工作部门统筹协调的组织领导体系。其次,坚持法纪法规先行,把党在长期领导农业农村工作中形成的优良传统、工作要求、政策举措等以党内法规形式确定下来,深入推动党管"三农"工作、政府主导贫困治理的制度化、规范化、科学化和法制化。再次,加强乡村基层党组织建设,选好党组织"领头雁",配强党组织班子,建设过硬党支部,压实基层党组织管党治党政治责任,推动全面从严治党向基层延伸,实现对党的基层组织全覆盖。最后,加快构建自治、法治、德治相结合的乡村治理体系,创新乡村治理理念,丰富乡村治理形式,拓展乡村治理方式,实现乡村治理根本性转变,走中国特色的乡村善治之路。

二是要加强部署落实工作力度。一分部署,九分落实。消除贫困、脱贫致富,必须按照党和国家确立的目标任务、确定的时间节点,细化实化工作重点和政策措施,持之以恒推进"路线图",只争朝夕落实"时间表",蹄疾步稳、分类有序推进精准扶贫精准脱贫、推动实现农业农村全面振兴。充分发挥党领导农业农村工作的政治优势、组织优势、作风优势,压实责任、完善机制、强化考核,把党中央关于精准扶贫精准脱贫、推动实现农业农村全面振兴的部署安排和工作要求落实到实处、具体到实践、强化在行动,全面实行中央统筹、省负总责、市县抓落实的工作机制。加强党的农业农村工作部门建设,不断提高其对农业农村工作的政治引领能力、谋篇布局能力和业务指导能力,有效发挥其在推进精准扶贫精准脱贫、推动实现农业农村全面振兴中决策参谋、调查研究、政策指导、推动落实、督导检查等方面的作用。

三是要加强"三农"工作队伍建设。推进精准扶贫精准脱贫、推动实现农业农村全面振兴,人才优势是关键,人才资源是支撑。培养和造就一大批"懂农业、爱农村、爱农民"的农业农村工作人才，是实现脱贫致富、农业农村全面振兴的重要保证和坚实支撑。要牢固树立"脱贫致富，人才先行"的思想理念，把人才培养放在脱贫致富、农业农村全面振兴全局中的重要位置、优先位置，切实发挥人才在转变农业发展方式、推动农业提质增效、实现农业转型升级的内生性动力作用，加快形成人才队伍建设与农业农村经济社会发展协调联动、互促互动、良性互动的发展格局。加快构建"人尽其才，才尽其用"的管理培养机制，推动形成党的农业农村工作部门牵头、相关职能部门配合、社会主体广泛参与的农业农村人才工作格局，加大农业技能人才培养力度，建设知识型、技能型、创新型农业劳动者大军，全面提升农业劳动者职业技能水平。积极营造"重视农业，尊重人才"的良好氛围，搭建农业农村人才敢于创新、勇于实践、善于创造的发展平台，弘扬工匠精神，树立样板典型，促进各类人才在农业农村现代化的生动实践中早日成才、加速成长，为脱贫致富、农业农村全面振兴提供人才支撑和智力支持。

（四）加强评估考核保障

对反贫困工作进行科学评估、监督考核，是确保有效实现贫困治理的重要方式和重要手段。建立评估考核制度，评估考核过程要具有客观性、真实性和公正性，能够客观公正衡量有关反贫困工作部门的工作绩效和社会整体反贫困成效。实践证明，建立规范有效的评估考核保障制度，实现科学客观进行反贫困评估考核，需要在以下三个方面聚焦着力：

一是牢固树立问题导向。通过评估考核发现工作中存在的不足和缺失，进行相应整改调整，既保证考核结果的客观性，也为进一步改进加强反贫困工作指明方向、提出要求和明确目标。部署落实反贫困措施是个综合性工程，涉及多个职能部门、多个系统环节、多个实施主体，不管哪个环节出现问题，都会影响反贫困整体成效，都会影响贫困对象生产生活，都会影响党和政府在人民群众中的形象，因此评估考核工作必须要明察秋毫、见微知著、以小见大，坚决维护反贫困工作的科学性、客观性和权威性。

二是采用多种考核方式。注重运用中立的第三方评估考核模式，独立开展反贫困工作评估考核，确保评估考核过程、评估考核结果、评估考核运用的真实性、针对性、客观性和权威性。对不同层级、不同部门、不同人员的分工职责，依据自上而下分解的目标任务，对相应工作内容、工作进度、工作职责等不断强化核查监督，推动逐级建立抓落实的台账，树立对标对表、到点验收的基本标准，推动反贫困措施一个节点一个节点有序实施，实现梯次接续、前后衔接、纵深推进。

三是注重考核评估结果运用。高度重视发挥考核评估的"指挥棒"作用，把抓反贫困举措实施落地作为重要政治责任，抓好部门和地方两个责任主体，强化主责部门和一把手责任，不仅要重视反贫困工作方案质量，还要考核验收反贫困竣工结果，没有完成或完成不到位的要问责，以责促行、以责问效，形成上下贯通、层层负责的主体责任链条，健全能定责、可追责考核机制。同时，坚持激励问责并重，更加强调正向激励，促使被考核对象切实履职尽责、改进工作，切实保证目标任务的实现。对于在评估考核中表现优异的地方政府、工作部门和相关工作人员进行表彰奖励，树立样板典型进行学习宣传，对于在评估考核中表现一般甚至较差的地方政府、工作部门和相关工作人员，经核实复查确定相关原因后，进行相应的问责，涉及严重违纪违法问题，要从严从重处理，切实维护党和政府在人民群众中的良好形象和公信力。

三　强化教育反贫困战略地位

百年大计，教育为本。教育对于一个国家兴旺发达具有战略性、全局性、长远性、关键性影响。习近平总书记指出："我国高等教育发展方向要同我国发展的现实目标和未来方向紧密联系在一起，为人民服务，为中国共产党治国理政服务，为巩固和发展中国特色社会主义制度服务，为改革开放和社会主义现代化建设服务。"[1]对于贫困家庭、贫困人口而言，教育是挖断"穷根"、阻断贫困代际传递的最有效、最根本、最重要途径。因此，无论是国家未来发展，还是贫困人口个人前途，都需要突出教育反贫困的重要地位，强化教育反贫困的巨大作用，彰显教育反贫困的重大价值。

（一）注重校内课程教学与校外实习实践有效连接

高校要围绕农业农村经济社会发展的现实需求和农业农村全面振兴

---

[1] 习近平：《在全国高校思想政治工作会议上的重要讲话》，《人民日报》2016年12月9日第1版。

的长远需要，紧扣人才培养根本任务，创新办学模式，强化协同育人理念，加大高层次人才培养力度，为地方经济社会发展提供人才支撑，为组织实施反贫困战略提供智力支持。主动落实思想政治教育工作"全员、全过程、全方位"精神，严守专业人才培养方案制订（修订）程序，明确实践育人工作在实践教学环节的重要性，将实践育人的有关要求融入实践教学环节，加强对实践教学环节验收和考核。加强对实践教学教师配备和培训，选派政治强、业务精、纪律严、作风正的教师实地指导学生实习实训，确保实践育人无空档、无死角。将专业育人与实践育人并重，在组织实施实践教学的同时，遵循人才培养规律，关心学生生命财产安全，关注学生心理健康状况，引导学生树立远大理想、崇高信念，引领学生践行社会主义核心价值体系，提高学生思想道德修养水平。比如，将教师课堂延伸到田间地头山林、农业生产一线，让学生面向农村、直面农民从事实习实践，在干中学，在学中干，在实践中强化知识运用，实现学用结合、知行合一；依托校地产学研合作机构、研究生联合培养示范基地，创新专业学位研究生培养模式，增强专业学位研究生实际动手能力和解决现实问题本领，培养符合当前农村农业发展需求的高层次复合型人才；依托现代农业园区、示范基地、专家大院、家庭农场、农业企业、研究院所等单位，建立系统的实践实训、跟踪指导和创业孵化基地网络；依托"众创空间""星创天地"等创新创业基地，加强对在基层工作的高校毕业生、返乡农民工、退伍军人、家庭农场主、科技示范户等新型农业生产经营主体的专业技术技能培训力度，培养本土化各类乡村实用人才，充分发挥他们的带头致富作用；深入推进大学生村官工作，因地制宜实施"三支一扶"、高校毕业生基层成长等计划，开展乡村振兴"巾帼行动"、青春建功行动，制定政策将其中的优秀者吸收到农业农村的管理干部队伍之中，让优秀人才走上治理村务、发展经济的重要岗位。

（二）加强高校办学力量与社会各类资源融合链接

通过整合优化校内外资源，将高校与地方政府及反贫困职能部门、政府公益性组织、社会化服务组织以及新型农业经营主体等紧密联结，形成横向联动、纵向贯通、多方协同的反贫困联合协作机制。坚持"校地互动、优势互补、互惠互利、共谋发展"的原则，高校在为地方政府发展现代农业、建设美好乡村、实施乡村振兴战略提供智力支持的同时，也要求地方政府筛选、推荐适宜的单位、企业，与高校共建教学、科研试验示范和思想政治教育基地，主动提供社会资源和经费支持，为学生实习实训等提供工作便利和条件保障。比如，根据实施反贫困战略的综合需求，适度调整高校人文学科中与反贫困战略密切相关的社会工作、社会保障、公共事务管理等专业课程内容设置，培养反贫困战略专门人才，提升我国反贫困专业化水平；选聘在反贫困工作中涌现出的先进人物到高校开展课堂教学，增加理论学习与现实工作关联度、匹配度和耦合度；吸收反贫困工作中出现的典型案例，进行理论总结和经验提升，做到教学相长、知行统一；建立农村实用人才培训基地，邀请农业、畜牧专业技术人员和"土专家""土秀才"授课，分批、分类对农村实用人才进行培训，着力提高农村实用人才的科学文化素质、生产劳动技能和适应市场经济的能力；依托"固定课堂"进行集中授课，依托高校、科研院所的"空中课堂"进行在线学习，依托"流动课堂"将知识和技能送到田间地头，依托"田间课堂"组织培育对象到现代农业园区、科技示范园、农业龙头企业、高校院所教学科研基地等进行创业实训和跟踪指导。

（三）实现职业技术教育与新型农业经营主体培育全面对接

农业生产经营组织体系创新是实现农业农村经济社会全面发展的核心和基础。新型农业经营主体是农业全面升级、农村全面进步的决定性因素，是实施反贫困战略的关键性力量。从现实来看，大力发展职业技术教育，是提升新型农业经营主体综合素质的重要途径和有效手段，是提高农业经营组织化、社会化、市场化水平的重要支撑和有力依托。可以说，职业技术教育直接面对社会一线、基层一线、农业农村一线的现实需求，是"机油色明显"的技能教育，是"泥土味十足"的特色教育，在培养各类农业农村实用人才方面具有不可替代的重要作用。因此，发展以科技素质、职业技能、经营能力为核心的职业技术教育，大力培养以新型农业经营主体为代表的知识密集型劳动者，打造一支懂农业、爱农村、爱农民的"三农"队伍，提供一大批留得住、干得好、带致富的复合型乡村实用人才，是实现农业农村全面振兴、解决相对贫困问题、最终实现共同富裕的根本途径和坚强保障。比如，以专业大户、家庭农场经营者、农民合作社带头人、农业企业负责人和农业社会化服务组织负责人等为培训对象,实施新型农业经营主体带头人轮训计划,重点培训提高各类新型农业经营主体的综合素质和职业能力;结合地域产业实际以及生产、经营管理和规模的差异,按照生产经营型、专业技能型、社会服务型以及引领带动型等类型对新型职业农民培育对象进行精准培育、分类施教;组建大学专家教授、政研部门学者、科研机构研究员、优秀企业家代表、乡土专门人才、乡村精英、农业推广人才、技术能手为主体的新型农业经营主体培训专家师资库,探索"菜单式、订单式、分段式、情景式、参与式与模拟式"的综合化培训培养方式;以产业发展带头人、大学生村官等为主要对象,实施农村实用人才带头人培训计划,按照"村庄是教室、村官是教师、现场是教材"的培养模式,通过专家授课、现场教学、交流研讨,不断提高农村带头人增收致富本领和示范带动能力。

四 完善反贫困体制机制

在建设社会主义现代化国家的征途上,消除贫困、改善民生、逐步实现共同富裕,是社会主义的本质要求,更是中国共产党的不变初心和庄严使命。2020年以后,以解决相对贫困问题为主要任务的反贫困工作要全面贯彻落实习近平新时代中国特色社会主义思想,牢固树立"以人民为中心"的发展理念,不断完善反贫困体制机制,坚定维护贫困农户、温饱型农户和低水平小康型农户的根本利益,有力推动相对贫困人口持续增收致富,切实保障相对贫困人口享有均等普惠的发展权,把逐步实现全体社会成员共同富裕作为出发点和落脚点,不断提升人民群众的获得感、幸福感和安全感。

(一)将"以人民为中心"发展思想作为反贫困工作的根本导向

一是把巩固脱贫成果遏制返贫作为各级党组织的共同意志与共同行动。牢固树立"以人民为中心"发展理念,切实做到认识统一、步调一致,在干部配备上优先考虑,在要素配置上优先满足,在资金投入上优先保障,在公共服务上优先安排,加快补齐脱贫区域稳定脱贫和发展致富的短板弱项。比如,针对脱贫区域财力较弱的客观现实,加强一般性财政转移支付、专项扶持资金的投入,加强土地政策倾斜支持,加强金融扶持力度，保持现有金融扶持资金额度相对稳定并逐步增长。同时，根据国际反贫困经验，2021—2025年将是巩固脱贫成果、遏制返贫的关键时期，要按照"省统筹、县负责、乡落实"的工作机制，进一步强化县级人民政府在巩固脱贫成果、遏制返贫中的主体责任。

二是充分发挥政治优势和制度优势，切实增强责任感和使命感。坚决做到思想不懈怠、工作不减压，把建立健全贫困治理体系作为推进乡村治理体系和治理能力现代化建设的重要内容，加快建设党委领导、政府负责、社会协同、公众参与、法治保障的新时代长效贫困治理体系，以更有力的行动、更扎实的工作和更配套的政策，集中力量巩固脱贫成果、遏制返贫，消除主要致贫因素，为实现乡村全面振兴打下坚实基础。比如，更好发挥政府扶持资金作用，提高产业化龙头企业、合作社及其他涉及农业产业化经营服务单位等的综合实力，强化其联农带农激励机制，探索将新型农业经营主体带动农户数量和成效作为安排财政资金的重要参考依据的方式，构建农户、合作社和企业共同发展、共同受益的"命运共同体"；鼓励工商资本投资适合产业化、规模化、集约化经营的农业领域，发展智慧农业、循环农业、休闲旅游、环境整治等方面的综合经营，通过项目建设带动人才回流农村，培养本土人才，进一步完善工商资本与贫困地区农户建立紧密型利益联结机制，为巩固脱贫攻坚成果和实现乡村振兴注入现代生产元素和人力支撑。

三是加快完善相对贫困治理的政策体系和工作机制。针对脱贫区域自身造血能力不强、自我发展能力偏弱的现实情况，按照"现有政策不变、扶持力度不减"原则，将现有扶贫政策延续一段时期，进一步筑牢脱贫区域持续发展的物质基础，扶持脱贫区域尽快赶上其他地区发展步伐。同时，因地制宜、分类管理、因户施策，探索多渠道、多样化的帮扶路径，提高帮扶措施的针对性和有效性，深化完善相对贫困治理的工作机制。比如，根据产业特点和发展状况等情况，依托贫困地区主导产业、特色产业，采取"龙头企业+合作社+农户"或者"龙头企业+农户"等形式，以订单、务工、股份为纽带建立稳脱贫能致富的长效机制；鼓励农民以土地、林权、资金、劳动、技术及产品为纽带，开展多种形式的联合合作方式，依法组建农民专业合作社联合社，发展农产品加工流通和直供直销，提高农户组织化经营程度，强化农民作为市场主体的平等地位，拓展农户的市场空间。

四是充分发挥农村基层党组织在反贫困中的重要作用。党的领导是打赢脱贫攻坚战的坚强保障，也是有效实施反贫困战略、实现共同富裕的坚强保障。要将反贫困工作作为各级党组织的底线任务加以落实，要以农村基层党组织建设为主线，突出政治功能，提升组织力，把农村基层党组织建成贫困群体最信任、最可靠、最满意的坚强战斗堡垒，全面提升基层党组织相对贫困治理的能力和水平。比如，以村党组织书记及村"两委"成员、大学生村官、种养大户、农民合作社负责人等为对象，实施农业产业精准扶贫精准脱贫带头人培训计划，聚焦贫困地区产业精准扶贫精准脱贫，加大对农民创新创业、农民合作社培育、美丽乡村建设、大学生村官创业富民等方面培训，提高他们带领农民群众脱贫致富的能力。

（二）将保障发展权作为巩固脱贫成果遏制返贫的核心重点

实践表明，打赢脱贫攻坚战的战略重点是解决现行标准下农村贫困人口的"两不愁三保障"问题，其实质是以保障农村贫困人口的生存权为主，兼顾农村贫困人口的发展权。在户脱贫、村出列、县摘帽及区域性整体贫困目标实现后，巩固脱贫成果遏制返贫的工作重点，要及时从"保障生存权、兼顾发展权"向以保障脱贫人口和相对贫困人口的"发展权"转化，重点保障相对贫困人口享有均等普惠的"发展权"，赋予脱贫区域农村人口与城镇居民享有同等同步的基本公共服务。同时，随着全面深化改革的不断推进，要深刻认识到"发展权"的内涵、层次、标准、要求等不断丰富拓展，必须有相应的现实基础和物质条件予以支撑和保障。就巩固脱贫成果遏制返贫的现实需求而言，要积极稳妥推进农村集体产权制度改革，完善农村自治、德治、法治相结合的治理体系，保障农民财产性收入权益，探索创新农村集体经济新的实现形式和运行机制，努力为保障发展权创造实现条件、提供有力支撑。

（三）将加快补齐基础设施建设短板作为相对贫困治理的关键环节

开展相对贫困治理，必须加快补齐脱贫区域基础设施建设短板，为脱贫区域稳定脱贫发展致富提供基础条件。要以道路、水利、饮水、电力、网络等为重点，推动农村基础设施提档升级，持续改善脱贫区域相对贫困人口的生产生活条件，为脱贫区域低收入群体的可持续发展提供良好的物质基础。一是实施乡村道路提升工程。优先支持脱贫区域全面推进"四好农村路"建设，加快实施建制村通硬化路工程。加快构建农村物流基础设施骨干网络，加快完善农村物流基础设施末端网络。二是加强农村水利基础设施网络建设。优先扶持脱贫区域构建大中小微结合、骨干和田间衔接、长期发挥效益的农村水利基础设施网络，提高节水供水和防洪减灾能力。推进小型农田水利设施达标提质，实施水系连通和河塘清淤整治等工程建设，为农业生产提供稳定灌溉水源。三是实施农村饮水安全巩固提升工程。不断提升农村饮水安全保障水平，切实做到每个农户都有一处安全、洁净、稳定的饮用水源，确保脱贫区域饮水安全。四是加快新一轮农村电网升级改造。深入推进乡村电网建设攻坚，实现农网动力电全覆盖。稳步实施农村电网提升工程，加快解决网架结构薄弱、供电质量偏低等影响脱贫区域群众生产生活用电问题。五是加大村镇互联网基础设施建设投资力度。优先扶持脱贫区域实施新一代信息基础设施建设工程，实现村镇网络全覆盖，彻底改变脱贫区域"信息不灵""信息失真""信息滞后"的相对落后状况。

第六章

新时代精准扶贫精准脱贫基本方略的
历史地位、时代价值和世界意义

新时代精准扶贫精准脱贫基本方略在理论与实践结合上深刻回答了中国特色社会主义新时代"开展什么样的扶贫开发工作,怎样开展扶贫开发工作"这一重大时代课题,是对马克思主义反贫困理论的发展创新,是习近平新时代中国特色社会主义思想在贫困治理领域的全面运用,是指导新时代我国扶贫开发工作的根本指南,是全面建成小康社会的重要支撑,也为国际减贫脱贫事业特别是发展中国家反贫困工作贡献了中国智慧、提供了中国方案、发挥了中国作用。

第一节 新时代精准扶贫精准脱贫
基本方略的历史地位

马克思、恩格斯指出:"每一个时代的理论思维,包括我们这个时代的理论思维,都是一种历史的产物,它在不同的时代具有完全不同的形式,同时具有完全不同的内容。"[1] 时代是思想之母,实践是理论之源。党的十八大以来,作为党和国家最高领导人,无论是干旱贫瘠的黄土高原,还是崎岖颠簸的老区山区,或是边远偏僻的南疆北国,习近平总书记多次深入到贫困地区、贫困群众中走访调研,指导地方扶贫开发工作,鲜明而前瞻地提出"精准扶贫"理念,并在精准扶贫精准脱贫实践中不断丰富发展,形成了新时代精准扶贫精准脱贫基本方略。新时代精准扶

---

[1] 《马克思恩格斯选集》(第3卷),人民出版社2012年版,第873页。

贫精准脱贫基本方略不是无源之水、无本之木，是对马克思主义反贫困理论的继承和发展，是对我国长期扶贫实践经验的深刻总结和创造性运用，具有重要的现实意义和深远的历史影响。

一 马克思主义反贫困理论的创新发展

中国共产党自成立以来，无论是烽烟不绝、艰苦卓绝的革命战争年代，还是鼓足干劲、力争上游的建设发展时期，或是走近世界中心、走向民族复兴的伟大新时代，始终坚持不懈探索马克思主义中国化道路，从理论与实践的结合上丰富拓展马克思主义，开辟马克思主义中国化新境界，实现中国化马克思主义新发展，为马克思主义理论宝库贡献了中国智慧，彰显了中国化马克思主义、21世纪马克思主义的中国特色。马克思主义反贫困理论是马克思主义理论的重要组成部分，也是马克思主义鲜明价值导向的集中体现。从理论渊源来看，马克思主义反贫困理论是新时代精准扶贫精准脱贫基本方略的理论基石，新时代精准扶贫精准脱贫基本方略是对马克思主义反贫困理论的创新发展。

党的十八大以来，我国正处在全面建成小康社会的关键历史节点、正处于实现中华民族伟大复兴的关键历史阶段，历史使命光荣，历史责任重大，历史担当迫切。中国特色社会主义进入新时代，党和国家各项事业发生了历史性变革、站在了历史新起点，正处于"发展起来"的后半程、由"富"向"强"转变的关键阶段。深刻洞察、准确把握我国进入新时代的重大历史条件转变，以高瞻远瞩的时代站位、宏阔宽广的时代视野、深邃长远的时代思考来应对国家未来发展面临的一系列重大战略问题，尤为关键、尤为急切、尤为重要。伟大的时代呼唤伟大的理论，伟大的事业需要先进理论的指导。面对世情国情党情社情民情的深刻变化，面对"进行具有许多新的历史特点的伟大斗争"的现实要求，以习近平同志为核心的党中央推进党的建设新的伟大工程，推进中国特色社会主义伟大事业，集中形成了习近平新时代中国特色社会主义思想，使得党的面貌、国家的面貌、人民的面貌、军队的面貌都为之一新。习近平新时代中国特色社会主义思想是一个内涵丰富、逻辑缜密、体系严整的科学理论体系，涉及内政外交国防，贯穿治党治国治军，是马克思主义中国化最新成果，是当代中国马克思主义，是中国特色社会主义理论体系的重要组成部分，对于实现"两个一百年"奋斗目标和中华民族伟大复兴的中国梦具有重要的思想理论指引和实践指导意义。

习近平总书记高度重视解决贫困区域、贫困人口的贫困问题，在深刻总结我国长期扶贫开发实践经验和全面分析新时代扶贫开发工作新形势新特点新要求的基础上，着眼消除绝对贫困、解决区域性整体贫困问题，鲜明提出"精准扶贫"理念，形成了新时代精准扶贫精准脱贫基本方略，为取得新时代扶贫开发工作历史性成就奠定了坚实思想基础、确立了根本行动指南。比如，在贫困产生核心根源上，习近平总书记指出"消除贫困、改善民生、实现共同富裕，是社会主义的本质要求"[1]，是马克思主义关于私有制产生贫困思想的继承和发展；在精准扶贫精准脱贫工作重点上，习近平总书记指出"要加大投入力度，东部地区要根据财力增长情况，逐步加大对口帮扶财政投入，并列入年度预算；西部地区要整合用好扶贫协作和对口支援等各类资源，聚焦脱贫攻坚，形成脱贫合力"[2]，创造性运用了马克思主义矛盾分析方法；在精准扶贫精准脱贫体制机制上，习近平总书记强调"各方参与是合力，坚持专项扶贫、行业扶贫、社会扶贫等多方力量有机结合的'三位一体'大扶贫格局，发挥各方面积极性"[3]，灵活运用了马克思主义辩证唯物主义基本理论；在精准扶贫精准脱贫主体力量上，习近平总书记指出"脱贫致富终究要靠贫困群众用自己的辛勤劳动来实现"[4]，运用马克思主义唯物辩证法基本原理深刻阐述了内因在事物发展中所具有的最终决定作用。可以说，新时代精准扶贫精准脱贫基本方略是习近平新时代中国特色社会主义思想在扶贫开发领域的伟大实践，是习近平新时代中国特色社会主义思想在中国特色减贫道路的全面运用，深刻彰显了习近平新时代中国特色社会主义思想的价值导向和真理光芒。

---

[1] 中共中央党史和文献研究院编：《习近平扶贫论述摘编》，中央文献出版社2018年版，第3页。

[2] 中共中央党史和文献研究院编：《习近平扶贫论述摘编》，中央文献出版社2018年版，第102页。

[3] 中共中央党史和文献研究院编：《习近平扶贫论述摘编》，中央文献出版社2018年版，第106页。

[4] 中共中央党史和文献研究院编：《习近平扶贫论述摘编》，中央文献出版社2018年版，第136页。

二 中国特色"共同富裕"思想的继承发展

习近平总书记多次强调:"消除贫困、改善民生、实现共同富裕,是社会主义的本质要求。"① 共同富裕是社会主义制度优越性的重要体现,是社会主义制度区别于以往社会制度特别是资本主义制度的根本特征,是坚持人民利益至上的必然选择。我们党始终坚持"以人民为中心"发展思想,最大限度地调动一切积极因素推动经济社会发展,最大限度地发挥广大人民群众的积极性、主动性和创造性,不断增加社会财富,在兼顾公平与效率的前提下,顺应人民群众过上美好生活的新期待,努力为促进人的全面发展创造现实条件,使改革发展成果更多更公平惠及全体人民,确保全面建成小康社会路上"没有一个人掉队",确保最广大人民群众在共同富裕的道路上"没有一个人落伍"。

应该看到,全面建成小康社会,逐步实现共同富裕,最艰巨最繁重的任务在农村特别是农村贫困地区。要在新时代精准扶贫精准脱贫基本方略指引下,牢固树立为逐步实现全体社会成员共同富裕而长期奋斗、不懈奋斗、努力奋斗的思想意识和责任担当;高度重视贫困地区贫困群众的生活生计困难,多解难事、多为实事、多做好事,不断提升贫困地区经济社会发展水平,切实改善贫困地区贫困群众生产生活条件,让包括贫困群众在内的全体社会成员在共建共享中有更多获得感、幸福感和安全感;继续解放思想,全面深化改革开放,不断激发社会动力活力,不断提高全体社会成员的积极性、主动性和创造性,进一步解放生产力和发展生产力,做大做强经济社会发展"蛋糕",公平公正分好改革发展成果"蛋糕",创造积累满足人民群众美好生活需要的现实条件,坚定不移地走共同富裕道路。

空谈误国,实干兴邦。为人民谋利益、谋发展、谋幸福,就要多兴民利、多为民事、多解民忧,让广大人民群众"共建共享"更多改革发展成果。进入新时代,人民日益增长的美好生活需要呈现出一系列新变化、新特点和新特征,经济多层化、思想多元化、诉求多样化、信息多

---

① 中共中央党史和文献研究院编:《习近平扶贫论述摘编》,中央文献出版社2018年版,第3页。

维化日益明显，给增进民生福祉、深化综合治理、推动社会和谐带来不小挑战和考验。正所谓，知屋漏者在宇下，知政失者在草野。作为"以人民为中心"的执政党，顺应民意、纾解民忧、改善民生，始终是检验党的一切工作成效的试金石、检验场和判定尺。同时，我们实现在现行标准下绝对贫困人口全面脱贫和解决区域性整体贫困问题，完成全面建成小康社会重大部署，为实现第一个百年奋斗目标奠定坚实基础，并趁势而上全面开启建设社会主义现代化国家新征程、朝着实现第二个百年奋斗目标、为人民群众创造更加美好生活而阔步前行、继续前进。

三 解决区域性整体贫困问题的指导思想

新时代精准扶贫精准脱贫基本方略具有强烈的内生性、系统性、现实性、社会性和实践性，因为这一重要理念来自于中国扶贫开发长期积累、形成于新时代脱贫攻坚伟大实践，为消除绝对贫困、解决区域性整体贫困问题提供了根本遵循，为解决我国复杂多元贫困问题提供了一整套科学理论方法。因此，以新时代精准扶贫精准脱贫基本方略为指引，深刻领会、全面贯彻这一中国特色反贫困理论的丰富内涵、精神实质和实践要求，对于打赢脱贫攻坚战、消除绝对贫困、解决区域性整体贫困问题具有"指南针""定盘星"和"压舱石"的重要作用。

实践证明，在新时代精准扶贫精准脱贫基本方略的指引下，尽管面对世所罕见的脱贫攻坚复杂局面和现实困难，面对规模庞大的贫困人口，面对减贫脱贫的巨大压力，党和国家举全社会之力，集中力量攻克"贫中之贫、困中之困、难中之难、坚中之坚"，稳抓稳打，层层前推，渐次推进，攻城拔寨，取得了脱贫攻坚战的重大胜利，开创了扶贫开发工作的历史性局面。比如，习近平总书记提出了"真扶贫、扶真贫、脱真贫"的总体要求，为各级党委政府开展精准扶贫精准脱贫工作定下了"总基调"；习近平总书记要求扶贫工作做到"四个切实"（切实落实领导责任、切实做到精准扶贫、切实强化社会合力、切实加强基层组织），为各地开展脱贫攻坚设定了"路线图"；习近平总书记提出实施"五个一批"（发展生产脱贫一批、易地搬迁脱贫一批、生态补偿脱贫一批、发展教育脱贫一批、社会保障兜底一批），为相关部门组织实施扶贫开发工作提供了"工具箱";习近平总书记强调"脱贫攻坚要取得实实在在的效果,关键是要找准路子、构建好的体制机制,抓重点、解难点、把握着力点",①为在贫困治理实践中处理好各种重大关系指明了"方向标"。

四 "以人民为中心"发展理念的思想宣言

"天下顺治在民富,天下和静在民乐。"②习近平总书记指出:"坚持不忘初心、继续前进,就要坚信党的根基在人民、党的力量在人民,坚持一切为了人民、一切依靠人民,充分发挥广大人民群众积极性、主动性,不断把为人民造福事业推向前进。"③作为无产阶级政党,除了最广大人民的根本利益,我们党没有自身特殊利益,更没有"小团体"固化利益格局和现实利益考量,唯有做好人民的"勤务员"、当好人民"公仆"的职责担当和使命要求。全面建成小康社会、加快推进社会主义现代化建设和实现中华民族的伟大复兴,从根本上说,就是不忘"为民"初心、继续"为民"前进,就是在深刻认识共产党执政规律、社会主义建设规律和人类社会发展规律的基础上,肩负起领导中华民族和中国人民走向人类文明发展的人间正道,肩负起促进人的全面发展的价值追求,肩负起实现"生产力极大提高,人民精神境界极大提升"共产主义社会的历史自觉。这是最广大人民群众的根本利益所在,也是中国共产党最神圣的职责所系。

经过改革开放 40 多年持续快速发展,我国经济实力、科技实力、综合国力、国际影响力都发生了全方位、历史性变化,实现了"富起来"的目标,正奔向"强起来"愿景,处于由"富"向"强"的历史转变阶段。回顾中华人民共和国成立以后特别是改革开放以来的发展历程,实现"富起来"目标着实不易,但是向"强起来"前景迈进的问题、困难一点不比前面矛盾小、难题少,而是更艰巨、更复杂、更严峻。中国特

---

① 中共中央党史和文献研究院编:《习近平扶贫论述摘编》,中央文献出版社 2018 年版,第 62 页。
② 《慎言·御民篇》。
③ 中共中央党史和文献研究院编:《十八大以来重要文献选编》(下),中央文献出版社 2018 年版,第 352 页。

色社会主义进入新时代，我国社会主要矛盾发生了历史性变化，"美好生活需要"日益多元、日益多样、日益多变，不仅对物质文化生活提出了新要求，还对民主、法治、公平、正义、安全、环境等方面提出了新期待。因此，我们党既要在使命担当上实现好、维护好、发展好最广大人民的根本利益，细心了解群众利益需求、及时回应群众利益诉求、切实满足群众利益所求，持之以恒抓民生，锲而不舍增福祉，又要树立辩证思维、历史思维和战略思维，用发展的眼光、长远的视角和科学的态度对待阶段性群众利益期待，兼顾眼前与长远，照顾普遍与特殊，协调主流与个别，尽最大努力为人民群众提供更好的教育、更稳定的工作、更满意的收入、更可靠的社会保障、更高水平的医疗卫生服务、更舒适的居住条件、更优美的环境，真正让广大人民群众安居乐业、各美其美，使人民群众的安全感、获得感、幸福感更加真实、更加充实、更加殷实。

消除绝对贫困、解决区域性整体贫困问题，让贫困地区群众和全国人民一道进入全面小康社会，是我们党的庄严承诺和历史担当，是检验全面建成小康社会底色、成色与主色的重要标准。因此，面对纷繁复杂的社会现象和环境变化，在新时代精准扶贫精准脱贫基本方略指引下，我们要有"不畏浮云遮望眼，只缘身在最高层"的豪迈气概，始终保持坚定的信念，始终保持清醒的头脑，始终保持一心为民的激情，及时回应人民群众的期待，想群众之所想、急群众之所急、为群众之所盼，多谋让群众看得见、摸得着的实惠，真抓实干，艰苦奋斗，把实现好、维护好、发展好最广大人民根本利益作为党和国家一切工作的出发点和落脚点，做到发展为了人民、发展依靠人民、发展成果由人民共享。

第二节　新时代精准扶贫精准脱贫基本方略的时代价值

岁月不居，时节如流。昨天已成为过去的历史，今天会成为明天的历史，事物总是不断运动变化、向前发展前进的。马克思主义认为，"一个伟大的基本思想，即认为世界不是既成事物的集合体，而是过程的集合体，其中各个似乎稳定的事物同它们在我们头脑中的思想映象即概念一样都处在生成和灭亡的不断变化中，在这种变化中，尽管有种种表面的偶然性，尽管有种种暂时的倒退，前进的发展终究会实现。"① 新时代精准扶贫精准脱贫基本方略产生于中国特色社会主义新时代，在指导我国以精准扶贫精准脱贫为主要特征的扶贫开发进程中发挥了极其重要的理论指引和实践指南作用，这已为打赢脱贫攻坚战取得的历史性成就所证明。这一中国特色反贫困理论，就其丰富内涵、精神实质和实践要求而言，是马克思主义政党政治原则立场、为民执政理念、鲜明价值导向、优良工作作风在扶贫领域的生动展开和具体实践。面向未来，新时代精准扶贫精准脱贫基本方略必将在深化人民利益至上执政理念、推进国家治理体系和治理能力现代化、促进在发展中保障和改善民生、推动党的建设新的伟大工程的历史实践进程中彰显理论价值和时代价值。

一 深化人民利益至上执政理念

马克思、恩格斯在《共产党宣言》中指出，共产党所领导的"无产阶级的运动是绝大多数人的、为绝大多数人谋利益的独立的运动"。② 这是对无产阶级政党阶级属性和历史使命的本质概括，对无产阶级政党政治本色和价值取向的鲜明昭示。党的十八大以来，以习近平同志为核心的党中央坚持立党为公、执政为民的使命担当，坚持以民为本、以人为本的执政理念，把人民利益放在治国理政的突出位置，把增进民生福祉作为一切工作的出发点和落脚点，推动改革发展成果更多更公平惠及全体人民，深刻体现了人民利益至上的马克思主义政党的核心立场和立身根本。深入推进以新时代精准扶贫精准脱贫基本方略为指引的扶贫开发工作，就是以习近平同志为核心的党中央聚焦最困难、最弱势、最底层的贫困地区群众，集全党全国全社会之力，大力开展脱贫攻坚，消除绝对贫困、解决区域性整体贫困问题，是中国共产党"全心全意为人民服务"执政理念的生动体现和具体实践。

群众利益无小事，一枝一叶总关情。为人民执好政用好权，是我们

---

① 《马克思恩格斯选集》（第4卷），人民出版社2012年版，第250页。
② 《马克思恩格斯选集》（第1卷），人民出版社2012年版，第411页。

党永远的使命担当；为人民谋利益求幸福，是我们党长期执政的根本立场。我们需要紧紧依靠人民破解发展难题、增强发展动力、厚植发展优势，推动实现更大发展；需要充分发扬民主，广泛汇聚民智，最大激发民力，形成人人参与、人人尽力、人人都有成就感的生动局面；需要增强"拜人民为师"的自觉性、主动性和坚定性，充分尊重人民创造、人民拥有和人民意愿；需要把"人民群众答应不答应、人民群众拥护不拥护、人民群众高兴不高兴、人民群众满意不满意"的工作成效检验标准落细、落地、落实；需要密切党同人民群众的血肉联系，依靠人民谋求发展，谋求发展为了人民，切实做到与人民群众手拉手、心连心、同呼吸、共命运。特别是党的十八大以来，习近平总书记始终坚持"以人民为中心"发展思想，始终坚守"人民至上"发展理念，在新起点上继承发展了马克思主义群众路线群众观点群众立场群众方法，是新时代增进民生福祉、实现中华民族伟大复兴、建设社会主义现代化国家的思想旗帜、理论武器和实践指南，必将在逐步实现人民群众共同富裕的历史进程中焕发出强大的科学力量和璀璨的真理光芒。

二 推进国家治理体系和治理能力现代化

党的十八大首次正式提出"全面建成小康社会"的宏伟目标任务，这是党和国家对全国各族人民的庄严承诺，意味着将社会主义现代化建设事业推进到新的历史阶段。全面建成小康社会，必然要求推进国家治理体系和治理能力现代化，这是全面建成小康社会的重要标志和重要保障。作为全面建成小康社会的底线任务，以新时代精准扶贫精准脱贫基本方略为指引的扶贫开发工作，正是推进国家治理体系和治理能力现代化在扶贫领域的具体实践和深化拓展，也是检验国家治理体系和治理能力现代化的重要标准。因此，党的十八大以来，以习近平同志为核心的党中央高度重视扶贫开发工作，着力解决贫困地区、贫困群众的生产生活困难，真正把"真扶贫、扶真贫、脱真贫"谋到实处、落到实处、干到实处。

在政治建设方面，习近平总书记把脱贫攻坚作为治国理政的重要内容，从战略高度、全局高度、政治高度谋划推动精准扶贫精准脱贫，充分提高精准扶贫精准脱贫的政治地位。习近平总书记明确要求各级党委政府切实担负起扶贫开发工作的第一重任，充分发挥政府在贫困治理机制中的主导作用，按照中央统一部署的目标任务要求、时间节点安排，严格进行督查考核问责，细化实化工作安排，落实责任到人，为打赢脱贫攻坚战提供了坚实组织保障。在经济建设方面，习近平总书记要求集中全社会力量资源精准对接贫困地区、贫困村、贫困人口的脱贫需求，一村一策、一户一计、一人一法，不搞"大水漫灌""集中浇灌""撒胡椒面"，并在确保贫困地区、贫困村、贫困人口如期脱贫基础上，更加注重在精准扶贫精准脱贫中帮助贫困地区加快经济社会发展步伐，培植贫困地区发展动能和优势，从根本上改变贫困地区经济社会发展面貌，与全国人民一道进入全面小康社会。在社会建设方面，习近平总书记强调加大对贫困地区社会公共服务能力建设的倾斜力度，加快完善贫困地区基础设施建设，不断改善贫困地区群众的生产生活条件，建立健全农村社会保障体系，确保实现"两不愁三保障"，使贫困地区群众共建共享改革发展成果。在文化建设方面，习近平总书记坚持"治贫更要治愚"扶贫理念，要求"志智双扶"，大力发展贫困地区教育文化事业，增强贫困人口内生脱贫能力，拔"穷根"，治"穷病"，坚决阻断贫困代际传递。在生态文明建设方面，习近平总书记强调要在扶贫开发中牢固树立生态文明理念，既要金山银山，更要绿水青山。通过易地搬迁、生态补偿、生态保护等途径帮助生态脆弱区域贫困人口顺利脱贫，使贫困人口在脱贫致富中得到"生态实惠""绿色实惠"。

三 促进在发展中保障和改善民生

天下之大，民生为最。民生问题，事关社会安定、国家兴衰、政党存亡；改善民生，既需要战略上高度重视、认真对待，更需要大处着眼、小处着手、做细落实。作为无产阶级政党，重视民生、保障民生、改善民生，是其最核心的阶级本质体现，也是最鲜明的执政理念昭示。我们党历来重视民生问题，无论是革命、建设、改革乃至实现民族复兴，最根本的着眼点和落脚点就是在发展中保障和改善民生。实施精准扶贫精准脱贫基本方略，打赢脱贫攻坚战，消除绝对贫困和解决区域性整体贫困问题，正是下大力气、花大功夫来改善贫困地区、贫困村和贫困人口的民生问题，在实现脱贫攻坚目标任务基础上建设享有更高质量、更高标准、更高水平的改革发展成果，也是在解决更高层次上的民生问题。

经过几代人的长期艰苦努力和不断奋斗积累，我国经济社会发展取得了历史性成就，实现了历史性发展，为在发展中保障和改善民生提供了坚实物质基础和可靠前提条件。但是，我们必须清醒地认识到民生问题的长期性、复杂性和艰巨性，特别是在发展中不断保障和改善惠及14亿人口的民生，更是前所未有、世所罕见。从纵向来看，尽管党和国家在保障和改善民生问题上先后出台了一系列文件政策，安排了一系列举措制度，部署落实了大量复杂而艰巨的民生工作，付出了艰辛的劳苦和不懈的努力，但由于历史欠账多、民生底子薄，夯实民生发展基础、提高民生保障水平、满足民生改善需求，仍需要长期的艰苦努力和不懈奋斗，仍有很长一段路要走。从横向来看，与西方发达国家甚至部分发展中国家相比，尽管近些年我国民生领域进步明显、改善步伐较快，但是总体上来说，我国民生保障的水平还比较低、民生保障的范围还比较窄、民生保障制度法规还不够健全完善，保障和改善民生的压力依然很大。因此，我们要在系统总结精准扶贫精准脱贫实践中积累形成的保障和改善民生好经验、好做法、好模式基础上，在不断推动经济社会发展为保障和改善民生创造实现条件前提下，做好稳定脱贫与发展致富的衔接赓续工作，进一步提高民生保障标准和水平、进一步扩大民生保障的范围和领域、进一步建立健全民生领域法律规章制度，力争不断取得保障和改善民生的更大成就，使包括贫困群众在内的全体社会成员有更多的获得感、幸福感和安全感。

四 推动党的建设新的伟大工程

马克思主义中国化的历史经验昭示我们，马克思主义政党建设始终是极为重要的核心关键问题，直接关系到中国特色社会主义的兴旺发达，直接关系到国家民族人民的前途命运，直接关系到世界社会主义事业的兴衰成败。同样，就我国扶贫开发实践而言，社会主义制度是精准扶贫精准脱贫的最大制度优势，党的领导、政府主导是打赢脱贫攻坚战的最大体制优势。鉴于此，习近平总书记创造性地将党的建设与精准扶贫精准脱贫实践相结合，明确各级党委政府在扶贫开发中的职责要求，出台了一系列党纪法规细化实化各级党组织精准扶贫精准脱贫的任务安排、工作流程、评估考核、监督保障等各个环节,抓扶贫促党建,搞党建带扶贫,充分发挥了精准扶贫精准脱贫阵地对各级党组织和党员领导干部的锻炼熔炉作用,充分彰显了党的建设在推动扶贫开发工作落实落细中的核心引领作用,实现了精准扶贫精准脱贫与党的建设有机统一、互促互动。

芳林新叶催陈叶,流水前波让后波。面对复杂艰巨的改革发展稳定任务、面对"发展起来以后"遇到的新形势新情况新问题、面对建设社会主义现代化国家进而实现中华民族伟大复兴的使命担当要求,作为执政党的中国共产党,必须始终强化斗争精神,时刻保持斗争状态,以敢于斗争、善于斗争的精神风貌,团结带领全国各族人民,为全面建成社会主义现代化强国、实现中华民族伟大复兴而进行"具有许多新的历史特点的伟大斗争"。习近平总书记指出"先进性和纯洁性是马克思主义政党的本质属性,我们加强党的建设,就是要同一切弱化先进性、损害纯洁性的问题作斗争,祛病疗伤,激浊扬清"[1],增强党内政治生活的战斗性,不断提高党的执政能力和领导水平,以适应事业的开拓、形势的发展和人民的期望,把党建设成为富有斗争精神、时刻保持斗争状态、具有坚强战斗力的马克思主义执政党。

第三节 新时代精准扶贫精准脱贫基本方略的世界意义

贫困问题,无论是在发达国家还是在发展中国家,都是一个普遍存在的社会问题,在发展中国家贫困问题表现得更为突出一些;反贫困,是世界各国的共同行动,不同国家会根据自身现实国情采取不同的应对方案;消除贫困,始终是全人类的共同目标和美好愿望。因此,共同应对贫困问题,携手推动世界减贫脱贫事业,是世界各国的共同责任,也

---

[1] 习近平:《在第十八届中央纪律检查委员会第六次全体会议上的讲话》,人民出版社2016年版,第24页。

是全人类的共同使命。

中国作为世界大家庭的一员，是世界上最大发展中国家，也是贫困人口数量最多的国家之一。一直以来，反贫困都是中国共产党和中国政府的重要工作内容。在长期反贫困的理论总结和实践探索中，中国共产党和中国政府根据自身经济社会发展条件，不断调整反贫困政策措施，积极探索反贫困工作路径模式，逐步加大反贫困投入力度，走出了一条符合自身国情、彰显制度体制优势、减贫脱贫成效显著的中国特色减贫道路，取得了举世瞩目的减贫成就。中国不仅成为当今世界减贫脱贫人数最多的国家，为国际减贫脱贫事业做出了重要贡献，更实现了在消除绝对贫困基础上向人均中高收入国家行列迈进的历史性转变，创造了人类减贫脱贫事业的中国奇迹，见图6-1。

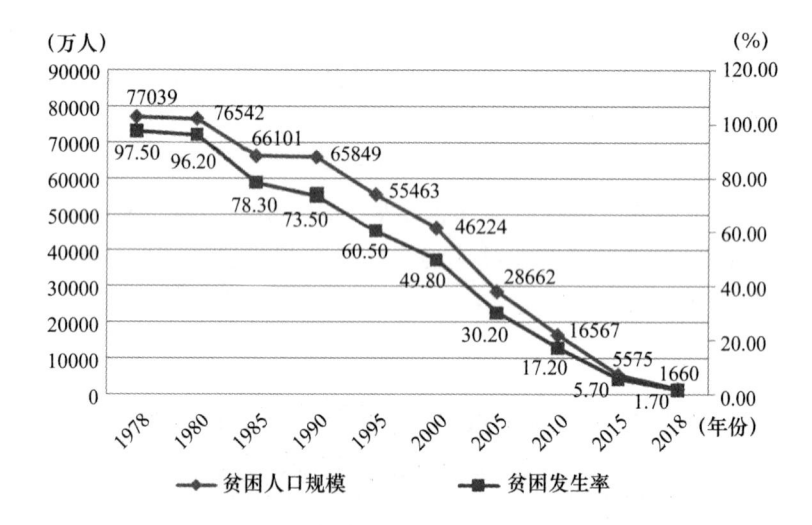

图6-1 1978—2018年我国贫困人口及贫困发生率变化情况

资料来源：国家统计局住户调查办公室：《中国农村贫困监测报告2019》，中国统计出版社2019年版。

中国有句古话："穷则独善其身，达则兼济天下。"[①] 当今中国日益走近世界舞台中央，在解决好自身存在的贫困问题基础上，中国也理所应当地主动担当起全球性大国在国际减贫脱贫事业中的义务和责任，与

---

① 《孟子·尽心上》。

国际社会一道分享中国特色反贫困理论成果和实践经验,向其他国家特别是发展中国家提供力所能及的帮助和支持,积极参与、共同应对全球贫困治理。

新时代精准扶贫精准脱贫基本方略立足中国现实国情,站在时代发展高度,直面贫困难题矛盾,对我国减贫脱贫事业的深入发展起到巨大推动作用,为世界减贫脱贫事业特别是为广大发展中国家贫困治理贡献中国智慧、提供中国方案、发挥中国作用。新时代精准扶贫精准脱贫基本方略的世界意义体现在理论和实践两个层面,主要有以下几个方面:

一 为广大发展中国家进行贫困治理提供理论借鉴

马克思曾鲜明而前瞻地指出:"理论在一个国家实现的程度,总是取决于理论满足这个国家的需要的程度。"① 自20世纪以来,贫困问题受到世界各国日益关注,成为不同国家需要共同面对的社会问题。不同国家立足自身国情,对贫困问题进行了广泛的理论探讨和实践探索,形成了丰富的理论创新成果,总结了一系列反贫困经验措施,为全人类共同应对贫困问题提供了重要借鉴和宝贵经验。但总体来看,以西方发达国家为代表的反贫困理论,只能就贫困言贫困,更多的是围绕贫困现象进行探讨,未深入涉及贫困产生根源特别是社会制度层面对贫困问题产生的根本性影响,因而不太容易为其他发展中国家学习和借鉴。

中国作为世界上最大的发展中国家,贫困人口规模大、贫困原因复杂而综合、贫困治理难度大,却在短期内取得举世瞩目的减贫脱贫成就,能为其他发展中国家开展贫困治理提供有益借鉴和重要启示。新时代精准扶贫精准脱贫基本方略中涵盖的精准扶贫、内源式扶贫、合力扶贫、制度扶贫等理念观点,科学回答了反贫困实践中"扶持谁""谁来扶""怎么扶""如何退"等重大问题,深刻揭示了贫困治理规律,具有很强的针对性、现实性、政策性和实践性,集中彰显了社会主义制度的体制扶贫优势,对于世界其他国家特别是广大发展中国家进行贫困治理具有重要的理论借鉴意义。

---

① 《马克思恩格斯选集》(第1卷),人民出版社2012年版,第11页。

二 为广大发展中国家进行贫困治理提供路径模式

新时代精准扶贫精准脱贫基本方略来源于中国反贫困探索、形成于中国扶贫开发实践、检验于脱贫攻坚主战场，具有强烈的针对性、实践性和适用性。在新时代精准扶贫精准脱贫基本方略指引下，中国政府在贫困治理实践中，建立健全和丰富完善了具有中国特色的上下联动、齐抓共管、多方协同、重点突破、全面推进的贫困治理路径模式，有效保障了中国减贫脱贫事业的顺利推进和深入拓展，取得了贫困治理的历史性成效。中国贫困治理路径模式对于广大发展中国家具有重要的实践借鉴价值和工作指导作用。

一是始终将反贫困作为国家重大优先战略。一直以来，中国共产党和中国政府始终把反贫困作为国家经济社会发展中的重大优先战略部署落实，持之以恒，久久为功，从未在思想上有过动摇，从未在行动上有过停滞，从未在投入上有所缩减，始终把解决贫困地区贫困人口的贫困问题作为治国理政的重要内容，始终把改善提升全体社会成员生活水平作为治国理政成效的检验标准。无论国内经济社会发展面临何种压力，无论国际政治风云如何变幻，中国共产党和中国政府在贫困治理工作中的关注度、重视度、投入度，始终随着国家综合实力的提升而不断加强。因此，对于广大发展中国家而言，要深刻认识到减贫脱贫工作的长期性、艰巨性和持久性，坚定不移地把反贫困工作当作国家经济社会发展中的一件大事要事急事来谋划实施，作为治国理政中的重大优先战略来部署落实。

二是坚持综合施策应对复杂致贫原因。各国现实国情、风土人情、思维传统、文化理念等千差万别，具体贫困状况不尽相同，贫困治理工作各有特点。但是普遍性寓于特殊性之中，各国贫困状况同样具有普遍性特征：贫困产生原因异常复杂，不同贫困地区、贫困人口致贫因素相差很大；贫困治理涉及经济、政治、文化、社会等多个方面，是个社会性、系统性、整体性重大工程。因此，贫困治理必须综合施策，以应对贫困人口现实需求的多样性和反贫困工作内容的多元性，而不能仅仅依靠一种方法、一种模式、一种路径。比如，为指导地方各级政府开展反贫困工作，中国政府根据现实国情和贫困人口基本情况，制定了"五个一批"脱贫路径，为分门别类、各有侧重地解决贫困问题提供了基本遵循和实践指引。

三是注重发挥政府主导作用。反贫困是各国政府义不容辞的责任和使命，是检验各国政府工作成效的重要依据。尽管由于自身经济社会发展水平不同，不同国家的社会保障体系建设水平标准、社会组织功能作用大小等各不相同，但是如果没有政府主导性作用的发挥，很难集聚社会各方力量、形成合力开展反贫困工作，最终导致反贫困力量分散多元、点多力少，不容易见到工作成效。鉴于此，中国政府积极主导贫困对象识别、贫困治理干预、贫困治理绩效评估等反贫困工作全过程和各领域，系统构建了"中央统筹、省负总责、市县抓落实"工作机制，深化完善了政府主导、多元参与、社会共管的工作格局，显著提升了反贫困整体效能，取得了减贫脱贫工作明显成效。

四是健全完善贫困识别机制。科学准确有效地判定贫困对象，是做好反贫困工作的前提条件，也是国际减贫脱贫实践的重点难点。目前，国际上主要采用自上而下识别法和自下而上识别法，这两种识别方法各有优劣、各有特点，但都存在一定程度不足，如果单独使用，往往会造成贫困识别对象偏离，影响反贫困工作成效。为确保贫困对象识别科学客观准确，中国政府采用了自上而下与自下而上相结合的识别方法，既通过政府主导的大规模摸底排查、建档立卡确定贫困治理对象，又鼓励支持贫困人口通过个人主动申请、组织民主评议、集中公示确认等相应程序确定扶贫对象，两种识别方法相互对照、相互补充、相互完善，实现了精准识别贫困对象的良好效果。

五是增强贫困地区贫困人口内生发展动力。解决贫困问题没有一劳永逸的万全之策，最根本、最有效的方式方法就是通过外部力量的支持帮扶，不断改善贫困地区贫困人口的发展环境和发展条件，使贫困地区贫困人口能够立足自身条件不断增强内生发展动力，实现由外部输血向内部造血的重大转变。因此，中国政府在精准扶贫精准脱贫实践中，除了将丧失个人劳动能力的贫困人口统一纳入社会保障进行兜底外，还根据贫困对象现实需求，按照一户一计、一人一策的工作标准和目标要求，针对性帮扶每一个贫困家庭、每一个贫困人口，帮助他们发展生产、增加收入、改善生活条件、尽快脱贫致富，使得减贫脱贫成效稳定、脱贫致富基础稳固。

三 为广大发展中国家进行贫困治理提供支持帮助

按照中国政府规划的目标任务要求，在 2020 年，中国实现消除绝对贫困、解决区域性整体贫困问题，并在取得减贫脱贫重大成就基础上努力为全体社会成员提供更高层次、更高水平、更高标准、更加全面的美好幸福生活，进一步增强人民群众的获得感、幸福感和安全感。习近平总书记指出："消除贫困是人类的共同使命。中国在效力于自身消除贫困的同时，始终积极开展南南合作，力所能及向其他发展中国家提供不附加任何经济条件的援助，支持和帮助广大发展中国家特别是最不发达国家消除贫困。"[①] 反贫困不是一国一域之事，而是全球各国共同应尽之责，是事关国际社会稳定、世界和平发展的大事。中国将在逐步解决好自身贫困问题基础上，力所能及地帮助其他发展中国家进行贫困治理、推进国际减贫脱贫事业。历史经验告诉我们，发展是解决贫困问题的治本之策，中国将致力于建立以合作共赢为核心的新型国际关系，通过帮助世界其他贫困国家加快自身经济社会发展来推动全球贫困治理的实施和全球减贫脱贫事业的进步，共同打造人类命运共同体。

一枝独秀不是春，百花齐放春满园。实践已经证明并将继续证明，中国的持续健康发展将为世界其他国家和地区实现自身经济社会发展带来机遇、创造条件、提供平台，将是推动国际减贫脱贫事业的积极因素、重要力量和有力支撑。当前，中国正日益走近世界舞台中央，正以全球性大国的责任担当，以开放共享的理念，同国际社会开展减贫脱贫合作，在力所能及的范围内以实际行动支持贫困国家提升经济社会发展水平、建设美好家园，在合作共赢的基础上帮助贫困国家通过自我发展增强减贫脱贫能力、过上幸福生活，积极主动为国际减贫脱贫事业提供支持帮助、发挥中国作用、贡献中国力量。比如，提出"一带一路"倡议，筹建丝路基金，成立亚洲基础设施投资银行，为"一带一路"沿线发展中国家提供资金支持，帮助"一带一路"沿线贫困国家减贫脱贫，共享世

---

① 中共中央党史和文献研究院编：《习近平扶贫论述摘编》，中央文献出版社 2018 年版，第 152 页。

界经济发展成果；多次主办国际减贫论坛，推动世界各国在贫困治理领域的交流协作、相互借鉴，为广大发展中国家提供减贫脱贫经验，为全球贫困治理提供中国智慧和中国方案；在不附加任何政治条件前提下，向贫困发展中国家提供资金援助、医疗卫生救助和服务、人才技术支持等，帮助不发达国家提升基础设施建设水平、改善生产生活条件、发展各项民生事业，并多次免除世界上最不发达国家的中国债务以减轻相关国家的经济负担用来增加民生领域经济投入。

结　　语

党的十八大以来，以习近平同志为核心的党中央高度重视扶贫开发工作，在系统全面总结前期全国扶贫开发先进经验和成功做法基础上，根据新时代我国扶贫开发工作面临的新形势新问题新要求，把打赢脱贫攻坚战作为全面建成小康社会的底线任务，实现了扶贫开发工作的历史性转变，取得了减贫脱贫事业的历史性成就。从习近平总书记2013年11月在湖南湘西十八洞村考察扶贫开发工作时首次提出"精准扶贫"理念，到后来逐步展开为"四个切实""五个一批""六个精准"等扶贫开发工作基本要求，具体细化实化为一系列精准扶贫精准脱贫配套政策措施，工作落实为一个个精准扶贫精准脱贫目标任务安排，深刻回答了中国特色社会主义新时代"开展什么样的扶贫开发工作，怎样开展扶贫开发工作"这一重大课题，形成了思想深刻、内涵丰富、体系严整、逻辑缜密的精准扶贫精准脱贫新理念、新观点和新看法，产生了新时代精准扶贫精准脱贫基本方略，创新发展了马克思主义反贫困理论。

一　深刻认识新时代精准扶贫精准脱贫基本方略的丰富内涵

新时代精准扶贫精准脱贫基本方略不是无源之水、无本之木，更不是凭空产生、独自成派，其产生和发展是马克思主义反贫困理论逻辑和中国长期扶贫实践历史逻辑的必然，是对古今中外关于反贫困思想的吸收借鉴和开拓创新，是对中国长期扶贫实践的深刻总结和深化拓展。新时代精准扶贫精准脱贫基本方略始终坚持辩证唯物主义和历史唯物主义的原则立场、基本观点和思维方法，蕴含着丰富深刻的科学哲理，闪耀着马克思主义的哲学光芒。新时代精准扶贫精准脱贫基本方略中涵盖的精准扶贫、内源式扶贫、合力扶贫、制度扶贫等思路理念，科学回答了反贫困实践中"扶持谁""谁来扶""怎么扶""如何退"等重大问题，深刻揭示了贫困治理规律，具有很强的社会性、现实性、政策性和实践性。

新时代精准扶贫精准脱贫基本方略具有鲜明的实践创造特点和理论创新特色。在实践特点方面，"真扶贫、扶真贫、脱真贫"——从执政为民的宗旨意识认识精准扶贫精准脱贫、"大农业、大农合、大农政"——从农业农村发展的历史趋势实施精准扶贫精准脱贫、"一二三产融合"——从现代化经济规律的现实要求推进精准扶贫精准脱贫、"小康路上一个都不能少"——从共同富裕的本质要求对待精准扶贫精准脱贫、"五级书记抓扶贫"——从党员干部的使命担当落实精准扶贫精准脱贫；在理论创新方面，彰显和深化了马克思主义辩证思维方法、继承和创新了马克思主义农民合作化思想、丰富和拓展了马克思主义政治经济学理论、坚持和发展了马克思主义群众路线理论、深化和完善了马克思主义党建理论。

总的来看，新时代精准扶贫精准脱贫基本方略在理论与实践结合上深刻回答了中国特色社会主义新时代"开展什么样的扶贫开发工作，怎样开展扶贫开发工作"这一重大时代课题，是马克思主义反贫困理论的创新发展、是中国特色"共同富裕"思想的继承发展、是解决区域性整体贫困问题的指导思想、是"以人民为中心"发展理念的思想宣言，必将在今后接续实践中不断深化人民利益至上执政理念、推进国家治理体系和治理能力现代化、促进在发展中保障和改善民生、推动党的建设新的伟大工程。同时，在新时代精准扶贫精准脱贫基本方略指引下，我国建立健全和丰富完善了具有中国特色的上下联动、齐抓共管、多方协同、重点突破、系统推进的贫困治理体系。中国贫困治理体系历经脱贫攻坚实践检验淬炼，取得了贫困治理显著成效，为国际减贫脱贫事业发挥了中国作用、提供了中国方案、贡献了中国智慧。

二 及时跟进新时代精准扶贫精准脱贫基本方略的发展态势

实践发展永无止境，认识真理永无止境，理论创新永无止境。党的十九大，以习近平同志为核心的党中央做出实施乡村振兴战略的重大决策部署，坚持走中国特色社会主义乡村振兴道路，这是解决新时代我国社会主要矛盾的必然选择，是实现"两个一百年"奋斗目标必有之义，也是实现全体人民共同富裕的必由之路。乡村振兴战略的提出在我国扶贫开发工作历程上具有里程碑意义，是中国特色减贫道路的最新实践成果，是精准扶贫精准脱贫工作的最新方案和衔接赓续。实施乡村振兴战略，立足于精准扶贫精准脱贫的最新进展，着眼于我国农业农村经济社会今后一段历史时期的发展大势，落脚于实现包括贫困地区在内的乡村全面振兴，既切中了贫困地区、贫困人口致贫返贫原因的"根源要害"，也为新时代农业农村经济社会发展描绘了"宏伟蓝图"。

从两者逻辑关系来看，贫困地区、贫困村和贫困人口的如期脱贫、全面脱贫是实施乡村振兴战略的基础和保证，乡村振兴战略的实施又为贫困地区、贫困村和贫困人口的稳定脱贫发展致富提供了动力和途径。因此，以现有研究成果为基础，围绕巩固脱贫攻坚成果遏制返贫、实现脱贫攻坚与乡村振兴有效衔接这两大方向，继续开展研究、深入进行探讨、系统梳理总结，就是下一步需要思考谋划、布局谋篇的必为之事、应有之义了。

三 准确把握新时代精准扶贫精准脱贫基本方略的深化领域

"苟日新，日日新，又日新。"满足人民美好生活需要只有进行时，没有终止符，为人民群众创造更加美好的生活条件永远在路上。对于脱贫攻坚而言，脱贫摘帽不是终点，而是新生活、新奋斗、新征程的起点。随着我国社会主要矛盾的转化，如何在实现稳步脱贫基础上逐步实现共同富裕目标，依然有许多需要解决的问题和矛盾，特别是在新时代精准扶贫精准脱贫基本方略指引下，不断探索完善解决相对贫困的体制机制、政策措施、路径模式，以及适应时代发展、形势变化深化对新时代精准扶贫精准脱贫基本方略的探索研究、拓展创新，都是我们需要重点关注的领域。

（一）健全完善巩固脱贫攻坚成果遏制返贫的长效机制

一是必须始终把就业扶贫放到稳脱贫能致富的优先位置。集中力量、想方设法为脱贫人口实现更加充分、更高质量的就业提供机会和条件，从根本上遏制返贫现象。一方面，加强劳务输出地和输入地精准对接，稳定拓展工作岗位，积极支持扶贫龙头企业、扶贫车间发展生产，不断提升带贫能力，鼓励各级政府及相关部门利用公益岗位提供更多就近就地就业机会。另一方面，继续加大产业扶贫力度，注重长期培育和支持种养业发展，继续坚持扶贫小额信贷，加大易地扶贫搬迁后续扶持力度，确保稳得住、有就业、逐步能致富。

二是在过渡期内保持脱贫攻坚政策稳定。脱贫攻坚实现既定目标并不代表减贫脱贫工作完全结束，要预留一段过渡期，对退出的贫困县、贫困村、贫困人口保持现有帮扶政策总体稳定。同时，过渡期内严格落实"摘帽不摘责任、摘帽不摘政策、摘帽不摘帮扶、摘帽不摘监管"要求，不能立即"鸣金收兵""撤摊走人""甩手不管"，特别是涉及贫困人口看病、就业、上学等高度关注的问题，现有帮扶措施不能急刹车、对口联系人不能断联系、驻村工作队不能撤。要加快建立防止返贫监测和帮扶机制，对脱贫不稳定户、边缘易致贫户以及因疫情或其他原因收入骤减户或支出骤增户加强监测，提前采取针对性的帮扶措施。

三是建立常态化督查巡查制度。严格确保脱贫质量，坚决杜绝数字脱贫、虚假脱贫、应急脱贫、形式脱贫，及时开展督查巡查，加强常态化督促指导，继续开展脱贫攻坚成效考核，对各地脱贫攻坚成效进行全面检验，确保贫困人口脱贫的真实度、认可度和满意度。同时，不断完善督查巡查制度，适度扩大常态化督查指导范围和领域，多从基层群众关注的问题入手，多从基层百姓切身相关的利益着眼，多从增强社会成员的获得感、幸福感、安全感着力，切实形成服务群众、服务民生、服务基层的工作状态和良好氛围。

(二) 探索完善脱贫攻坚与乡村振兴的衔接机制

习近平总书记指出，脱贫摘帽不是终点，而是新生活、新奋斗的起点，要接续推进全面脱贫与乡村振兴有效衔接，推动减贫战略和工作体系平稳转型，统筹纳入乡村振兴战略，建立长短结合、标本兼治的体制机制。从现实来看，实现脱贫攻坚与乡村振兴的有效衔接、全面对接，要围绕"逐步实现共同富裕"这一根本目标、按照"激发欠发达地区和农村低收入人口发展的内生动力"这一根本方向，坚持"有利于实施精准帮扶"这一根本原则，通过对脱贫攻坚与乡村振兴的目标任务、政策措施、运行机制、保障体系等四大主要方面全面衔接开展理论与实践相结合的政策研究和实证研究，总结提炼脱贫攻坚与乡村振兴有效衔接的先进经验和成熟做法，系统梳理阐释脱贫攻坚与乡村振兴相互衔接的内在关联和逻辑关系，准确把握脱贫攻坚与乡村振兴衔接机制的基本要求、重要特征、表现形式等，深入领会脱贫攻坚与乡村振兴相衔接的深刻内涵、精神实质及实践要求，探索完善脱贫攻坚与乡村振兴相互衔接、全面对接的体制机制。

一是目标任务渐次契合。按照党中央、国务院统一部署安排，2020年之前，精准扶贫精准脱贫是各级政府及相关部门的工作重心，这一阶段的根本目标就是依据"两不愁三保障"标准打赢脱贫攻坚战，解决绝对贫困及区域性整体贫困问题。而2020年之后，在实现脱贫攻坚目标任务基础上，要把巩固脱贫攻坚成果融入实施乡村振兴战略之中，既要确保脱贫人口稳定脱贫，又要实现发展致富，在推动乡村全面振兴进程中不断共建共享改革发展成果，向着逐步实现共同富裕目标奋进。

二是政策措施有序耦合。尽管在2020年年底实现"县摘帽、村出列、户脱贫"是中华民族发展史上的里程碑事件，具有举足轻重的历史性影响和划时代意义，但我们也要深刻认识到解决绝对贫困问题的参照标准还比较低、实现脱贫目标任务的内容层次还比较窄，离我们不懈追求的、不断实现的"美好生活需要"还有较大差距，离我们规划中的乡村全面振兴远景目标还有很多不足。这就要求我们前期的政策措施不仅不能"急刹车"，还要根据现实需要"加满油"，把政策措施涵盖范围更扩大一些、政策措施内涵更充实一些、政策措施层次更提升一些，将"民生保障网"织得更密、更细、更实。

三是运行机制无缝结合。精准扶贫精准脱贫实践表明，打赢脱贫攻坚战，是政府、市场、社会等多方协作、相互协同、共同推动的结果，是构建"大扶贫"格局发挥关键性作用的结果，更是充分发挥社会主义制度体制机制优势的结果。在实现脱贫攻坚目标任务基础上实施乡村振兴战略、推动乡村全面振兴，同样离不开我国固有的社会主义制度体制机制优势，同样需要政府、市场、社会等各方的协调配合。因此，对于已经被脱贫攻坚实践证明了的行之有效的体制机制，我们要系统总结、拓展深化、升华创新，并根据乡村振兴的新形势、新要求、新特点，进行相应的提升完善，实现两者在运行机制上的无缝结合。

四是保障体系深度融合。无论是打赢脱贫攻坚战，还是实现乡村全面振兴，我国经济社会发展持续积累的物质基础，都是关键性因素。没有改革开放以来我国经济实力、科技实力、综合国力的显著提升，在人口如此众多、地区差异如此明显、区域发展如此多元的十几亿人口规模的最大发展中国家解决区域性绝对贫困问题进而建设社会主义现代化国家，都是不可想象、难以企及的奢侈幻想。因此，在实现全面脱贫基础上推进乡村全面振兴，现有保障体系的"宽度"要加长、"厚度"要加强、"力度"要加大。比如，农村基础设施建设要在现有基础上升级完善，努力为基层群众创造更好的生产生活条件；城乡基本公共服务均等化水平要在不长时间内提速提质，不断提升农村公共服务水平，显著缩小城乡差异；农村基层组织建设要在发挥原有功能上优化提升，持续改善乡村的人才状况和劳动力结构，为实施乡村振兴战略提供源源不断的智力支持和人才支撑。

（三）高度重视乡村文化特别是红色文化在乡村振兴中的"塑形铸魂"功能

乡村振兴离不开文化振兴特别是乡村文化繁荣兴盛。乡村文化振兴为乡村振兴"塑形铸魂""定标指向"，是实施乡村振兴战略的思想保证、道德规范和精神支撑。红色文化不仅是宝贵的精神财富和革命象征，更是当前促进乡村振兴的重要动力，因为红色文化唤起了乡村承载地区的红色记忆，激起了基层人民群众的奋斗意识，高扬了乡村全面振兴的精神旗帜。红色文化作为乡村文化最鲜明标识和最深厚积淀，能够极大激发出基层群众的奋斗意识、奋斗情感和奋斗精神，能够最大程度汇集起实现乡村振兴的思想共识、行动自觉和动力源泉，并转化为实施乡村振兴战略的磅礴力量和历史底气。因此，依托乡村现有红色文化资源，建设一批红色文化老区示范教育基地，传承和发展红色革命文化，提高乡村红色文化教育的影响力、感召力和辐射力，实现红色基因薪火相传，具有十分重要的现实意义和深远影响。

一是讲好红色故事，为乡村振兴"聚神"。乡村兴则国家兴，乡村强则国家强。从某种意义上来说，乡村的文化史、革命史、创业史，就是国家民族悠久历史的缩影写照。红色历史、红色故事、红色传统，不仅是乡村基层群众集体历史记忆的载体，更是实现乡村全面振兴的底蕴和底气。要根据不同受教对象，选择不同平台模式，采用喜闻乐见、通俗易懂的传播形式，寓教于业、寓教于游、寓教于事、寓教于物，讲好红色故事，让更多人知党史、明党情、念党恩、跟党走，使红色传统教育活动更时尚、更现代、更贴近生活、更贴近实际、更贴近群众，不断激发乡村干部群众热爱家乡、建设家乡、奉献家乡的积极性、主动性和创造性。

二是创新红色载体，为乡村振兴"添彩"。立足在新时代发扬光大红色文化，主动适应形势发展要求，进一步拓展丰富红色文化的载体平台和表达方式，大力构建立体化、信息化、智能化、人性化、便捷化传播渠道，推动形成形式多样、层次多样、手段多样的宣传教育路径模式，深度挖掘红色标语、文献资料、革命实物、英雄人物等红色载体蕴含的深刻政治、经济、文化、教育等鲜明价值，不断增强乡村红色文化教育的生动性、吸引力和感染力，打造红色文化时代新高地，让红色文化在乡村振兴中实现创造性转化和创新性发展。

三是保护红色文物，为乡村振兴"增光"。红色文物是红色文化的物质载体和现实依托，具有十分重要的历史文化遗产价值和教化后人的时代价值，必须要保护好、开发好、利用好，使之成为红色文化承载乡村的历史印记、精神家园和时代高地。当前，要综合利用各地广泛开展"红色旅游"这一重要机遇，不断强化各级政府的职能职责，不断完善市场机制的配置作用，不断增强乡村基层群众的保护意识，切实做到在开发中保护、在保护中发展，实现通过发展红色旅游促进乡村革命历史文化遗产的保护和利用，激发当地村民爱护革命文物、保护革命文物的积极性和主动性，让更多人了解中国共产党和中国人民的革命历史和奋斗历程。

四是培育红色人才，为乡村振兴"浚源"。弘扬红色文化、发挥教化作用、彰显时代价值，红色人才是关键。红色文化专业人才是开发利用、宣传传播红色文化的开拓者、践行者和主力军。没有一大批理想信念坚定、道德水平高尚、专业能力突出、业务素质优秀的红色人才队伍，弘扬红色文化价值、发挥红色文化育人功能、引领时代发展风尚，都会陷于"在谋划中推进，在实施中落空"的被动局面。一方面，各级政府要高度重视红色文化人才培育培养，为红色文化人才增强业务能力、提升业务水平提供机遇平台，为红色文化人才安心工作、潜心研究、精心从业配套完善保障条件。另一方面，大力鼓励支持村民传承红色文化、宣传红色文化、转化红色文化、创新红色文化，给予在弘扬红色文化上做出重要贡献的人员奖励表彰，进一步调动各级各类红色文化工作者的参与热情、创新激情和成业豪情，让红色文化在乡村振兴中提供源源不断的活力、动力。

五是发展红色产业，为乡村振兴"筑基"。产业是乡村振兴的现实根基，是满足基层群众美好生活需要的物质基础。承载红色文化的乡村地区，在产业发展上具有自身独特优势。红色精神底蕴深厚，可以充分发挥党建示范引领作用，创新"党建+产业链"模式，推动传统产业升级、特色产业提升、新兴产业壮大，特别是在红色文旅产业融合发展上下功夫，积极带动农家乐旅游、农产品销售、农耕文化体验、民俗等旅游消费新业态；红色文化资源丰富，可以利用战场纪念地、革命会议遗址、革命人物旧居、革命遗物等制作融合时代特色的红色创意产品，拓展红色文化产品，建设红色文化高地，丰富完善红色文化产业链；打造红色旅游品牌，从挖掘梳理、修缮保护、线路规划、景点打造、宣传推广等方面，系统进行谋划，做好顶层设计，推进实施一批红色旅游重点开发建设项目，打造红色旅游知名品牌，实现让山水留住乡愁、让红色留住初心、让文化留住梦想。

党的十八大以来，中国特色社会主义进入了新时代，党和国家的历史方位发生了根本性变化、实现了深层次变革、站在了新发展起点。新时代，是中国特色社会主义发展完善、昭示彰显科学社会主义生机活力的时代，也是社会主义中国繁荣昌盛、日益走近世界舞台中心的时代。在新时代，世情党情国情社情民情继续发生深刻复杂变化，中国经济社会发展阶段性特征更加明显，既是继往开来、开创新局面的重要战略机遇期，也是难以预见的风险挑战交织叠见的矛盾问题集中凸显期。建设社会主义现代化国家、实现中华民族伟大复兴，是近代以来中华儿女的最伟大梦想。当前，我们比任何时候都更接近实现这一梦想，比任何时候都更有信心能力实现这一梦想。我们深知，幸福不会从天降，美好生活等不来，敲锣打鼓、轻轻松松打不赢脱贫攻坚战，也实现不了乡村全面振兴，更难以满足人民美好生活需要。

面对百年未有之大变局，唯有直面问题、直面矛盾、直面挑战，在实践基础上不断推进理论创新，不断探索，不断深化，我们才能不驰于空想、不骛于虚声，立时代之潮头、通古今之变化、发思想之先声。五千多年的中华文明昭示世界，中国不是小池塘，虽历经艰难困苦，我们依然于此；七十多年的中华人民共和国发展历程告诉我们，中国共产党不惧任何挑战考验，虽历经挫折磨难，我们也必将迎来中华民族伟大复兴。

参考文献

经典文献

《马克思恩格斯选集》（第1卷），人民出版社2012年版。
《马克思恩格斯选集》（第2卷），人民出版社2012年版。
《马克思恩格斯选集》（第3卷），人民出版社2012年版。
《马克思恩格斯选集》（第4卷），人民出版社2012年版。
《列宁选集》（第1卷），人民出版社2012年版。
《列宁选集》（第2卷），人民出版社2012年版。
《列宁选集》（第3卷），人民出版社2012年版。
《列宁选集》（第4卷），人民出版社2012年版。
《毛泽东选集》（第1卷），人民出版社1991年版。
《毛泽东选集》（第2卷），人民出版社1991年版。
《毛泽东选集》（第3卷），人民出版社1991年版。
《毛泽东选集》（第4卷），人民出版社1991年版。
《毛泽东文集》（第5卷），人民出版社1996年版。
《毛泽东文集》（第6卷），人民出版社1999年版。
《邓小平文选》（第1卷），人民出版社1994年版。
《邓小平文选》（第2卷），人民出版社1994年版。
《邓小平文选》（第3卷），人民出版社1993年版。
《江泽民文选》（第1卷），人民出版社2006年版。
《江泽民文选》（第2卷），人民出版社2006年版。
《江泽民文选》（第3卷），人民出版社2006年版。
《胡锦涛文选》（第1卷），人民出版社2016年版。
《胡锦涛文选》（第2卷），人民出版社2016年版。

《胡锦涛文选》（第3卷），人民出版社2016年版。

《习近平谈治国理政》，外文出版社2014年版。

《习近平谈治国理政》（第2卷），外文出版社2017年版。

《习近平谈治国理政》（第3卷），外文出版社2020年版。

习近平：《摆脱贫困》，福建人民出版社1992年版。

习近平：《干在实处　走在前列——推进浙江新发展的思考与实践》，中共中央党校出版社2006年版。

习近平：《论坚持全面深化改革》，中央文献出版社2018年版。

习近平：《携手消除贫困　促进共同发展——在2015减贫与发展高层论坛的主旨演讲》，人民出版社2015年版。

习近平：《在纪念马克思诞辰200周年大会上的讲话》，人民出版社2018年版。

习近平：《知之深　爱之切》，河北人民出版社2015年版。

中共中央文献研究室编：《十五大以来重要文献选编》（中），人民出版社2001年版。

中共中央文献研究室编：《十六大以来党和国家重要文献选编》（中），中央文献出版社2006年版。

中共中央文献研究室编：《十六大以来党和国家重要文献选编》（下），中央文献出版社2008年版。

中共中央文献研究室编：《十七大以来重要文献选编》（上），中央文献出版社2009年版。

中共中央文献研究室编：《十七大以来重要文献选编》（中），中央文献出版社2011年版。

中共中央文献研究室编：《十七大以来重要文献选编》（下），中央文献出版社2013年版。

中共中央文献研究室编：《十八大以来重要文献选编》（上），中央文献出版社2014年版。

中共中央文献研究室编：《十八大以来重要文献选编》（中），中央文献出版社2016年版。

中共中央党史和文献研究院编：《十八大以来重要文献选编》（下），中央文献出版社 2018 年版。

中共中央党史和文献研究院编:《习近平扶贫论述摘编》,中央文献出版社 2018 年版。

中共中央党史和文献研究院、中央"不忘初心、牢记使命"主题教育领导小组办公室编:《习近平关于"不忘初心、牢记使命"论述摘编》,党建读物出版社、中央文献出版社 2019 年版。

中文专著

黄承伟:《国际减贫理论与前沿问题 2012》,中国农业出版社 2012 年版。

黄承伟:《中国反贫困:理论·方法·战略》,中国财政经济出版社 2002 年版。

黄承伟:《中国农村反贫困的实践与思考》,中国财政经济出版社 2004 年版。

李春光:《国际减贫理论与前沿问题 2011》,中国农业出版社 2011 年版。

李华主编:《国际社会保障动态:反贫困模式与管理》,上海人民出版社 2015 年版。

刘坚主编:《新阶段扶贫开发的成就与挑战——中国农村扶贫开发纲要(2001—2010 年)中期评估报告》,中国财政经济出版社 2006 年版。

王海燕:《大国脱贫之路》,人民出版社 2018 年版。

吴忠主编:《国际减贫理论与前沿问题 2010》,中国农业出版社 2010 年版。

谢和平主编:《反贫困与国际区域合作》,四川大学出版社 2008 年版。

杨道田:《新时期我国精准扶贫机制创新路径》,经济管理出版社 2017 年版。

张巍:《中国农村反贫困制度变迁研究》,中国政法大学出版社 2008 年版。

周毅:《反贫困与可持续发展》,党建读物出版社 1997 年版。

左常升主编:《中国扶贫开发政策演变(2001—2015 年)》,社会科学文献出版社 2016 年版。

中文译著

［印度］阿马蒂亚·森：《贫困与饥荒——论权利与剥夺》，王宇等译，商务印书馆 2001 年版。

［印度］阿马蒂亚·森：《以自由看待发展》，任赜等译，中国人民大学出版社 2013 年版。

［美］弗·斯卡皮蒂：《美国社会问题》，刘泰星等译，中国社会科学出版社 1986 年版。

［瑞典］冈纳·缪尔达尔：《亚洲的戏剧——南亚国家贫困问题研究》（重译本），方福前译，首都经济贸易大学出版社 2001 年版。

［美］马丁·瑞沃林：《贫困的比较》，赵俊超译，北京大学出版社 2005 年版。

［英］马尔萨斯：《人口原理》，朱泱等译，商务印书馆 1992 年版。

中文期刊

蔡科云：《政府与社会组织合作扶贫的权力模式与推进方式》，《中国行政管理》2014 年第 9 期。

曹洪民：《中国农村扶贫模式研究的进展与框架》，《西北人口》2002 年第 4 期。

陈洪玲、刘慧颖：《中国农村贫困问题与对策》，《大连海事大学学报》（社会科学版）2012 年第 1 期。

陈坚：《易地扶贫搬迁政策执行困境及对策——基于政策执行过程视角》，《探索》2017 年第 4 期。

陈莉、钟玲：《农民合作社参与扶贫的可行路径——以小农为基础的农业产业发展为例》，《农村经济》2017 年第 5 期。

陈忠言：《中国农村开发式扶贫机制解析——以沪滇合作为例》，《经济问题探索》2015 年第 2 期。

杜旸：《全球治理中的中国进程：以中国减贫治理为例》，《国际政治研究》2011 年第 1 期。

方青：《论我国社会救助制度的改革》，《安徽师范大学学报》（人文社会科学版）1999年第4期。

韩俊魁：《农民的组织化与贫困农村社区的可持续发展——以社区主导型发展试点项目为例》，《北京师范大学学报》（社会科学版）2008年第5期。

贺雪峰：《中国农村反贫困问题研究：类型、误区及对策》，《社会科学》2017年第4期。

胡连生、杨玲：《当前我国贫富差距状况及解决对策》，《学术交流》2004年第4期。

黄荣华、冯彦敏、路遥：《国内外扶贫理论研究综述》，《黑河学刊》2014年第10期。

焦克源、徐彦平：《少数民族贫困县扶贫开发绩效评价的实证研究——基于时序主成分分析法的应用》，《西北人口》2015年第1期。

寇永红、吕博：《财政扶贫资金绩效审计工作现状及改进措施》，《审计研究》2014年第4期。

匡远配、汪三贵：《中国民间组织参与扶贫开发：比较优势及发展方向》，《岭南学刊》2010年第3期。

匡远配：《中国民间组织参与扶贫开发：现状以及发展方向》，《贵州社会科学》2010年第6期。

赖玥、成天柱：《财政扶贫的效率损失——基于财政激励视角的县级面板数据分析》，《经济问题》2014年第5期。

李红玲：《农民专业合作组织的社会资本扶贫逻辑》，《贵州社会科学》2013年第3期。

李庆涛：《新时期少数民族地区贫困问题及对策》，《当代经济》2013年第2期。

李实：《中国收入分配格局新变化》，《治理研究》2018年第5期。

李晓宁、高晓春：《突破贫困恶性循环的"怪圈"》，《西北农林科技大学学报》（社会科学版）2001年第1期。

李再勇：《精准扶贫 共享发展》，《理论视野》2015年第12期。

李章梅、起建凌、孙海清：《农村电子商务扶贫探索》，《商场现代化》2015年第2期。

刘俊文：《农民专业合作社对贫困农户收入及其稳定性的影响——以山东、贵州两省为例》，《中国农村经济》2017年第2期。

刘清荣、程文燕、康亮：《试论我国扶贫开发的历程、模式及创新》，《老区建设》2013年第8期。

刘志文：《21世纪扶贫战略新思考》，《农业经济问题》2005年第8期。

吕君丽：《民族地区村寨旅游扶贫路径选择》，《贵州民族研究》2015年第4期。

吕腾飞：《高等院校在精准扶贫中的作用》，《改革与开放》2018年第6期。

马海波：《当前我国农村扶贫存在的主要问题与对策研究》，《农业经济》2017年第1期。

孟志中、陈占安：《邓小平农民脱贫致富思想》，《当代中国史研究》2004年第4期。

潘青：《乡村振兴视角下农村旅游扶贫策略研究》，《农业经济》2018年第10期。

潘晓燕：《关于扶贫理念与脱贫成效的理论思考——习近平的扶贫观与科技扶贫的实践探索》，《当代经济》2017年第1期。

彭斌、刘俊昌：《民族地区绿色扶贫新的突破口——广西发展林下经济促农增收脱贫路径初探》，《学术论坛》2013年第11期。

齐冬红：《探析精准教育扶贫》，《未来与发展》2018年第1期。

唐建兵：《习近平扶贫思想的逻辑蕴涵及时代价值》，《三峡大学学报》（人文社会科学版）2017年第1期。

唐任伍：《习近平精准扶贫思想研究》，《人民论坛·学术前沿》2017年第23期。

唐绍祥：《扶贫的机制设计与制度选择》，《经济地理》2006年第3期。

汪三贵、曾小溪：《从区域扶贫开发到精准扶贫——改革开放40年中国扶贫政策的演进及脱贫攻坚的难点和对策》，《农业经济问题》2018年第8期。

汪三贵：《中国的农村扶贫：回顾与展望》，《农业展望》2007年第1期。

王安忠：《习近平扶贫思想探析》，《学习论坛》2017 年第 12 期。

王姗姗、马凤强：《习近平扶贫思想研究》，《南方论刊》2016 年第 8 期。

王曙光：《乡村振兴战略与中国扶贫开发的战略转型》，《农村金融研究》2018 年第 2 期。

王晓毅：《社会治理与精准扶贫》，《贵州民族大学学报》（哲学社会科学版）2017 年第 1 期。

文建龙：《改革开放以来中国共产党的扶贫实践》，《大庆师范学院学报》2016 年第 1 期。

向德平、姚霞：《社会工作介入我国反贫困实践的空间与途径》，《教学与研究》2009 年第 6 期。

谢撼澜、谢卓芝：《中国特色扶贫开发道路研究》，《探索》2017 年第 5 期。

姚迈新：《对扶贫目标偏离与转换的分析与思考——政府主导型扶贫模式中的制度及行动调整》，《云南行政学院学报》2010 年第 3 期。

余劲、陈杰：《NGO 与政府扶贫项目合作的博弈分析》，《农村经济》2009 年第 8 期。

曾富生、朱启臻：《整村搬迁移民扶贫中存在的问题及对策》，《西北农林科技大学学报》（社会科学版）2006 年第 3 期。

曾小溪、汪三贵：《易地扶贫搬迁情况分析与思考》，《河海大学学报》（哲学社会科学版）2017 年第 2 期。

曾小溪、汪三贵：《中国大规模减贫的经验：基于扶贫战略和政策的历史考察》，《西北师大学报》（社会科学版）2017 年第 6 期。

曾小溪、曾福生：《基本公共服务减贫作用机理研究》，《贵州社会科学》2012 年第 12 期。

张建军：《全面建成小康社会背景下西部农村扶贫思路与模式的再创新》，《农业经济问题》2017 年第 4 期。

张平：《经济增长是否一定有利于减少贫困——近期国外相关研究文献综述》，《西北民族大学学报》（哲学社会科学版）2016 年第 1 期。

张全红、周强：《转型时期中国贫困的动态多维度测量》，《中南财经政法大学学报》2014 年第 1 期。

张腾、蓝志勇、秦强:《中国改革四十年的扶贫成就与未来的新挑战》,《公共管理学报》2018 年第 4 期。

赵慧珠:《如何突破中国农村反贫困政策的瓶颈》,《北京行政学院学报》2007 年第 4 期。

赵强社:《扶贫模式演进与新时期扶贫对策探析》,《西部学刊》2013 年第 2 期。

赵双、李万莉:《我国易地扶贫搬迁的困境与对策：一个文献综述》,《社会保障研究》2018 年第 2 期。

赵晓芳:《非政府组织的界定及其参与扶贫的战略分析》,《兰州学刊》2010 年第 4 期。

郑克强、徐丽媛:《生态补偿式扶贫的合作博弈分析》,《江西社会科学》2014 年第 8 期。

周海燕:《国内外精准扶贫研究：现状、特点与趋势》,《山东农业大学学报》(社会科学版) 2018 年第 3 期。

朱丽燕:《生态移民与宁夏西海固地区的扶贫攻坚》,《农业现代化研究》2011 年第 4 期。

学位论文

陈驰:《习近平精准扶贫思想及其在毕节试验区的实践研究》,硕士学位论文,西南大学,2016 年。

陈春祥:《黔西北山区精准扶贫机制与脱贫对策研究》,硕士学位论文,贵州民族大学,2016 年。

陈文文:《我国农村精准扶贫困境研究——以安徽 SC 县为例》,硕士学位论文,安徽大学,2017 年。

程竹:《云南省农村电子商务扶贫的问题及对策研究》,硕士学位论文,云南农业大学,2016 年。

邓小海:《旅游精准扶贫研究》,博士学位论文,云南大学,2015 年。

段妍珺:《贵州省精准扶贫绩效研究——基于因子分析与数据包络法结合分析》,硕士学位论文,贵州大学,2016 年。

范宝亮：《我国农村精准扶贫存在的问题及对策分析》，硕士学位论文，山东师范大学，2016年。

伏晓利：《固原市金融支持农村精准扶贫的困境及对策研究》，硕士学位论文，西北农林科技大学，2016年。

符悠悠：《马克思主义贫困理论与农村扶贫的路径选择研究》，硕士学位论文，东华理工大学，2016年。

高悦竹：《农村教育精准扶贫问题研究》，硕士学位论文，吉林财经大学，2017年。

郝涛：《习近平扶贫思想研究》，博士学位论文，湖南大学，2017年。

胡柳：《乡村旅游精准扶贫研究》，博士学位论文，武汉大学，2016年。

胡正天：《湖北省插花贫困地区精准扶贫研究——以广水市杨寨陈家河村精准扶贫为例》，硕士学位论文，湖北省社会科学院，2016年。

金鑫：《当代中国应对自然灾害导致返贫的对策研究》，博士学位论文，吉林大学，2015年。

康芳泉：《十八大以来中国共产党精准扶贫思想研究》，硕士学位论文，华中师范大学，2017年。

黎沙：《我国精准扶贫的实践困境及对策研究——内蒙古扎兰屯市为例》，硕士学位论文，南京大学，2016年。

李丹：《精准扶贫视域下地方政府政策执行研究》，硕士学位论文，甘肃农业大学，2017年。

李海燕：《社会工作介入文化扶贫——农村精准扶贫的路径探索》，硕士学位论文，安徽大学，2017年。

李鹏杰：《精准扶贫视角下财政专项扶贫资金绩效审计评价指标体系构建——以云南省X县为例》，硕士学位论文，云南财经大学，2017。

刘聪颖：《涪陵区农村精准扶贫现状与对策研究》，硕士学位论文，中南林业科技大学，2015年。

刘牧：《当代中国农村扶贫开发战略研究》，博士学位论文，吉林大学，2016年。

刘天琦：《我国农村财政扶贫资金投入与运行机制的优化问题研究》，博士学位论文，首都经济贸易大学，2018年。

龙永华:《精准扶贫视域下湘西州农业产业扶贫模式创新研究》,硕士学位论文,吉首大学,2015年。

罗玉玮:《我国农村扶贫开发问题及其对策研究》,硕士学位论文,沈阳师范大学,2016年。

苗军:《习近平精准扶贫思想与南疆四地州扶贫研究》,硕士学位论文,喀什大学,2017年。

潘帅:《新常态下我国精准扶贫工作机制研究》,硕士学位论文,河北师范大学,2016年。

彭丰:《精准扶贫背景下的美丽乡村村域规划研究——以四川省马桑村为例》,硕士学位论文,重庆大学,2016年。

孙晗霖:《连片特困地区财政扶贫绩效评价及影响因素研究——以渝东南地区为例》,硕士学位论文,西南大学,2016年。

孙璐:《扶贫项目绩效评估研究——基于精准扶贫的视角》,博士学位论文,中国农业大学,2015年。

汤轩:《农业保险的精准扶贫效率研究——基于安徽省数据的AHP分析》,硕士学位论文,安徽财经大学,2017年。

唐婷:《习近平的扶贫思想研究》,硕士学位论文,湖南中医药大学,2016年。

滕稳稳:《贵州农村电商扶贫模式研究》,硕士学位论文,贵州民族大学,2017年。

涂乐:《江西省永丰县农村精准扶贫对策研究》,硕士学位论文,江西农业大学,2016年。

涂思:《湖北省农村金融扶贫体系研究》,硕士学位论文,武汉大学,2017年。

汪海娟:《太湖县精准扶贫实践中的问题与对策研究》,硕士学位论文,安徽大学,2017年。

武俊:《黔西南州精准扶贫信息系统的分析》,硕士学位论文,云南大学,2015年。

武沁宇:《中国共产党扶贫理论与实践研究》,博士学位论文,吉林大学,2017年。

郗凤芹：《习近平精准扶贫思想研究》，硕士学位论文，浙江财经大学，2017年。

杨智：《全面小康目标下甘肃农村反贫困研究》，博士学位论文，兰州大学，2016年。

袁坤：《整体性治理视角下西部农村地区协同扶贫机制研究——以L镇综合扶贫改革试点为研究对象》，博士学位论文，华中师范大学，2016年。

张爱琼：《农村精准扶贫问题研究》，硕士学位论文，云南财经大学，2016年。

张丽杰：《县级政府精准扶贫政策执行问题研究》，硕士学位论文，郑州大学，2016年。

张琪烽：《河南省精准扶贫方式研究——以河南省Z县为例》，硕士学位论文，郑州大学，2017年。

张婷：《建档立卡：扶贫政策有效实现的制度基础——基于严家庄村"贫困户建档立卡"个案的调查》，硕士学位论文，华中师范大学，2015年。

张岩：《我国精准扶贫政策的困境及对策研究——以广西马山县的扶贫实践为例》，硕士学位论文，广西大学，2016年。

赵佳佳：《当代中国社会组织扶贫研究》，博士学位论文，吉林大学，2017年。

庄曙光：《精准扶贫政策执行偏差问题研究——以四川省X县精准扶贫政策执行为例》，硕士学位论文，深圳大学，2017年。

中文报纸

陈廷亮、瞿滢：《十八洞村：走出以精准扶贫为依托的内生性发展之路》，《中国民族报》2018年3月30日第6版。

李云龙：《中国减贫行动的国际意义》，《经济日报》2016年10月18日第12版。

刘合光：《推进精准扶贫与扶志扶智深度结合》，《中国社会科学报》2018年2月22日第1版。

马峰：《深入推进可持续精准扶贫》，《经济日报》2018年1月8日第15版。

沈费伟：《客观看待精准扶贫中的技术治理》，《中国社会科学报》2018年6月6日第6版。

王琦、王平达：《科学把握精准扶贫的三个阶段——学习习近平总书记关于"精准扶贫"的论述》，《光明日报》2016年6月15日第13版。

郑震：《以法治思维和法治方式推动精准扶贫工作》，《光明日报》2016年6月18日第7版。

中央党校精准扶贫智库课题组：《精准扶贫战略实施中的难点与对策——基于中央党校第5期县委书记研修班学员问卷调查的思考》，《学习时报》2016年12月15日第5版。

外文期刊

Beck – Sague Consuelo M., Arrieta Alejandro, Pinzon – Iregui M. Claudia, Ortiz Benjamin, Dean Andrew G., Cuddihy Andrew, Gasana Janvier, "Trends in Racial and Ethnic Disparities in Childhood Asthma in Miami, Florida: 2005 – 2013", *Journal of Immigrant and Minority Health*, 2017.

Caicedo Beatriz and Berbesi Fernández Dedsy, "Self – rated Health in Adults: Influence of Poverty and Income Inequality in the Area of Residence", *Gaceta Sanitaria*, Vol. 2, No. 29, 2015.

Cidade Elívia Camurça, Moura James Ferreira, Nepomuceno Bárbara Barbosa, Ximenes Verônica Morais, Sarriera Jorge Castellá, "Poverty and Fatalism: Impacts on the Community Dynamics and on Hope in Brazilian Residents", *Journal of Prevention & Intervention in the Community*, Vol. 1, No. 44, 2016.

Coulon Sandra M., Wilson Dawn K., Alia Kassandra A., Van Horn M. Lee, "Multilevel Associations of Neighborhood Poverty, Crime, and Satisfaction with Blood Pressure in African – American Adults", *American Journal of Hypertension*, Vol. 1, No. 29, 2016.

Damaske Sarah, Bratter Jenifer L., Frech Adrianne, "Single Mother Families and Employment, Race, and Poverty in Changing Economic Times", *Social Science Research*, No. 62, 2017.

Deaton Angus, "Where in the World is the World Heading?", *Journal of Policy Modeling*, Vol. 4, No. 39, 2017.

Dos Santos Beatriz Ferraz, Madathil Sreenath, Zuanon Angela Cristina Cilense, Bedos Christophe, Nicolau Belinda, "Brazilian Dental Students' Attitudes about Provision of Care for Patients Living in Poverty", *Journal of Dental Education*, Vol. 11, No. 81, 2016.

Feierabend D., Walter J., Kalff R., Reichart R., "Pain and Poverty", *Schmerz* (Berlin, Germany), 2017.

Green Michael J., Stritzel Haley, Smith Chelsea, Popham Frank, Crosnoe Robert, "Timing of Poverty in Childhood and Adolescent Health: Evidence from the US and UK", *Social Science & Medicine* (1982), No. 197, 2017.

Heidary Fatemeh and Gharebaghi Reza, "Ideas to Assist the Underprivileged Dispossessed Individuals", *Medical Hypothesis*, *Discovery and Innovation in Ophthalmology*, Vol. 3, No. 1, 2012.

Hernandez Daphne C. and Pressler Emily, "Accumulation of Childhood Poverty on Young Adult Overweight or Obese Status: Race/Ethnicity and Gender Disparities", *Journal of Epidemiology and Community Health*, Vol. 5, No. 85, 2014.

Hick Ro, "Three Perspectives on the Mismatch between Measures of Material Poverty", *The British Journal of Sociology*, Vol. 1, No. 66, 2015.

James Peter, Arcaya Mariana C., Parker Devin M., Tucker-Seeley Reginald D., Subramanian S. V., "Do Minority and Poor Neighborhoods Have Higher Access to Fast-Food Restaurants in the United States?", *Health & Place*, No. 29, 2014.

Kakinami Lisa, Barnett Tracie A., Séguin Louise, Paradis Gilles, "Parenting Style and Obesity Risk in Children", *Preventive Medicine*, No. 75, 2015.

Menon Jaideep, Vijayakumar N., Joseph Joseph K., David P. C., Menon M. N., Mukundan Shyam, Dorphy P. D., Banerjee Amitava, "Below the Poverty Line and Non – Communicable Diseases in Kerala: The Epidemiology of Non – Communicable Diseases in Rural Areas (ENDIRA) Study", *International Journal of Cardiology*, No. 187, 2015.

Nahmias R., "Women in Poverty Considerations for Occupational Therapy", *Work*, Vol. 4, No. 4, 1994.

Oh Sehun, Salas – Wright Christopher P., Vaughn Michael G., "Trends in Depression among Low – Income Mothers in the United States, 2005 – 2015", *Journal of Affective Disorders*, No. 235, 2018.

Silverman Kenneth, Holtyn August F., Jarvis Brantley P., "A Potential Role of Anti – Poverty Programs in Health Promotion", *Preventive Medicine*, No. 92, 2017.

Wittenauer James, Ludwick Ruth, Baughman Kristin, Fishbein Rebecca, "Surveying the Hidden Attitudes of Hospital Nurses' towards Poverty", *Journal of Clinical Nursing*, Vol. 24, No. 15 – 16, 2015.

后　记

一

自20世纪以来，贫困问题日益受到世界各国关注，成为不同国家需要共同面对的经济问题、社会问题和政治问题。中国作为世界大家庭的一员，是世界上最大发展中国家，也是贫困人口数量最多的国家之一。在长期反贫困的理论总结和实践探索中，中国不断调整反贫困政策措施，积极探索反贫困新路径新方法新模式，逐步加大反贫困投入力度，走出了一条中国特色减贫道路。特别是党的十八大以来，习近平总书记提出"精准扶贫"理念，通过一系列重要讲话、指示批示、工作部署安排，深入全面地阐述了精准扶贫精准脱贫的丰富内涵、精神实质和实践要求，形成了思想深邃、逻辑缜密、体系严整、内涵丰富的新时代精准扶贫精准脱贫基本方略。

应该说，选择以"新时代精准扶贫精准脱贫基本方略研究"作为本书研究课题，既是出于自身一定的工作实践积累考虑，也缘于长期关注"三农"工作的思考认识，更是直接参与精准扶贫精准脱贫工作的现实使然。自2005年参加工作以来，我的工作领域始终都在"三农"方面，既是农业高校的一名专业课教师，也是专事农业科技推广的科技管理者，更是一直服务"三农"事业的一线工作人员。长期的"三农"工作实践，让我对农业、农村、农民有了更真切、更现实、更理性的思考和认识，使我对从事"三农"工作有了深厚感情，也使我对研究"三农"工作产生浓厚兴趣。由于本人博士所学专业为马克思主义发展史，理论学习与工作实践的双向互动，促使我以马克思主义发展史的理论视角来研究"三农"工作特别是新时代精准扶贫精准脱贫工作，期望在精准扶贫精准脱贫领域形成一些研究成果。同时，自开展精准扶贫精准脱贫工作以来，本人先后3次参加安徽省精准扶贫第三方评估、主持和参与编制了《蚌埠市"十三五"脱贫攻坚规划》和《怀远县"十三五"脱贫攻坚规划》、负责组织了安庆市望江县精准扶贫项目安排实施、协调推动了马鞍山市和县姥桥镇特色产业扶贫模式创新、实地考察了金寨县双河镇大畈村脱贫攻坚实施情况，具有省、市、县、乡、村五个层级的脱贫攻坚经历，对精准扶贫精准脱贫工作具有一些感性认知和理性思考，这些都为本人从事"新时代精准扶贫精准脱贫基本方略研究"提供了一定现实基础和研究条件。

本书在我2019年6月完成的博士论文之基础上，结合近年来的脱贫攻坚战具体进展丰富完善而成。我要深挚感谢我的博士生导师顾海良教授，因为无论是选题，还是构思修改写作完成，或是为成书写序，顾老师都以精深的渊博学识、严谨的治学态度、宽厚的育人理念，让我深切感受到师恩的博大、深沉和精细，让我始终在仰望恩师的学术造诣、名师高节、大家风范中不断增强学术能力和研究水平。我还要感谢中共中央党校（国家行政学院）马克思主义学院邱耕田教授、王虎学教授、张严教授，中国人民大学马克思主义学院秦宣教授、郝立新教授，《北京大学学报》杂志社常务副主编刘曙光教授，《新华文摘》杂志社副总编王善超教授等相关老师给予我的悉心指导和支持帮助，使我不断调整完善本书章节的布局构思和内容安排。

总的来说，限于自身学识水平和研究能力，选择"新时代精准扶贫精准脱贫基本方略研究"作为研究课题，本人实感惶恐与不安、倍感压力与挑战、深感浅薄与不足，因为对这一原创性、内生性、创新性理论的丰富内涵、深刻逻辑、理论框架等还存在学理研究不深、实践调研不够、分析梳理不全等不足，文中一些观点认识、理论探讨和实践总结难免挂一漏万、顾此失彼。特别是当前巩固精准扶贫精准脱贫成果工作和实施乡村振兴战略仍在深入推进，新时代精准扶贫精准脱贫基本方略也必然随着实践发展而继续深化拓展，对于新时代精准扶贫精准脱贫基本方略的研究探讨也必须与时俱进、开拓创新。因此，本书只是本人对新时代精准扶贫精准脱贫基本方略研究探讨的阶段性总结，在今后的学习研究和工作实践中，将及时关注跟踪、梳理分析新时代精准扶贫精准脱贫基本方略的发展动态和创新成果，在理论与实践结合上推动新时代精准扶贫精准脱贫基本方略研究实现新突破、取得新成果、获得新进展。

二

在本书即将付梓之际，欣闻全国脱贫攻坚总结表彰大会在北京隆重举行。习近平总书记向世界庄严宣告，我国脱贫攻坚战取得了全面胜利！我们实现了现行标准下9899万农村贫困人口全部脱贫，832个贫困县全部摘帽，12.8万个贫困村全部出列，区域性整体贫困得到解决，完成了消除绝对贫困的艰巨任务，创造了又一个彪炳史册的人间奇迹，成就可谓举世瞩目、世所罕见。时代造就英雄，伟大来自平凡。之所以能够如期实现脱贫攻坚战目标任务，与数百万扶贫干部苦干实干、奉献帮扶离不开，与他们心系贫困群众、心系脱贫事业、心系使命担当分不开，他们的感人事迹和崇高精神，是脱贫攻坚事业弥足珍贵的精神财富，是中华民族伟大复兴征程中的璀璨繁星，党和人民不会忘记，共和国不会忘记，历史不会忘记！

实践证明，之所以能够打赢脱贫攻坚伟大战役，离不开党的坚强领导，离不开自力更生、艰苦奋斗的伟大民族精神，离不开中华人民共和国成立以来特别是改革开放以来积累的坚实物质基础，离不开接续奋斗的继往开来，离不开适应中国现实国情的一整套行之有效的政策体系、工作体系、制度体系，离不开中国特色减贫道路。这些都是最终取得精准扶贫精准脱贫伟大胜利的奋斗积累和历史成就，值得每一位中华儿女自豪、自信和自强，是实现中华民族伟大复兴梦想的精彩华章。

伟大寓于平凡，奋斗成就辉煌。在脱贫攻坚伟大斗争中，在精准扶贫精准脱贫伟大实践中，孕育了以"上下同心、尽锐出战、精准务实、开拓创新、攻坚克难、不负人民"的伟大脱贫攻坚精神，充分彰显了新时代中国精神、中国价值、中国力量，激励着中国人民和中华民族不断战胜前进中的困难、矛盾、风险和考验，不断夺取坚持和发展中国特色社会主义事业的新胜利。

奋斗未有穷期，行者永不止步。脱贫摘帽不是终点，而是新生活、新奋斗的起点，我们完全可以为脱贫攻坚伟大成就而自豪，但我们没有任何理由骄傲自满、故步自封，因为我们的征途是星辰大海，全面实现现代化的使命任务依然任重道远、负重致远。切实做好脱贫攻坚成果巩固拓展工作，我们犹须兢慎；有效衔接脱贫攻坚与乡村振兴战略，我们仍须努力。面对农业农村现代化的重任和担当，我们要立足新发展阶段、贯彻新发展理念、构建新发展格局，走中国特色社会主义乡村振兴道路，进一步完善政策体系、工作体系、制度体系，不断推动农业高质高效、乡村宜居宜然、农民富裕富足，不断实现农业强、农村美、农民富，让广大人民群众获得感、幸福感、安全感更加充实、更有保障、更可持续！

于　德
2021 年 3 月 28 日于安徽合肥